Besuchen Sie uns im Internet:

www.glaubenssachen.de

Brita Bartels, Jg. 1965, wuchs in der DDR auf und studierte Theologie an der Friedrich-Schiller-Universität Jena. Sie lebt in Weitenhagen bei Greifswald und ist Pastorin der Evangelisch-Lutherischen Kirche in Norddeutschland. Sie arbeitet als Klinikseelsorgerin an der Universitätsmedizin Greifswald und freiberuflich als Supervisorin. Im Jahr 2018 pilgerte sie während einer Sabbatzeit allein auf dem Olavsweg.

© Photo Stangeavisa

ISBN 978-3-87503-292-5

FSC-zertifiziertes Papier aus verantwortungsvollen Quellen

Cover: Evangelischer Presseverband Norddeutschland GmbH

Brita Bartels

Der Weg zur Mitte

Auf dem Olavsweg

von Eidsvoll nach Trondheim

Lutherische Verlagsgesellschaft Kiel

Quellen

Unterwegs zur Mitte, S. 8 vgl. Friedmann Schulz von Thun: Miteinander reden; Stile, Werte, Persönlichkeitsentwicklung, Bd. 2, S. 43 ff.; Rowohlt-Taschenbuch, Reinbek 2014. Zitat aus Ilija Trojanow, Richtig Reisen, 6.7.2022: https://trojanow.de/richtig-reisen/. S. 16 Joseph Beuys, „Die Mysterien finden im Hauptbahnhof statt ...": 3.6.1984, Spiegelgespräch mit Joseph Beuys über Anthroposophie und die Zukunft der Menschheit, aus DER SPIEGEL 23/1984: https://www.spiegel.de/kultur/die-mysterien-finden-im-hauptbahnhof-statt-a-7e610ad1-0002-0001-0000-000013508033.

Aufbruch und Ankunft, S. 19 Wie im Himmel: Musikfilm-Drama von Kay Pollak von 2004.

Tag 1, S. 20 Theodor Fontane: Guter Rat, Gedichte, S. 9; Insel Verlag, Berlin 1998. S. 24 Hanna Engler: Norwegen, Olavsweg; Outdoor-Handbuch aus der Reihe „Der Weg ist das Ziel", Bd. 369; Conrad Stein Verlag, Welver 2019.

Tag 2, S. 31 Immanuel Kant: Was ist Aufklärung? Berlinische Monatszeitschrift 1784.

Tag 5, S. 60 Hape Kerkeling: Ich bin dann mal weg – Meine Reise auf dem Jakobsweg; Piper Verlag, München 63/2006; S. 61, a.a.O. S. 345.

Tag 6, S. 62 Pascal Mercier: Nachtzug nach Lissabon; Carl Hanser Verlag, München/Wien 56/2004, S. 198. S. 63 vgl. Hanna Engler: a.a.O. S. 102. Vgl. Johann Wolfgang von Goethe: „Verweile doch, du bist so schön", aus Faust, 1. Teil.

Tag 8, S. 74 Lou Andreas Salome: Lebensrückblick; Insel Verlag, Frankfurt/M. 1968, S. 81.

Tag 9, S. 84 Max Frisch, zitiert aus: Auch dies im Namen der Liebe; EVA, Berlin 1979.

Tag 10, S. 88 Einstein sagt: Zitate, Einfälle, Gedanken, 7/2017; Piper Vlg., München1997.

Tag 12, S. 103 Martin Buber: Das dialogische Prinzip; Heidelberg 5/1984, darin: Ich und Du, S.7-139. S. 104 Bernd Lohse: Der Olavsweg, Pilgerführer von Hamar nach Trondheim, aktualisierte Neuauflage 2018; Lutherische Verlagsgesellschaft, Kiel 2018.

Tag 13, S. 109 Theodor Fontane: a.a.O. S. 50. S. 114 Henriette Wilhelmine Hanke. S. 116 Karl Barth: „... des Menschen Sünde ist des Menschen Trägheit ... Auch Schläfrigkeit, Faulheit, Schwerfälligkeit, Rückständigkeit könnten als Bezeichnungen des Gemeinten gebraucht werden. Gemeint ist: das böse, das schlechthin verbotene und verwerfliche Unterlassen ...", Kirchliche Dogmatik, 4. Band, 1. Teil; Zürich, 3/1975, S. 452. S. 154 Sten Nadolny: Entdeckung der Langsamkeit; Piper Verlag, München 32/1999.

Tag 20, S. 153 Rose Ausländer: Gemeinsam I, Gedichte; Fischer-Taschenbuch 2012, S. 245.

Tag 21, S. 165 vgl. Milan Kundera: Die unerträgliche Leichtigkeit des Seins, Carl Hanser Verlag, München 1984.

Tag 22, S. 168 Susanne Niemeyer: Konfetti, aus: Wandeln – Mein Fastenwegweiser 2022; Hamburg, Andere Zeiten e.V., www.anderezeiten.de. S. 170 vgl. Hermann Hesse: Stufen, aus: Das erzählerische Werk – Jugendschriften, Romane, Erzählungen, Märchen und Gedichte, Bd. 5; Suhrkamp Verlag, Berlin 2/2017, S. 407.

Tag 26, S. 194 aus Hilde Domin: Die schwersten Wege – Sämtliche Gedichte; Fischer-Taschenbuch, Frankfurt/M. 4/2015, S. 52.

Tag 30, S. 222 Dag Hammarskjöld, UN-Generalsekretär, zitiert aus: Auch dies im Namen der Liebe, s.o. S. 44.

INHALT

Unterwegs zur Mitte

Ich ging diesen Weg zur Mitte meines Lebens. Mit 52 Jahren machte ich mich ganz allein auf in dieses Abenteuer nach Norwegen.

Unsere drei Kinder waren schon länger aufgebrochen und gingen eigene Wege. Ich spürte Freiraum, wollte Weichen neu stellen, mich beruflich und überhaupt verändern. Die typischen Fragen der Lebensmitte befielen mich. Eine Menge Leben lag hinter mir, manches war erreicht, vieles mittlerweile vergleichsweise sicher und bequem. Etliches auch irgendwie eingefahren. Die innere Unruhe wurde zum ständigen Begleiter und meldete sich immer wieder mit Beharrlichkeit:

Was soll noch kommen? Gibt es neue Ufer, zu denen ich aufbrechen sollte? Welche Aufgaben warten? Welcher Traum will gelebt werden? Was möchte oder muss ich wirklich loslassen? Was soll bleiben, und worauf kann ich vertrauen? Was ist zu neu entdecken? Gibt es so etwas wie einen inneren Zusammenhang in meinem Leben, eine verborgene Mitte? Einen tragenden Grund? Einen inneren Kern?

Mit diesen Fragen war ich schon länger unterwegs. Veränderung war in Sicht – doch klar noch lange nichts. Ich war auf der Suche nach Neuem, fuhr aber noch immer auf alten Gleisen. Mir fehlte der Mut – und glücklicherweise auch der Leichtsinn – einfach alle Zelte abzubrechen. Dennoch steckte ich fest. Immer stärker wurde mir bewusst, dass ich nicht wirklich neu beginnen würde, bevor ich neben die gespurten Gleise der alltäglichen Verpflichtungen und Annehmlichkeiten getreten wäre.

Mir ging auf, dass ich eine Pause brauchte, Abstand, eine richtige Auszeit: Zeit für mich, Zeit für den eigenen Weg. Sabbatzeit. Zum Glück bot mir mein Dienstgeber die Möglichkeit. Ich arbeitete mich durch das Antragsprozedere, dann war, was ich noch vor Kurzem nicht zu hoffen gewagt hatte, Realität: Freie Monate lagen vor mir: April-Juni. Da war sie, meine Zeit! Zeit für meinen Weg. Ich ging ihn über eine Strecke von fast 600 Kilometern. Allein. Mitten durch Norwegen, von Eidsvoll nach Trondheim.

Mein Weg zur Mitte war kein Mittelweg. Kein Kompromiss, sondern eine Konfrontation: Mit mir selbst, mit der Natur, mit meinen Grenzen. Eindeutige Antworten auf meine Fragen, erhielt ich nicht. Kein Ja oder Nein, eher ein Sowohl als auch. Ein Wandern zwischen den Polen: tiefes Glück und pure Verzweiflung. Hitze und Kälte, Durst und Überschwang.

Mir begegneten sowohl herzliche Zuwendung als auch abweisende Gleichgültigkeit – wobei das Erste eindeutig überwog. Ich habe meine eigene Kraft gefühlt– aber auch völlige Ohnmacht, war erfüllt von ehrfürchtigem Staunen und im nächsten Moment zutiefst enttäuscht.

Dennoch bin ich der großen Mitte erstaunlich nahegekommen, viel näher als anfangs erwartet. Ich habe mich ihr genähert, ähnlich wie im Labyrinth von Chartre: Näher zum Zentrum, dann wieder weiter weg, hinter der nächsten Biegung noch ein wenig näher heran.

Vielleicht ist meine wichtigste Erkenntnis des Weges die Einheit der Gegensätze, die Balance zwischen den Polen. Und die überraschende und zugleich verlässliche Nähe des unsichtbaren Zentrums. Alles hat zwei Seiten, das Eine und das Andere. Das ist nicht schlimm – eher heilsam: Es gibt keine Eindeutigkeiten. Alles braucht sein genaues Gegenteil, damit ich in guter Balance unterwegs bin, jede Tugend ihre Schwester. Zur Vorsicht gehört Vertrauen, sonst wird sie zu lähmender Ängstlichkeit. Zum Vertrauen gehört die Vorsicht, sonst packt mich der Leichtsinn und es geht schief.

Ich will von meinem Weg erzählen, konkret und ohne etwas zu verschweigen. Vom äußeren wie vom inneren Weg. Aus jedem Pilgertag kann ich eine paradoxe Erkenntnis ableiten: ein Paradoxon des Weges.

Hier ist das erste: ***Wenn du nicht losgehst, kommst du nicht an.***

Es gibt kein Glück für den Menschen, der nicht reist.
In ständiger Gesellschaft von Menschen
wird auch der Beste zum Sünder.
Also Brich auf!

Des Wanderers Füße sind wie eine Blume:
Seine Seele wächst, erntet Früchte,
seine Mühen verbrennen seine Sünden.
Also brich auf!

Wenn du rastest, rasten auch deine Segnungen.
Sie stehen auf, wenn du aufstehst.
Sie schlafen, wenn du schläfst.
Sie regen sich, wenn du dich regst.
Gott ist der Freund der Reisenden.
Also brich auf! *Aitareya Brahmana*

Vor dem Aufbruch

Den Olavsweg würde ich erst im Juni gehen können. Leider. Bei meinen Recherchen stellte sich heraus, dass es unmöglich war, früher zu starten. Bis Ende Mai würde Winter im Dovrefjell sein. Also ist es für Pilger um diese Zeit noch nicht begehbar, und die Pilgerherbergen sind geschlossen.

Eine erste Enttäuschung: Das gefiel mir ganz und gar nicht! Meine Sabbatzeit stand unverrückbar fest und am liebsten wäre ich sofort losgezogen. Gleich zu Beginn. Wie wunderbar wäre es, nach dem Weg noch zwei Monate Zeit zum Nachklingen, zum Schreiben und zur Erholung zu haben! Meine neue Arbeit sollte voraussichtlich Anfang Juli beginnen. Das würde sehr knapp! Und was wäre, wenn Unvorhergesehenes passiert? Wie sollte ich in diesem engen Zeitfenster noch Ruhe- oder „Puffer"-Tage einplanen? Ich würde die Strecke kürzen müssen.

Doch der Weg war schon vor dem Start weiser als ich. Er lag unverrückbar fest und passte sich nicht meinen Vorstellungen an. Ich hatte mich unterzuordnen. Ich lernte seine erste Lektion: „De-Mut". Akzeptiere, was ist. Ich musste Übermut und Ungeduld zurücknehmen.

So beschloss ich notgedrungen, die ersten drei Etappen auszulassen und statt in Oslo erst in Eidsvoll zu starten. Von hier aus sollte es in die wilde Natur gehen. Wozu sollte ich entscheidende Kräfte beim Gang durch die Großstadt und ihren Speckgürtel lassen?! Auf Reihenhaussiedlungen und Industriegebiete konnte ich verzichten. Außerdem beschloss ich, bereits am 30. Mai anzureisen und am 31. zu starten – so ließ sich wenigstens ein Joker-Tag für den Weg gewinnen, falls ich wirklich mal dringend eine Pause bräuchte. Außerdem würde ich nicht mit dem Schiff anreisen können, wie ich es gern getan hätte. Die Fahrt würde zu lange dauern und wertvolle Pilgertage kosten – ich musste fliegen.

Mir blieben also zwei volle Monate vor dem Weg – erst im Rückblick weiß ich, wie wichtig das war. Ich konnte mein Unternehmen gründlich vorbereiten – das hätte ich neben meiner Arbeit niemals geschafft. Ich „verlor" ganz und gar keine Zeit, sondern gewann Wegzeit dazu.

Mein Olavsweg begann mit der Entscheidung, ihn zu gehen. Was für herrliche Augenblicke erlebte ich schon in der Vorbereitung. Schließlich gehört Vorfreude zu den schönsten Freuden! Ich stimmte mich ein und schaute Dokumentarfilme, träumte mich in diese wunderbare Natur, sah

Flüsse, klare Seen, Berge und viel, viel Wald. Ich schaute mich auf Foren um und las Bücher sowie Erfahrungsberichte von Pilgern. Nicht zuletzt besorgte ich mir Kartenmaterial und die Ausrüstung. Für meine praktischen Vorbereitungen hatte ich einige Erfahrungen bei einem ersten Pilgerunternehmen mit der Familie gesammelt, das schon 10 Jahre zurücklag. Damals waren wir in einem Urlaub über 10 Tage rund 200 km auf dem Jakobsweg gelaufen. Auf einem seiner schönsten Abschnitte, mitten durch die Schweiz. Ich hatte bei diesem ersten Pilgern alles falsch gemacht, was man falsch machen kann. Trotzdem war diese Wanderung prägend und ganz wunderbar, eine meiner wertvollsten Erfahrungen bisher.

Ich startete damals völlig unberührt von jedem körperlichen Training und kam ziemlich umgehend an die Grenzen meiner physischen Belastbarkeit. Und: Obwohl ich meinte, nur wirklich Notwendiges mitzunehmen, packte ich viel zu viel ein. Bei nächster Gelegenheit suchten wir ein Schweitzer Postamt auf und schickten ein großes Paket mit Überflüssigem nach Hause. Außerdem hatte ich mir extra neue Wanderschuhe gekauft, nicht die teuersten und wahrscheinlich auch zu klein. Nach kürzester Zeit waren meine Füße wund: Blasen über Blasen, in mehreren Schichten übereinander. Dass an einen einzigen Fuß so viele Blasen passten, hatte ich vorher nicht geahnt. Mit den leichten Sportschuhen, auf die ich notgedrungen „umgestiegen" war, knickte ich um und stürzte. Das schwere Gewicht meines Rucksacks hatte mich erbarmungslos und mit Macht nach vorn und nach unten gezogen. Da war kein Halten, und ich schlug voll mit der Stirn auf den Asphalt. Humpelnd und mit großer Platzwunde an der Stirn – liebevoll umsorgt durch eine hilfsbereite Schweizerin, die mich blutend in ihrem Auto zu einem Arzt ganz in der Nähe fuhr – musste ich weiterlaufen.

Und doch hat mich dieser Weg gepackt und nicht mehr losgelassen. Er hat mich gestärkt, getröstet und motiviert – über lange Zeit in vielen täglichen Herausforderungen und manchen Krisen danach. Als wir nach 10 Tagen tatsächlich die Gegend bei Lausanne erreichten, wäre ich am liebsten ohne Aufenthalt weitergelaufen bis ans Ziel nach Santiago de Compostela. Aber unser Flug war gebucht und der Urlaub zu Ende.

Ein Trost war zu wissen, dass ein Weg nicht wegläuft, dass ich jederzeit wieder losgehen könnte, wenn es passt. Und nun passte es.

Warum ging ich jetzt nicht den Jakobsweg? Mich schreckten Berichte von überfüllten Herbergen und Massen von Pilgern. Auch auf Hitze, Trockenheit und Staub hatte ich keine Lust. Den Norden mag ich im Sommer viel lieber als den quirligen, heißen Süden Europas.

Irgendwann war er aufgetaucht: Der Olavsweg. Gute 2 Jahre war es her, dass ich über ihn als „Geheimtipp" gelesen hatte: abseits der gehypten Pilgerwege nach Santiago oder Rom. Wirklich stilles Pilgern wäre hier möglich, in völliger Ruhe und Kontemplation bei verträglichen Wandertemperaturen und in wunderschöner Natur. Von Stille, Weite, Einsamkeit und zugewandten Menschen wurde berichtet, von abwechslungsreichen Landschaften. Wenn auch noch nicht so bekannt, sei der Weg alles andere als unerschlossen, seit 1997 Europäischer Pilgerweg mit Infrastruktur, Pilgerherbergen und Pilgerzentren entlang einer historischen Route.

Genau das wollte ich! Das war das Richtige! Ich würde nicht in Kolonnen, sondern tatsächlich allein oder mit wenigen Menschen unterwegs sein – ohne Gerangel um einen Schlafplatz. Also auf zum wichtigsten mittelalterlichen Wallfahrtsziel des Nordens: Dem Grab des heiligen Olav!

Die Erfahrungen unseres ersten Pilgerunternehmens haben mir bei der Vorbereitung meines Pilgerns auf eigene Faust sehr geholfen.

Ich hatte einige wichtige Lektionen gelernt:

1. Die Wanderschuhe sind das Wichtigste!

Hier wollte ich auf keinen Fall wieder knausrig sein. Ich kaufte mir neue Qualitätswanderschuhe in einem Fachgeschäft, ließ mich gründlich beraten und lief die im Geschäft vorhandene Ebene rauf und runter. Schließlich kaufte ich die Schuhe eineinhalb Nummern über meiner normalen Schuhgröße – wer hätte das gedacht?! Die lief ich dann gründlich ein. Und ich ließ mir Hirschtalgsalbe empfehlen. Die Füße, allmorgendlich damit einbalsamiert, sollten blasenfrei bleiben. Zusätzlich gönnte ich mir Profiwandersocken mit verstärkter Fußspitze, verstärktem Ballen und ausgearbeiteter Ferse, die mit rechts und links gekennzeichnet waren.

Auch für Trekkingstöcke entschied ich mich. Sie nehmen erhebliche Belastung von Füßen und Knien. Das Gewicht wird dauerhaft auf vier Füße verteilt, der Halt ist besser, besonders beim Absteigen. Mit Stöcken hatte ich noch keine Erfahrung, wusste nicht, ob ich damit zurechtkommen würde, und sparte auch hier wieder mal am falschen Ende. Ich bestellte No-Name-Exemplare, höhenverstellbar. Leider ließen sich die Schrauben nicht fest genug anziehen, und bei Druck gaben die Stöcke unter mir nach. Dennoch: Trekkingstöcke empfehle ich jedem Pilger!

Ein guter Wanderrucksack mit geringem Eigengewicht versteht sich von selbst. Mit Hüft- und Brustgurt, plus Regenschutz. Mein neuer blauer 35 Liter-Rucksack sah schon lange auf dem Dachboden seinem Einsatz entgegen. Ich hatte ihn für eine andere Unternehmung angeschafft, aus der nichts wurde. Jetzt wurde er für viele Wochen ein vertrauter Gefährte. Dinge, an die ich schnell herankommen musste: Regenkleidung, leichte Sportschuhe zum Wechseln, kamen in ein Extrafach ganz unten, anderes nach oben und an die Seiten. Handy, Wanderbuch und in zivilisierter städtischer Umgebung auch das Portemonnaie kamen in eine extra Bauchtasche. Sehr praktisch, nicht immer den Rucksack abnehmen zu müssen, wenn ich auf dem Weg nach der nächsten Abbiegung suchen oder ein schnelles Foto schießen wollte. Die Minitasche konnte ich auch gut nutzen, wenn ich den Rucksack mal irgendwo abstellte, um kurz in die Stadt oder zu einem besonderen Aussichtspunkt zu gehen.

2. Je fitter, desto besser!

Das tägliche Wandern mit Gepäck über Tage und Wochen ist eine heftige körperliche Herausforderung – besonders für Menschen, die im Alltag zumeist sitzen. Ich wusste, das wäre nicht zu unterschätzen, und intensivierte schon ab Anfang des Jahres mein Trainingsprogramm. Ich bin nicht gerade sportlich, aber eine halbe Stunde Joggen vor dem Frühstück war drin. Dazu Radfahren, längere Wandertouren und Yogaübungen.

Ich ließ mich bei meiner Hausärztin und beim Zahnarzt durchchecken, frischte auch meinen Impfstatus auf. Meine letzte Tetanusimpfung lag über 10 Jahre zurück! Schließlich wollte ich nicht, dass irgendein gesundheitliches Problem mir das Weiterlaufen unmöglich machen würde.

Welche „Schwachstellen" könnte es noch geben? Vor einigen Jahren hatte ich mir beim Skifahren einen Kreuzbandriss zugezogen, der damals nicht operiert worden war. Wie würde sich mein Knie angesichts der Dauerbelastung verhalten? Eine Freundin zeigte mir, wie ich es vorbeugend tapen könnte, und schenkte gleich mir eine Tape-Rolle. Seitdem gehört diese fest in mein Wandergepäck.

3. Jedes Gramm zählt!

Nur das Notwendige mitnehmen, und wann immer es geht an Gewicht sparen. Mikrofaserhandtücher, schnell trocknende, leichte Outdoorkleidung und Hosen zum Zippen, ein Multifunktionstuch (Tube) –

für Norwegen mit Wollanteil, sowohl als Sonnen- wie als Regen- und Windschutz für Kopf und Hals zu verwenden. All das sind wunderbare pilgernützliche Erfindungen! Bei jedem Kauf schaute ich, ob es diesen Artikel nicht noch ein wenig leichter gäbe. Auch Kosmetik trägt erheblich zur Gewichtsbelastung bei. Deshalb prüfte ich genau Mengen und Mehrfachverwendbarkeit: Gesichtscreme mit Lichtschutzfaktor, ökologisches Duschbad, das sich auch zum Haare- und Wäschewaschen eignet. Es gibt Freaks, die Zahnbürsten abschneiden. Das tat ich nicht.

Als überflüssig erwies sich die Powerbank, die ich sicherheitshalber mitnahm. In den Übernachtungsquartieren gab es immer Strom zum Aufladen meines Handys. Und wo ich in Hütten ohne Strom war, gab's meist auch keinen Empfang, sodass Telefononieren oder Nachrichten verschicken sowieso unmöglich war.

Auf dem Olavsweg ist die Verpflegung unterwegs wichtig. Zum Teil liegen die Einkaufmöglichkeiten 40 km voneinander entfernt, sodass ich in der Regel Verpflegung für 2-3 Tage mitschleppen musste, zusammen mit dem unbedingt notwendigen Wasservorrat ein erhebliches Gewicht.

Ich entschied mich für eine leichte Plastikwasser- und gegen eine Thermosflasche aus Metall, die mir einen heißen Tee für unterwegs ermöglicht hätte. Manchmal, besonders im Fjell, wäre das keine schlechte Idee gewesen. Aber zu schwer!

Ich besorgte mir leckere und leichte Tütengerichte für unterwegs.

Mehrmals habe ich probegepackt und mein Gepäck gewogen. Ich wollte, dass mein Rucksack nicht schwerer als 10 kg würde – aber es wurden 12. Ich wollte so viel Kleidung dabeihaben, dass ich nicht ständig waschen müsste, wenigstens drei T-Shirts für 4 Wochen, diesen Luxus gönnte ich mir. Auch Wechselschuhe mussten sein. Schließlich sollten meine Füße ab und an was anderes fühlen dürfen, besonders abends in den Quartieren. Und falls sie nass würden, bräuchte ich eine Alternative.

Kurz vor dem Aufbruch packte ich Verpflegung, Wasserflasche, Tagebuch, Schreibzeug, ein Paperback-Buch (die Entscheidung fiel schwer) obendrauf. Die Waage auf dem Flughafen zeigte 15 kg. Oh je!

4. Alles in Tüten!

Plastiktüten mit Zip-Funktion sind für Pilgertouren eine praktische Erfindung. Sie schützen nicht nur alles Inventar im Rucksack vor Staub und Feuchtigkeit, sie helfen auch Ordnung und Übersichtlichkeit zu bewahren. Schließlich muss bei jeder Rast und jeder Übernachtung ständig aus- und eingepackt werden. Das soll zügig gehen, ohne Kramen und Suchen.

So hatte meine Kleidung eine je eigene Tüte: Socken, Unterwäsche, Hosen, T-Shirts, Fleecejacke und Pullover, Schlafsachen, Schmutzwäsche. Auch mein „Feierabend-Outfit“ hatte eine eigene. Immer nach dem Duschen schlüpfte ich in diese sauberen und bequemen Sachen, die ich unterwegs nicht ständig waschen musste. Ebenso hatten Nähzeug, Medikamente, Notizbücher und andere kleine Dinge jeweils ihre Zip-Tüte.

5. Wasser von unten oder oben ist nicht gut für die Moral!

Deshalb empfehlen alle Olavs-Pilger einen ordentlichen Regenschutz. Ich besorgte mir Regengamaschen, die man – auch zum Schutz vor nassem Gras – über die Wanderschuhe ziehen kann. Weil diese bis zum Knie gehen, konnte ich auf eine Extra-Regenhose verzichten. Damit läuft es sich ohnehin schlecht. Außerdem packte ich eine leichte, atmungsaktive und wasserfeste Outdoorjacke ein. Um mich vollkommen zu schützen, bestellte ich mir zusätzlich ein leichtes großes Regencape. Ich entschied ich mich leider auch hier gegen ein Markenmodell, das sich zugleich über den Rucksack ziehen ließ – und habe es bereut. Mein Cape ließ sich zwar über den Rucksack ziehen, engte jedoch ein und bedeckte mich nur zur Hälfte; anders als bei der Anprobe ohne Rucksack, bei der es mir sehr weit erschienen war. Es verhedderte und verdrehte es sich beim An- und Ausziehen nach allen Regeln der Kunst. Zum Glück konnte ich meistens darauf verzichten.

6. Lass deine Angst zu Hause!

Ich gebe es zu: Auch wenn die Vorfreude groß war, war ich nicht immer euphorisch. Zweifel nagten beharrlich an mir und die Ängste erwischten mich manchmal eiskalt. Ich würde im mittleren Alter zu etwas aufbrechen, das ich noch nie gewagt hatte: allein unterwegs zu sein in der Einsamkeit des Nordens. Knapp 600 km allein durch den Wald! War ich wahnsinnig? Wozu dieses Risiko? Schließlich bin ich 52 und keine 25!

Was konnte alles passieren: Ich sah mich mit gebrochenem Bein und unter großen Schmerzen mitten im tiefen Wald liegen, ohne die Möglichkeit, Hilfe zu verständigen, denn es würde mich natürlich genau auf einer Wegstrecke ohne Empfang erwischen. Und die wilden Tiere: Es sollte Bären und Moschusochsen in Norwegen geben. Ich vermutete, selbst die Begegnung mit einem harmlosen Elch entsprechender Größe würde mir einen sofortigen Herzstillstand verursachen.

Und nicht zuletzt: Wer sagt, dass es nur nette Menschen in Norwegen gibt? Vielleicht begegnet mir auch der eine oder andere unliebsame Zeitgenosse, der die Hilflosigkeit einer allein wandernden Frau ausnutzt, mir Geld und Papiere stiehlt. Was dann? Es könnte auch ganz unspektakulär enden: Schon eine Sommergrippe könnte reichen, mich völlig außer Gefecht zu setzen. Weiß ich, ob mein Körper so was noch mitmacht? Ich bin nicht mehr die Jüngste!

An meinem Vorhaben festzuhalten und es dann tatsächlich zu verwirklichen war nicht leicht. Oft habe ich gedacht, je näher der Weg rückte, desto öfter: Lass es lieber! Zu Hause ist es am Schönsten!

Die innere Trägheit war ein erheblicher Gegner – ganz abgesehen von äußeren Widerständen. Und den heftigsten Ängsten. Ich durchlebte und durchlitt sie vorher. Die 2 Monate vor meinem Weg waren eine Zeit der intensiven Auseinandersetzung mit meinen zahlreichen Befürchtungen, manchmal provoziert durch erstaunte Reaktionen und drängende Fragen der Außenwelt: „Was, du willst ganz allein durch Norwegen? Als Frau?"

Doch die Sehnsucht und das klare Gefühl, dass dieser Weg jetzt genau das Richtige für mich sei, waren letztendlich stärker und haben mir geholfen, tatsächlich loszugehen. Es gab nahe Menschen, die mich in meinem Vorhaben unterstützten. Unsere Kinder fanden meine Pilgeridee einfach „cool", und es gab Freundinnen und Freunde, die an meinen Vorüberlegungen und Planungen regen Anteil nahmen.

Die eigentliche Entscheidung aber, es wirklich zu tun, lag ganz bei mir. Sie kam von innen. Das konnte und sollte mir niemand abnehmen! Ich entschied mich für meinen eigenen Weg. Ich wusste: Wenn ich es jetzt nicht mache, mache ich es nie (und das würde ich sicher bereuen).

Mir wurde klar: So viel ich auch plante, vorsorgte und durchdachte, es würde keine hundertprozentige Sicherheit geben – im Gegenteil: Das Unternehmen, das vor mir lag, war auch kurz vor dem Start überhaupt nicht greifbar. Es lag völlig im Dunkeln. Der Weg – eine große Unbekannte! Ich konnte nicht wissen, was mich erwartete. Es sei denn, ich ginge los und würde es erleben.

Ich entschloss mich schließlich zu vertrauen – denn gegen alle imaginären oder real existierenden „Bären" konnte ich mich nicht wappnen. Das Vertrauen, war die wichtigste Ausrüstung auf meinem Weg und eine weitere Lektion, die ich lernte: Ohne Vertrauen brauche ich gar nicht erst losgehen. Vertrauen ist – neben den Wanderschuhen – die wichtigste Ausrüstung. Die Schwester der Demut ist der Mut.

Die Vorfreude auf den Weg zog wieder ein. Mir war ein weiteres Paradoxon des Weges aufgegangen:

Alles will gut vorbereitet sein – doch gute Vorbereitung ist nicht alles.

So habe ich's also gewagt. Nach meiner Entscheidung für das Vertrauen hatte ich auf dem realen Weg zu keinem Zeitpunkt mehr wirkliche Angst – auch auf „dunklen" und gefährlichen Strecken nicht. Ängste binden wie Stricke, sie machen dich starr und bewegungsunfähig. Erst, wenn du sie gründlich loslässt, wirst du frei, vorwärts zu gehen.

Nachdem meine Angst überwunden war und ich meine Flüge gebucht hatte, kam mir der Weg entgegen.

Die Mysterien finden im Hauptbahnhof statt. *Joseph Beuys*

28. April

Ein Abend in der Berliner Philharmonie. Wir wollen mit Freunden ein Konzert besuchen. An der Toilette hat sich kurz vor Beginn eine lange Schlange gebildet. Eine ältere Dame steht mit mir an. Ich spreche sie an: „Ob wir es wohl bis zum dritten Klingeln schaffen?"

Sie antwortet auf Englisch, und es zeigt sich, dass sie Norwegerin ist. In Hamar aufgewachsen lebt sie inzwischen an der Westküste. Ich erzähle ihr, dass ich Ende Mai nach Norwegen reisen und den Olavsweg gehen will. Sie ist begeistert. Ich gestehe, dass ich etwas ängstlich bin: „Ist es nicht zu gefährlich ganz allein? Und was ist mit wilden Tieren?"

„Nein, nein", lacht sie, „es ist überhaupt nicht gefährlich!"

Ihre Schwester wohnt in Hamar, ihr Schwager betreut häufig Pilger auf dem Weg. Falls ich ein Problem hätte, sollte ich die beiden anrufen.

Ich verabschiede mich aus dieser Begegnung mit dem Namen und der Telefonnummer der unbekannten Schwester. Der Zettel – eilig geschrieben neben einem Waschbecken – begleitete mich tröstlich wie ein Versprechen auf dem ganzen Weg.

Anrufen musste ich nicht.

Aufbruch und Ankunft in Eidsvoll Prestegarden

(4 km Fußweg)

Die Nächte vor der Abreise sind kurz und unruhig. Das Reisefieber hat mich fest im Griff und die Vorbereitungen, die für diese lange Zeit der Abwesenheit in Haus und Garten zu treffen sind, nehmen mich voll in Anspruch. Die Aufregung breitet sich als ungeheures Kribbeln in meinem Bauch aus und ist kaum zu bändigen.

Immer wieder muss ich tief durchatmen und mir sagen: Alles wird gut.

Am Morgen des 30. Mai geht es endlich los. Ich stehe morgens um 5 Uhr auf, verabschiede mich mit Traurigkeit im Herzen von unserem Garten. Ich gieße noch einmal alle Pflanzen, die jetzt über lange Zeit ohne mich auskommen müssen.

Mein Aufbruch fühlt sich fast schon an wie ein Zieleinlauf: Alle Hürden habe ich genommen. Ich breche tatsächlich auf! Wie toll ist das denn!? Als das Taxi vor der Tür hält und ich einsteige, nur begleitet von meinem Rucksack, fällt alle Anspannung von mir ab. Ich bin einfach glücklich. Der Morgen ist sonnig, laue Frühsommerluft – und alles fühlt sich großartig an. So viel Zeit und Raum liegen vor mir. Ängste und Zweifel sind wie weggeblasen und ich weiß: Dies ist einfach nur richtig.

Es geht los! – jubelt es in mir. Ich hab's geschafft!

Meine Reise nach Norwegen verläuft völlig unkompliziert: Das Taxi bringt mich zum Bahnhof. Ich fahre mit dem Zug zum Flughafen. Als eine der ersten Passagierinnen checke ich ein und sitze in der 1. Reihe mit ungewohnter Beinfreiheit. Der Flieger hebt ab, und wir fliegen übers Meer. Bald sehe ich das grüne, bergige Land unter mir. Wunderschön!

Nachdem wir auf dem Flughafen in Oslo gelandet sind und ich mich mit norwegischen Kronen versorgt habe, zeigen mir freundliche Menschen, wo der Zug nach Eidsvoll abfährt. Ich steige – zusammen mit vielen anderen, die wahrscheinlich von der Arbeit aus der Stadt nach Hause fahren – in einen modernen und sauberen Nahverkehrszug, der uns in einer Viertelstunde nach Eidsvoll bringt.

Und nun bin ich da. 18:08 Uhr. Ich stehe am Abend dieses Frühsommertages an einem See mitten in Norwegen – unglaublich! Ich blicke aufs Wasser und in den Himmel, sauge die klare und würzige Luft erleichtert ein. Ich bin angekommen. Na ja, nicht ganz. Jetzt muss ich erst mal mein Quartier finden. Ich laufe zuversichtlich über eine Brücke nach Eidsvoll hinein – und merke bald, dass ich in der falschen Richtung unterwegs bin. Pfarrhaus und Kirche liegen auf einem Hügel auf der anderen Seite des Flusses. Ich muss wieder zurück. Ich laufe ja in umgekehrter Richtung, deshalb also rückwärts lesen.

Immerhin sehe ich sofort das erste Olavsweg-Zeichen. Hier wird es also morgen langgehen. Auch einen Einkaufsmarkt gibt es an der Straßenecke, wo ich meinen Proviant mit frischen Zutaten ergänzen kann. Für heute Abend wird das Mitgebrachte reichen.

Nun finde ich den Weg zum alten historischen Pfarrhaus ohne Probleme. Nachdem die Pfarrersfamilie vor ein paar Jahren in ein neues Domizil umgezogen ist, wird es als Pilgerherberge und Jugendfreizeitheim genutzt. Prestegarden – diese Vokabel für „Pfarrhof" wird mir noch öfter begegnen.

An Kristin, die das Ganze ehrenamtlich managt, habe ich von zu Hause eine Mail geschrieben, um mich für diesen Abend anzumelden. Als ich vor der Tür stehe, rufe ich sie wie verabredet an: „Hei, Brita", meldet sich eine freundliche Stimme, fast vertraut. Sie sagt mir den Code für die Tür. „Du bist der einzige Gast. Geh einfach schon mal rein, nimm dir alles, was du brauchst – oben im Bad liegen Handtücher. Ich komme nachher vorbei und bringe den Pilgerstempel mit."

Ich gebe den Code ein, die Tür öffnet sich wie von Geisterhand und das Haus empfängt mich wie eine Heimat. Die Atmosphäre dieses alten Hauses, in dem so viele Pfarrfamilien gelebt haben, wirkt auf Anhieb vertraut. Auch wir haben für viele Jahre in einem alten Pfarrhaus gelebt. Diese gemütlichen, schönen und erhabenen Räume sind mir sofort sympathisch – und ich habe sie ganz für mich allein. Es dauert eine Weile, bis ich alles erkundet habe. Jedes Zimmer ist in einer anderen Farbe gestrichen und das Haus ist zum Teil mit schönen historischen Möbeln ausgestattet. Durch die Fenster strahlt der grüne Garten im Sonnenschein.

Ich suche mir unter den vielen Zimmern, in denen ich schlafen könnte, eines aus. Meine Wahl fällt auf ein kleines gemütliches Dachzimmer im Obergeschoss, in dem zwei Betten stehen. Wahrscheinlich war es mal ein Kinderzimmer, lila Vorhänge und Blümchentapeten. Da fühle ich mich nicht so verloren.

Im geräumigen und modernen Bad dusche ich nach diesem langen Reisetag mit Genuss. Im Kühlschrank, Kjölleskap, findet sich gekühltes

Wasser. Wunderbar – ich habe großen Durst. Ich leere die ganze Plasteflasche und bringe sie nach oben zu meinem Gepäck. Auf dem Flug ist leider meine stabile Outdoor-Trinkflasche aus Kunststoff verloren gegangen. Sie ist aus der Seitentasche des Rucksacks gefallen, obwohl ich glaubte, sie fest genug verschnürt zu haben. Alles Suchen war zwecklos. Egal, dieses Problem ist fürs Erste gelöst. Ich werde morgen einfach die Wasserflasche aus dem Supermarkt mit frischem Leitungswasser füllen.

Da kommt schon Kristin. Wir erzählen ein wenig. Sie ist um mein Wohl besorgt wie eine Mutter. Ich bezahle meinen Obolus und sie legt mir das Gästebuch ans Herz. Dann kredenzt sie mir stolz den Pilgerstempel. Einen Pilgerausweis habe ich noch nicht. Der Weg ins Pilgerzentrum nach Oslo wäre zu umständlich gewesen, ihn mir rechtzeitig zuschicken zu lassen habe ich versäumt. Überhaupt ist mir die Jagd nach den Stempeln ziemlich egal. Ich will einfach nur den Weg gehen ... Kristin sieht enttäuscht aus, und mir fällt ein, dass ich ein Pilgertagebuch habe, jungfräulich unberührt. Sie drückt den zugegebenermaßen sehr schön gestalteten Pilgerstempel der Kirche von Eidsvoll freudig auf die 1. Seite. Nun bin ich offizielle Pilgerin auf dem Weg. Einen Pilgerausweis werde ich erst im Pilgerzentrum Hamar erwerben.

Nachdem Kristin gegangen ist, bereite ich mir aus meinen Vorräten Abendbrot und esse mit Genuss. Es gilt, sich ausgiebig zu stärken. Anschließend mache mich zu einem Abendspaziergang auf. Ich will den Ort erkunden, an dem ich meine erste Nacht in Norwegen verbringe. So gehe ich auf einer birkenbestandenen Allee zur Kirche. Hier ist der Pfarrer allsonntäglich im Talar entlang geschritten. Die Kirche ist offen. Drinnen probt ein Chor. Ich setze mich in eine der hinteren Bänke und höre zu. Wie schön, dass mich dieses Land mit Chorgesang willkommen heißt.

Ich selbst habe viele Jahre meines Lebens in Chören gesungen – jetzt singen sie für mich, nicht perfekt, aber mit hoher Intensität und Begeisterung. Sie proben, lachen und diskutieren. Ich spüre Zusammenhalt, eine selbstverständliche Gemeinschaft. Und doch wachsen sie spürbar über das Alltägliche hinaus, genießen die Kraft des gemeinsamen Gesangs. Ich muss unwillkürlich an den Film *Wie im Himmel* denken.

Bald ist die Probe beendet, man verabschiedet sich, und auch ich gehe hinaus, dankbar für diese Begrüßung.

Noch ein wenig laufe ich durch den geschichtsträchtigen Ort, vorbei an der Villa, in der die erste verfassungsgebende Versammlung Norwegens tagte. Ich lese von Persönlichkeiten, die offenbar hier gelebt haben: Dichter, Pfarrer, Politiker, Schriftsteller.

Den Tag beschließe ich auf einer Bank im großzügigen Pfarrgarten in wunderschöner Abendstimmung: laue Luft, Vogelgezwitscher, Frieden. Es ist nach 23 Uhr und noch taghell. Nachdem ich kurz telefoniert und ein paar Nachrichten geschrieben habe, krieche ich in meinen Schlafsack. Der Tag war intensiv, und morgen werde ich meine erste Etappe laufen. Ich schlafe „wie im Himmel". Paradox des Tages:

Auch was du eigentlich nicht brauchst, kann sehr erfreulich sein, wenn es dir ein freundlicher Mensch gibt.

TAG 1: Ohne Netz, doch mit doppeltem Boden

Von Eidsvoll nach Sannfredstun (31.5. / 25,8 km)

GUTER RAT

An einem Sommermorgen
Da nimm den Wanderstab,
Es fallen deine Sorgen
Wie Nebel von dir ab.

Des Himmels heitre Bläue
Lacht dir ins Herz hinein
Und schließt, wie Gottes Treue,
mit seinem Dach dich ein.

Rings Blüten nur und Triebe
Und Halme von Segen schwer,
Dir ist, als zöge die Liebe
Des Weges nebenher.

So heimisch alles klinget
Als wie im Vaterhaus,
Und über die Lerchen schwinget
Die Seele sich hinaus. *Theodor Fontane*

Ich habe süß und selig geschlafen – schon 7 Uhr! Die Sonne strahlt durchs stille Haus. Schnell stehe ich auf, dusche kalt, frühstücke, packe und gehe noch einmal durch die freundlichen Räume, um mich zu verabschieden. Im Stillen bedanke ich mich bei diesem Haus und den Menschen, die es bewahrt und für Pilger geöffnet haben. An das Gästebuch, auf das Kristin mich gestern hingewiesen hat, denke ich in diesem Moment nicht – mir ist nach dieser ersten Nacht auf dem Olavsweg noch nicht bewusst, dass es eine wichtige Institution des Weges ist, ein Kommunikationsmittel, durch das Pilger und Gastgeber voneinander wissen.

Ich schieße ein Abschiedsfoto, schließe das Haus ab und werfe den Schlüssel in den Kasten.

Jetzt geht's los – hinein in diesen herrlichen Sommertag! Alle Sorgen sind abgefallen. Zum ersten Mal setze ich meine Trekkingstöcke ein, teste die richtige Länge aus. Eine Schulklasse kommt mir entgegen. Sie scheinen amüsiert. Mit meinem Vierfüßler-Gang muss ich auch wirklich komisch aussehen. Wie ein Insekt, das grade geschlüpft ist und die ersten Schritte ausprobiert. Aber egal. Einfach lächeln, winken, und schon bin ich vorbei. Nach den ersten hakeligen Metern finde ich einen passenden Rhythmus. Es läuft sich angenehm. Meine Stöcke werde ich den ganzen Weg nicht mehr hergeben. Ich passe immer auf, dass ich sie nicht aus Versehen irgendwo stehen lasse.

Durchs historische Ortszentrum geht es hinab zum See, über die Brücke, über die ich schon gestern gelaufen bin, hinein in den neueren Ortsteil von Eidsvoll. Da ist mein Olavsweg-Zeichen. *Der Weg nimmt mich auf.*

Ich versorge mich im Einkaufsmarkt mit frischem Proviant, denn mein Wanderführer erwähnt, dass es in Eidsvoll die letzte Einkaufsmöglichkeit auf eine Distanz von 40 km gibt. Ich kaufe frisches Brot, Milch, Bananen und Äpfel – Trockenobst, Nüsse, Käse. Wie schwer mein Rucksack inzwischen ist, will ich gar nicht wissen. Die frisch erworbenen Lebensmittel haben erhebliches Gewicht, das sofort zu spüren ist. Ergänzt um Tütengerichte und den mitgebrachten Tee wird das auch schon der ganze Menüplan für die nächsten 4 Wochen sein. Ich ernähre mich unterwegs schlicht, fast durchgängig vegetarisch. Nur das Nötigste passt in den Rucksack. Es gibt zwei Mahlzeiten am Tag: Frühstück und Abendessen. Zwischendurch höchstens eine Kleinigkeit.

Ich laufe die erste längere Strecke. Es geht hinaus aus dem Ort. Die Besiedlung wird dünner, das Land weiträumiger. Ich wandere durch Wiesen und Felder, immer leicht bergauf in Richtung des Waldes. Nach knapp 2 Stunden entdecke ich ein erstes Pilgerherbergsschild und wäre am liebsten sofort eingekehrt, so schön ist es: *Haug Herberge*. Findige Leute haben in einem kleinen Glasgewächshaus englischen Stils eine Übernachtungsmöglichkeit eingerichtet. Hier kann man in einem breiten Bett, das fast das ganze Haus ausfüllt, mit Blick in die Landschaft, auf Wiesen, Felder und Wald und unter dem weiten Sternenhimmel schlafen. In einem kleinen Nebengelass finden sich ein sauberes Plumpsklo und eine Außendusche. Es ist an alles gedacht!

Mittagsrast. Ich genieße die Atmosphäre. Sogar einen kleinen Kräutergarten gibt es hier. Ich setze mich auf eine schattige Bank – die Sonne brennt und es ist sommerlich heiß, um die 30 Grad werden es inzwischen sein. Ich genehmige mir eine Banane und trinke ordentlich.

Verweile doch, es ist so schön. Aber ich muss und will ja weiter!

Nachdem ich meine Wasserflasche aufgefüllt habe, setze ich den Rucksack wieder auf und folge dem Olavsweg hinauf in den Wald. Dieser empfängt mich mit angenehmer Kühle. Ich komme gut voran – begleitet von freundlichen Olavs-Zeichen am Weg und von einem frisch rauschenden Bach, der hier entlang fließt.

Nun bin ich *ganz allein* mitten im Wald und fühle keinerlei Angst, nicht mal Beklommenheit. Dieses entspannte Gefühl wird mir auch in den nächsten Wochen überwiegend erhalten bleiben. Jedes Mal genieße ich es, wenn der Wald mich wieder aufnimmt, mit seiner Stille und Frische jenseits der trockenen und staubigen Straßen. Kein Bär ist in Sicht – nicht mal ein Elch, sehr selten ein Reh. Es ist einfach nur schön! Im Wald fühle ich mich geborgen.

Auch menschliche Wesen begegnen mir nicht– nur Vögel zwitschern und Insekten summen. Ich laufe in gutem, zügigem Tempo. Am frühen Nachmittag öffnet sich der Weg zum Bach hin. Ich beschließe, wieder zu rasten. Ziehe die Wanderschuhe aus, halte die Füße ins fließende Wasser und wasche mir in diesem wunderbar kalten, klaren Nass den Schweiß und Staub des Weges ab. Ein kleines Handtuch habe ich griffbereit und fühle mich, als ich weitergehe, wunderbar erfrischt.

Nach einiger Zeit komme ich zum See *Floyta* und an einer Badestelle vorbei – es ist heiß und gern würde ich für ein kurzes Bad pausieren. Aber 1. habe ich meine Badesachen beim Reduzieren der Traglast schweren Herzens zu Hause gelassen und 2. muss ich dringend weiter. Laut

Wanderführer habe ich noch mindestens 1 Stunde zu laufen bis nach *Lysjöhymet*, meinem heutigen Etappenziel. Es ist schon nach 17 Uhr.

Von *Lysjöhymet* weiß ich aus meinem Wanderführer, dass es eine unbewirtschaftete Hütte mitten im Wald ist, ohne Strom und Wasser. Sie wird als etwas Besonderes beschrieben: Ein „idyllischer" Ort. Aber ich bin mir nicht sicher, ob ich dort bleiben möchte. Auch wenn ich hier umsonst schlafen kann, erscheint mir die Vorstellung gruselig, so allein tief im Wald zu übernachten. Aber ich will erst mal sehen, wie es so ist – vielleicht auch traumhaft mit Blick in die Landschaft und einem nahen Bach oder See zum Waschen und Trinkwasser-holen?

Nach 1 Stunde erreiche ich die Waldhütte, und die Realität bestätigt leider mein ungutes Bauchgefühl. Das Innere der „idyllischen" Hütte sieht finster aus – als würden die 7 Zwerge hier hausen und wären eilends zur Waldarbeit aufgebrochen. Nur das reinliche und ordnende Schneewittchen scheint zu fehlen! Es ist staubig und dreckig, riecht streng nach Holzfeuer. Wäre ich mit Freunden unterwegs, hätten wir es uns mit ein wenig Handarbeit halbwegs gemütlich zur Nacht eingerichtet – aber allein? Urig ist es ja irgendwie. Genug Feuerholz ist vorhanden, auch ein Herd wäre damit zu heizen. Eine Latrine gibt es, nur leider keinen Bach in erreichbarer Nähe. Eine Runde ums Haus bestätigt, dass es hier überhaupt kein Wasser gibt: Keinen Wasserhahn, keine Pumpe, nicht mal einen Kanister oder sonst irgendetwas. – Meine Entscheidung ist glasklar: Hier kann ich nicht bleiben! In meiner Wasserflasche findet sich kaum noch ein Tröpfchen, und ich habe schon jetzt riesigen Durst. Ohne Wasser geht gar nichts. Aber wohin kann ich gehen?

Unterhalb der Hütte von Lysjöhymet, am Schuppen, in dem das Feuerholz lagert, habe ich einen Zettel entdeckt. Nur 5 km von hier soll es ein altes Schulhaus geben, das Übernachtungsmöglichkeiten bietet: *Sannfredstun*. Der Zettel lockt mit einer Dusche und der Möglichkeit zu kochen. Da muss ich hin! Auch wenn es schon nach 18 Uhr ist und ich nach dem 1. Wandertag mit dem ungewohnt schweren Gepäck nach über 20 km schon ziemlich fertig bin – diese 5 km werde ich noch schaffen! Nur: Wird jemand da sein? Der Zettel hängt schon länger und macht einen leicht verwitterten Eindruck.

Zwei Handynummern sind angegeben, eine gehört Sandra, eine Manfred. Ich hole mein Telefon raus. Na klar – der Akku ist inzwischen leer! Aber ich habe – vorsorglich, wie ich bin – eine geladene Powerbank, schließe das Handy schnell an und lege eine kurze Rast ein. Ich esse einen Apfel gegen den Durst– meinen letzten Wasservorrat will ich noch aufheben. Ich ruhe die Beine etwas aus und lade mein Handy soweit, dass ich telefonieren kann. Aber kein Ruf geht raus. Hier mitten im Wald gibt es kein Netz. Ich beschließe, trotzdem weiterzugehen, auf Hoffnung hin. Vielleicht habe ich nach wenigen 100 m wieder Empfang. Und ich sage mir: Wo ein Schulhaus ist, müssen auch Leute wohnen. Irgendjemand wird da sein, der mir weiterhilft und mir, was das Wichtigste ist, Wasser geben kann. Alles wird gut werden – also los!

Ich komme voran, es geht bergauf und bergab. Sooft ich aber auf mein Handy schaue, sagt es mir: Kein Netz. Jetzt nur nicht verlaufen! Immer wieder lese ich die Wegbeschreibungen. Hanna Engler, die meinen Outdoor-Wanderführer verfasst hat, beschreibt den Weg ziemlich unmissverständlich sogar für Leute wie mich, die mit einem kaum verlässlichen Orientierungssinn gesegnet sind. Wie gut!

Ich bin jetzt tief im Wald. Seit Stunden ist mir niemand begegnet. Umgeben von Jahrhunderte alten Bäumen sieht es richtig nach Urwald aus.

Der Olavsweg wird immer schmaler. Schließlich führt er durch ein Tal und an einem steilen Hang entlang. Hier wird's echt anstrengend. Konnten meine müden Beine vorher noch einigermaßen ausschreiten, gerät der Weg jetzt zu einem Hürdenlauf. Die letzten Winterstürme haben haufenweise Bäume umgeworfen, die dicht an dicht auf dem schmalen Trampelpfad liegen. Mit meinem schweren Rucksack winde ich mich unter Stämmen hindurch oder klettere darüber. Meine Stöcke sind jetzt eher hinderlich. Das alles ist ziemlich sportlich. Der Schweiß rinnt, denn heiß ist es noch immer. Einige der umgestürzten Riesen kann ich nur umgehen, indem ich den steilen Hang hinauf- und wieder hinunterklettere. Ich knicke um und stürze beinah, kann mich aber gerade noch abfangen. Diese Hindernisstrecke scheint kein Ende zu nehmen – es geht nur im Schneckentempo vorwärts. Doch irgendwann habe ich es geschafft. Das Tal der umgestürzten Bäume ist durchquert und der Weg läuft auf eine T- Kreuzung und eine kleine Lichtung zu.

Als ich kurz mein Wanderbuch konsultiere, um sicherzugehen, dass ich in die richtige Richtung abbiege, tanzen plötzlich Lichtreflexe vor meinen Augen. Mir wird schlecht. Trotz Training war die Anstrengung wohl zu viel. Schnell setze ich mich auf den Waldboden, um nicht umzufallen, streife den Rucksack ab und lege mich der Länge nach hin. Ich hebe die

Beine in die Luft, versuche bewusst zu atmen und den Puls zu beruhigen. Yoga-Umkehrhaltung. Wie gut, dass ich das vor meinem Aufbruch geübt habe! Nach kurzer Zeit fühle ich mich besser, genieße es, in diesem stillen Wald auf dem weichen Boden zu liegen.

Ich schaue in einen strahlend blauen Sommerhimmel, an dem Schäfchenwolken ziehen, umrahmt von dunkelgrünen Waldwipfeln. Wann gönne ich mir schon mal diesen Blick! Da ist er, der herbeigesehnte Perspektivwechsel! Ich fühle mich getragen, geborgen zwischen Himmel und Erde: ein doppelter Boden. Über mir spannt sich ein weites Netz, größer und wunderbarer als das löchrige, das mich gerade im Stich gelassen hat. Ich fühle keine Angst. Der Gedanke, dass ich hier liegen bleiben und erst Tage oder Wochen später gefunden werden könnte, will mich anspringen. Aber ich erinnere mich an meine 1. Lektion: Vertrauen.

Nach ein paar Minuten richte ich mich vorsichtig wieder auf. Alles ist ok. Ich esse eine Banane – Vielleicht bin ich ja unterzuckert? – und trinke das restliche Wasser aus meiner Flasche. Sicher bin ich dehydriert. Einen letzten winzigen Notfallschluck hebe ich auf. Dann geht es weiter.

Der Weg wird jetzt etwas breiter und ist gut zu laufen. Ich finde meinen Rhythmus, kann die Stöcke wieder einsetzen. Doch mein Wanderbuch klärt mich auf, dass es noch etliche Kilometer nach Sannfredstun sind – die 5-km-Angabe auf dem Zettel war wohl geschönt! Von hier aus sollen es zu meinem Erschrecken noch 6,8 km sein, und ich bin seit Lysjöhymet schon so lange unterwegs! Das kann nicht wahr sein! Ich bin absolut fertig, Beine und Füße tun weh. Doch ich will mich nicht darauf konzentrieren, der Weg dehnt sich sonst endlos. Ich fange an zu singen – das habe ich mit den Kindern auch gemacht, wenn sie müde wurden. Außerdem wissen die wilden Tiere dann, dass ein Mensch kommt, und können sich vor mir in Sicherheit bringen.

Es hilft. Ich komme weiter, immer weiter. Wenn eine Stimme im Kopf mir weismachen will, dass die Menschen in Sannfredstun verreist oder umgezogen sind und ich mein Nachtlager unter freiem Himmel aufschlagen muss, halte ich dagegen: *Ich werde heute Abend unter einer Dusche stehen!* Diese Vorstellung ist himmlisch. Ich könnte ja noch mal einen Anrufversuch starten – aber der Blick aufs Handy zeigt: Kein Netz!

Schließlich biegt der Olavsweg auf einen zweispurigen Waldweg ein. Es sieht hier schon deutlich zivilisierter aus. Nach einiger Zeit komme ich ans Ufer eines Sees. Für Wasser wäre also schon mal gesorgt.

Hanna Engler klärt mich auf, dass dies der See *Granerudsjön* ist, und hier finde ich auch die nächste Information über die noch zu bewältigende Strecke: 3,4 km. Noch immer so weit! Gefühlt hätte ich schon vor mindestens 1 Stunde ankommen müssen. Aber was hilft es, ich will mein Ziel schließlich erreichen, und die Dusche wartet. Ich sage es wie ein Mantra vor mir her: „Heute Abend werde ich unter einer Dusche stehen! Heute Abend werde ich ..." Noch einmal geht es über Waldwege, bald auf eine Schotterstraße und dann auf einen kleinen Pfad.

Plötzlich öffnet sich der Wald und ein Hof liegt vor mir, ein Anblick wie im Bilderbuch: *Sannfredstun!* Wenn ich mich nicht täusche, sehe ich in der Ferne einen Menschen umhergehen. Ich öffne das Holzgatter zum Gehöft und mein Handy macht „Bling". Ich bin da und der Empfang auch!

Ich nähere mich dem Haus, schaue in die geöffnete Tür und rufe: „Hallo!" Eine freundliche Mittvierzigerin kommt heraus und sagt: „Hallo!" Wir sprechen ein wenig auf Englisch. Ich sage, dass ich Pilgerin auf dem Olavsweg bin, und frage, ob ich hier übernachten kann. Sie fragt mich, woher ich komme, dann sagt sie augenzwinkernd: „Dann können wir auch einfach Deutsch reden!" Wir lachen. Sandra steht vor mir. Ihr Mann Manfred und sie haben vor einigen Jahren hier diesen Hof gekauft und sind mit ihren vier Kindern von Deutschland nach Norwegen in die baufälligen Gebäude gezogen, welche sie nach und nach renovieren.

Ich hätte auch darauf kommen können, dass die Namen *Sandra* und *Manfred* alles andere als Norwegisch klingen. Ihren Hof haben sie *Sannfredstun* genannt. In Norwegen heißen die Höfe wie die Menschen und die Menschen wie die Höfe. *San-Fred* ist zusammengesetzt aus *Sandra* und *Manfred*. *Sannfred* bedeutet im Norwegischen Wahrheit, *Fred* ist der Friede und *Stun* der Ort: Ein Ort des wahren Friedens also.

Das stimmt auch für mich! Ich bin sehr froh, dass ich da bin, und erleichtert! Es tut einfach gut, mit Sandra zu sprechen. Wieder ist es ein Empfangen-werden und Nachhause-kommen. Sie sieht mich mitfühlend an, merkt wohl, dass ich völlig erschöpft bin – und sagt schnell: „Es gibt ein Bett für dich im alten Schulhaus. Und eine Dusche auch."

Das alte Schulhaus liegt nur noch 300 m entfernt. Dahin tragen mich meine Beine gerade noch. Sandra erklärt mir alles, was ich wissen muss, um mich in meinem Quartier zurechtzufinden. Im Haus steht eine Kasse des Vertrauens, ich soll mir alles nehmen, was ich brauche. Die Vorratsschränke in der Küche sind gefüllt und beschriftet. Die Dusche hinterm

Haus. Außer mir wohnen zur Zeit dort zwei französische Studenten, die etwas Englisch sprechen und total nett sind. Ich verabschiede mich von Sandra, sie wünscht mir eine gute Nacht und ich ziehe los in mein Quartier.

Auf dem Weg kommen mir zwei junge Männer in Badesachen entgegen. Das sind sie wohl. Beide begrüßen mich und wir machen uns schnell bekannt. Sie sind nach Feierabend unterwegs zum See und finden es klasse, jeden Abend ausgiebig zu schwimmen. Das würde ich jetzt auch gern, aber ohne Badesachen und mit französischen Studenten? Das muss nicht sein, und jeder überflüssige Schritt ist sowieso einer zu viel.

Ich betrete das Haus, das ich jetzt eine Weile für mich habe. Zuerst gehe ich in die Küche, nehme mir ein Glas und trinke, trinke, trinke ... gefühlt mindestens einen ganzen Liter. Das Wasser schmeckt köstlich!

Sandra erzählt mir am nächsten Morgen, dass es auch für ihre großen Kinder ein festes Ritual ist, wenn sie aus Hamburg zu Besuch kommen: Als Erstes trinken sie das saubere, köstlich-kühle, unverfälschte Wasser.

Ich finde das Zimmer, das mir Sandra beschrieben hat, schnappe meine Waschtasche, Handtücher und frische Sachen und gehe hinters Haus. Die Dusche ist eine Konstruktion von Manfred, ein offener Bretterverschlag mit Abfluss durch einen Lattenrost. Genial! Es fließt sogar warmes Wasser. Hier stehe ich nun – geschützt vor Blicken im Grünen in der lauen Abendluft und dusche. Es ist eine Wohltat! Ich habe fest daran geglaubt. Selten habe ich eine Dusche so genossen wie diese.

Dann bereite ich mir ein Abendessen in der gemütlichen Küche, die nach Studenten WG aussieht. Sie wussten ja auch nicht, dass heute ein Übernachtungsgast kommt. Ich räume mir eine Ecke am hölzernen Esstisch frei, koche Tee, bereite mir ein Tütengericht und esse mit großem Appetit. Dann setze ich mich nach draußen zum Schreiben und Telefonieren. Hier steht ein großer Gartentisch mit Blumen. Das alte Schulhaus ist baufällig. Obwohl innen wie außen nichts clean ist, hat doch alles Atmosphäre. Man spürt eine liebevolle Aufmerksamkeit. *Wahrer Friede.*

Nun lese ich meine Mails. Mir wird mitgeteilt, dass ich zum 1.7. meine neue Stelle antreten kann. Wenn alles nach Plan verläuft, werde ich am 29.6. von Trondheim über Oslo nach Berlin zurückfliegen und sofort mit meiner neuen Arbeit beginnen. Das ist sportlich. Aber eine Erleichterung für meinen Weg, den ich noch im Ungewissen begonnen habe.

Alles ist gut, der doppelte Boden trägt. In diesem Moment kommen die beiden Studenten vom See zurück und setzen sich zu mir nach draußen.

Sie sind für 3 Monate in Norwegen, studieren Architektur. Manfred hält Kontakt zu ihrer Uni in Toulouse und bringt ihnen handwerkliche Praxis bei – sie helfen beim Aufbau des Hofes. Eine Win-Win-Situation. Als sie im März angereist sind, lag der Schnee noch Meter hoch. Er ist erst vor 3 Wochen restlos geschmolzen. Dann wurde aus Winter plötzlich Hochsommer – jetzt ist es für norwegische Verhältnisse absolut trocken. Viele Menschen, die ich auf dem Weg treffe, werden mir von der ungewöhnlichen Witterung erzählen. Der Klimawandel ist mit Händen zu greifen.

Bald gehe ich schlafen, bringe meine schmerzenden Beine in die Waagerechte. Das war eine ordentliche Etappe für den 1. Pilgertag! Ich bin viele km weiter gelaufen als geplant, und alles ist erst mal gut gegangen.

Ich schlafe den „Schlaf der Gerechten". Ob ich morgen auch nur einen einzigen Schritt weiter gehen kann, weiß ich nicht. Wir werden sehen.

Für heute habe ich gelernt:

Auch wenn du scheinbar am Ziel bist, bist du noch lange nicht da.

TAG 2: Die verschwundene Herberge und vom Warum des Weges

Von Sannfredstun nach Gordammen (1.6. / 26,8 km)

Die Ros' ist ohn warumb
Sie blühet, weil sie blühet
Sie achtt nicht jhrer selbst
Fragt nicht, ob man sie sihet. *Angelus Silesius*

Am Morgen wache ich wieder um 7 auf – nach komaähnlichem Schlaf. Vollkommen erholt! Wie geht das denn? Es tut mir kaum etwas weh. Die Füße sind blasenfrei. Gestern Abend noch war ich überzeugt, keinen einzigen Schritt mehr gehen zu können. Wer sagt's denn?! Erstaunlich, wie gründlich sich mein Körper über Nacht regeneriert.

Ich fühle mich richtig frisch. Und das ist gut so, denn ich möchte heute Store Gillud erreichen, das etwa 33 km entfernt ist. Ich frühstücke, packe, beglücke diesmal das Gästebuch und lege das Übernachtungsgeld in den Kasten. Dann schultere ich meinen Rucksack und öffne die Tür.

In diesem Moment rollt ein Auto auf den Hof und eine froh gelaunte Sandra steigt aus. Sie umarmt mich. „Willst du schon los? Ich wollte euch gerade Frühstückseier bringen." Sie hat eine ganze Palette mit frischen Eiern ihrer glücklichen Hühner auf dem Arm und strahlt mich an. Ich zögere einen Augenblick. Ich will ja so schnell wie möglich aufbrechen, denn der Weg heute ist weit – aber es ist früh am Tag, die Studenten schlafen noch. „Komm, wir trinken wenigstens einen Kaffee." Ihrer verlockenden Einladung kann ich nicht widerstehen. Dieser Augenblick wird sich nicht wiederholen. Wann, wenn nicht jetzt? Ja, ich möchte mit Sandra erzählen. Dabei hat auch sie eigentlich keine Zeit, weil heute noch viele Menschen aus der Umgebung ins alte Schulhaus kommen. Ein kommunales Treffen. Sie wird das ausrichten und hat eine Menge vorzubereiten. Wir genehmigen uns dennoch diesen gemeinsamen Moment, bevor jede von uns in den Tag startet. Ruckzuck sitzen wir mit je einer Tasse Kaffee am hölzernen Esstisch der gemütlichen Pilgerstube ... und plaudern, als würden wir uns schon lange kennen.

Sandra erzählt mir von ihrem Leben. Nach gescheiterten Beziehungen hat sie mit Manfred hier in Norwegen neu angefangen und durch Zufall diesen Ort gefunden, an dem sich, wie sie sagt, ihre „Träume verwirklichen". Ist es ihr nicht schwergefallen, alles hinter sich zu lassen? Hat sie nicht manchmal Sehnsucht nach Deutschland? „Nein!" Sie klingt sehr überzeugend. „Es ist einfach zu schön hier. So ein Haus am See mit ganz viel Platz drum herum, mitten in der Natur, wo findest du das in Deutschland?" Da muss ich ihr zustimmen, dieser Ort hier ist einfach ein Traum.

Wahrer Friede – besser lässt es sich nicht ausdrücken.

Dabei ist Sandra mit ihrer Familie alles andere als einsam, sondern gut integriert. „Du darfst dich nur nicht verkriechen." Nein, der Typ ist sie nicht. Sie arbeitet im nächsten Ort als Lehrerin. Dort gehen auch ihre Kinder zur Schule. Außerdem gibt sie Meditationskurse. Erlebt enge Gemeinschaft mit den Teilnehmenden. Das reicht ihr noch nicht, denn sie nimmt auch Woofer aus aller Welt auf, die sie regelmäßig beherbergt, und Studenten aus Frankreich, die einmal im Jahr für 3 Monate von der Uni in Toulouse kommen – immer wieder andere. Die gehören quasi zur Familie. Auch die Studenten sind ihre Kinder. Vom Heimweh bis zum Liebeskummer – für alles hat sie ein Ohr und ein großes Herz. Dazu engagieren sich Sandra und Manfred für die Themen der Kommune, richten die Häuser des Gehöfts her und retten sie vor dem Verfall. Auch mit dem alten Schulhaus hat Sandra noch Pläne. Keine Ahnung, wie sie das alles wuppt. Innerhalb von Minuten tut sich mir eine ganze Welt voll buntem Leben auf, voll trubeliger

Wärme, die nicht nur an der Oberfläche kreiselt. Jetzt schaut sie mich in herzlicher Aufmerksamkeit an: „Und du, warum gehst du diesen Weg? Was suchst du?“ Ich versuche eine Antwort ...

Schnell sind wir bei vertraulichen Themen, erzählen von Erfahrungen und Sehnsüchten – auch von unseren Fragen und Unsicherheiten. Da ist nicht nur eitel Sonnenschein, auch das Schmerzliche und Traurige hat Platz. Ein besonderer Moment. Wir bewegen uns auf gemeinsamer Wellenlänge und erleben hier an diesem Pilgerwohnzimmertisch im ehemaligen Lehrerzimmer einen Augenblick voller wohltuender Nähe.

Schnell ist eine knappe Stunde vergangen. Die Studenten sind aufgewacht und rumoren unterm Dach. Der Kaffee ist lange getrunken. Und beide müssen wir los. „Wohin willst du heute? Hast du schon angerufen?“, fragt mich die fürsorgliche Sandra. Ich erkläre ihr, dass ich noch nicht weiß, wie weit mich meine Füße heute tragen, und dass ich von unterwegs anrufen will. „Okay“, meint sie – nicht sonderlich überzeugt. „Falls du mal nicht weißt, wohin, klingel einfach irgendwo. Die Leute hier nehmen immer jemanden für eine Nacht auf.“

Ich ahne nicht, dass ich noch heute an diesen Rat denken werde.

Unbedingt muss mir Sandra noch den Schulsaal zeigen. Wir verlassen die Pilgerstube und kommen in einen lichten Raum mit riesigen Fenstern. Sandra hat ihn gemütlich gestaltet wie ein Wohnzimmer. Warme Farben. Auf der ehemaligen Bühne ganz vorn hat sie einen Schlafalkoven hergerichtet. Dort übernachtet heute einer der Studenten mit seiner Freundin. Sie wird an diesem Tag auch noch eintreffen – direkt aus Frankreich. Wir stehen schweigend in der morgendlichen Stille. Müssen uns verabschieden. Gleich. Die Sonne strahlt durch die Fenster, wärmt uns. Lichtreflexe tanzen überall. Wir sehen uns an und Sandra beginnt leise zu singen:

„This Little Light of Mine, I'm gonna let it shine ...“, stimme ich ein. Beide kennen wir dieses Lied, ein Spiritual.

„This Little Light of Mine, I'm gonna let it shine ...“ Strahlen breitet sich auf unseren Gesichtern aus. Unsere Augen lachen, während wir singen.

„This Little Light of Mine, yes, I'm gonna let it shine ...“ Und immer lauter singen wir: *„Let it shine, let it shine, let it shine ...“*

Spätestens jetzt dürften die Studenten putzmunter sein. Alles, was wir in der vergangenen Stunde miteinander geteilt haben, klingt in dem Lied.

The light that shines is the light of love,
Lights the darkness from above,
It shines on you and it shines on me,
And it shows what the light of love can do.

Was für ein Augenblick! Dieser alte Schulsaal ist unsere Kirche. Wir umarmen uns. Fest und lange. Das tut gut!

Jetzt muss ich aber wirklich gehen, setze meinen Rucksack auf und greife nach meinen Stöcken. Als ich losziehe, steht Sandra in der Tür, winkt.

Euphorisiert bis in die Zehenspitzen wandere ich in diesen Tag. Was für ein Geschenk! Welchen Moment hat mir dieser Weg gerade bereitet. Ich fühle mich innen und außen durchwärmt und voll Energie. Leicht und lebendig, Lebenslust pur! Nur für den Tag gestern und diesen Augenblick hätte es sich bereits gelohnt, nach Norwegen zu kommen. Und wie viel Zeit und Raum liegen noch vor mir. Herrlich! Ich schreite kraftvoll aus. Es gilt, jetzt ordentlich Wegstrecke zu machen. Heute wird mich niemand bremsen. Der Weg führt mitten durch einen tiefen Wald, der ein echter Urwald ist, seit 1920 Naturschutzgebiet, aus der menschlichen Nutzung entlassen. Ich sehe alte Fichten, die 500 Jahre alt sein müssen. So beschreibt es eine Tafel, an der ich vorbeikomme.

An einem Parkplatz (Fysak) gehe ich entsprechend der Wegbeschreibung nach rechts. Ich biege in einen geraden Waldweg ein, der sich wunderbar läuft. Immer geradeaus. Ich kann meinen Gedanken nachgehen, der Rhythmus meiner Schritte trägt mich von ganz allein.

Warum gehst du diesen Weg? Was genau suchst du?, hat mich Sandra gefragt. Das ist hängengeblieben, denn eine befriedigende Antwort habe ich nicht. Nichts ist klar oder eindeutig. Eher nebulös. Mich hat ein intuitives Wissen auf den Weg geschickt. Ich wusste, dass ich es jetzt tun will und muss – aber „begründen" kann ich es nur unzureichend. Ähnlich schwierig wie eine Erklärung, WARUM man einen Menschen liebt.

Natürlich gibt es viele unterschiedliche Motive, diesen Weg zu gehen: raus aus dem Alltag. Ich sehne mich nach der Freiheit des Unterwegsseins, genieße die wundervolle Natur, die weite Landschaft. Die Frische. Das Grün. Ich bin froh, mal völlig frei und unbeeinflusst von anderen *mein* eigenes Tempo zu gehen und in meinen Rhythmus einzutauchen.

Ich bin für mich allein und fühle ein Bedürfnis nach selbstbestimmtem Handeln und freiem Entscheiden. Ich nenne es mit Immanuel Kant meinen *„Ausgang aus der selbstverschuldeten Unmündigkeit"*. Zu oft habe ich mich in der Vergangenheit einfach angepasst, bin „mitgelaufen", den ausgesprochenen und unausgesprochenen Erwartungen anderer gefolgt. Damit soll jetzt Schluss sein! Ich will Freiheit üben. Auch auf diesem Weg. Ich will mir (und vielleicht anderen) beweisen, dass ich es SELBST kann, *eigene* Verantwortung übernehmen.

Der Punkt in meinem Leben, an dem ich mich auf den Weg mache, ist ein Zeitpunkt notwendiger Veränderung. Ich vollziehe also mit meinen Füßen eine Art Übergangsritual, einen „Passage-Ritus": von einer Lebensphase in eine andere, von einem Arbeitsfeld in ein neues. Begehen einer Ver-Wandlung. Das Vergangene zurücklassen, sich Neuem öffnen. Und: Ich sehne mich danach, eine andere Form der Präsenz zu leben – so wie eben gerade: Den Moment ergreifen. Die Gelegenheit beim Schopf packen. Die unspektakulären Möglichkeiten ausschöpfen, die ich so schnell übersehe oder vorbeigehen lasse und die mein Leben doch eigentlich reich machen. Nicht zuletzt wünsche ich mir, der Kraft wieder zu begegnen, die mein Leben hält. So habe ich es bei meinem ersten Pilgern erlebt. Da ist viel Unglaubliches passiert. Das hat meinen Glauben und mich stark gemacht.

Doch was oder wen genau ich suche, kann ich auch jetzt beim besten Willen nicht sagen. Das würde den Zauber des Weges wohl auch zerstören. Eine Pilgerin in dem Dokumentarfilm, den ich mir vorher angeschaut habe, sagt auf die Frage, warum sie diesen Weg laufe, treffend: „Das weiß ich nicht. Wenn ich es wüsste, müsste ich ihn ja nicht gehen."

Also keine weiteren Fragen nach dem WARUM. Doch Moment!

WARUM habe ich eigentlich schon länger keine Wegmarkierung mehr gesehen? Der Weg ging doch immer geradeaus, und es gab keine Abzweigung. Ein Stück entfernt, entdecke ich eine Kreuzung. Da wird mich sicher ein Olavsweg-Zeichen beruhigen. Aber: nichts! Ich muss falsch sein. Nervös schlage ich mein Wanderbuch auf. Tatsächlich. Hanna Engler schreibt, dass ich kurz nach dem Parkplatz Fysak einen kleinen Trampelpfad hätte nehmen müssen. Das habe ich überlesen. Nun bin ich viel zu weit gelaufen. Über eine halbe Stunde. Eine weitere halbe Stunde muss ich jetzt zurück, das macht eine ganze Stunde zusätzliche Wegzeit und einen „Umweg" von mindestens 5 km. Und das, wo ich heute so weit muss!

Meine Euphorie ist augenblicklich verflogen. Ich bin gründlich ernüchtert. Bloß nicht übermütig werden! Ich war meiner Sache wohl zu sicher.

Statt mich zu ärgern, überlege ich auf dem Rückweg zum Pfad, was ich lernen kann: Die Eintragungen im Wanderbuch *immer* vorausschauend lesen. Die Wegbeschreibung nicht nur an einer Weggabelung konsultieren, sondern mindestens noch den nächsten Absatz verinnerlichen. Und ich ermahne mich: „Sei gnädig mit dir – dein Weg fängt ja grade erst an. Du musst schließlich deine Erfahrungen machen."

Da ist er auch schon, der vermaledeite Olavsweg-Pfahl, an dem ich blind vorbeigelaufen bin. Ich biege auf den kleinen Trampelpfad nach links ein und in den Wald ab – eine Pause schenke ich mir erst mal.

Zur Mittagszeit erreiche ich Hestres Nordregard. Das ist für heute das in meinem Wanderführer angegebene Etappenziel. Es ist noch ziemlich früh am Tag. Ich beschließe, mich zu stärken, denn ich will ja noch viel weiter. Die letzten Mahlzeiten waren eher schlicht: Brot. Etwas Käse und Tütensuppe aus der Tasse. Da darf es jetzt was Ordentliches sein. Ich habe Hunger, *großen* Hunger!

Also nehme ich den Umweg zum *Marche Restaurant*, diesmal aus freier Entscheidung. Das Restaurant bietet frischen Salat und unterschiedliches Grillgemüse mit Dressing. Ich schaufle mir einen großen Teller voll und esse mit Genuss. Danach genehmige ich mir einen richtigen Kaffee. Frisch gemahlen. Luxus pur. „Verweile doch, du bist so schön!"

Doch es geht weiter. Steil den Berg hinauf. Das ist anstrengend und schweißtreibend, denn es ist heute wieder heiß. Nach kurzer Zeit bin ich durchgeschwitzt und wieder durstig.

Endlich erreiche ich Tangen. Später Nachmittag. Ich stiefele zur weißen Holzkirche, die sich wieder verschlossen zeigt, mache ein paar Fotos, trinke ausgiebig und fülle meine Wasserflasche auf.

Hier in Tangen könnte ich bleiben. Ein Campingplatz bietet Übernachtungen an – aber eine ganze Hütte für mich allein kostet viel. Eigentlich müsste ich es noch gut bis Ekeberg schaffen. Anrufen? Ich wähle die Nummer. Niemand geht ran. Vielleicht ist man unterwegs zum See? Ach was, ich gehe einfach weiter. Gestern hat es auch geklappt. Ich fühle noch immer den Flow von Sannfredstun.

So wandere ich weiter und erreiche am frühen Abend Ekeberg. Jedenfalls müsste es das sein. Die Hütte rechts vom Weg sieht genauso aus, wie die in meinem Wanderbuch. Aber kein Herbergszeichen. Warum? Eigenartig. Liegt die Herberge tatsächlich noch ein Stück entfernt? Es gibt hier etliche Häuser und Höfe, vielleicht mit ähnlichen Hütten.

Ich muss wohl noch ein Stück weiter. Menschen, die ich fragen könnte, sind nicht zu sehen. Dreimal noch lese ich die Beschreibung in meinem Wanderbuch. *Ekeberg* steht an den Schildern vorn an der Kreuzung – aber WO um Himmelswillen ist die Herberge? Inzwischen bin ich ziemlich fertig. Es ist nach 19 Uhr und ich will nur noch ankommen.

Notgedrungen ziehe ich weiter, folge der Beschilderung in den Wald. Die Olavsweg-Zeichen sind immerhin vorhanden. Es muss hier richtig sein. Bestimmt bin ich meinem Ziel schon ganz nah. Nachdem ich etwa 1 km weiter in den Wald gelaufen bin, liegt auf der linken Seite ein Haus.

Ein Glück, das wird es sein! Doch im Näherkommen sehe ich auch hier kein Herbergsschild. Zwei ältere Leute sitzen friedlich auf einer Bank im Abendlicht. Offenbar wohnen sie hier. „Hei!", rufe ich. Beide kommen näher auf mich zu. Jetzt stehen sie am Gartenzaun. „Ich suche die Pilgerherberge in Ekeberg. Können Sie mir sagen, wo die ist?" Offenbar verstehen sie mein Englisch nicht, schauen sich gegenseitig ratlos an. „Ekeberg?" Sie zeigen in die Richtung, aus der ich gerade komme: „Ekeberg ist da."

Also muss ich wieder zurück. Bin ich denn blöd? Warum habe ich die Herberge nicht gesehen? Aber was hilft es? Ich bedanke mich, drehe um und laufe wieder zurück. Die Füße schmerzen, Rücken und Schultern auch. Ich habe Durst und kann nicht mehr. Aber nun weiß ich ja Bescheid und werde bald da sein. In Ekeberg zurück, stehe ich wieder vor der Hütte, die ich schon anfangs für die Herberge gehalten habe, und schaue durch die Fenster. Das ist sie! Eindeutig. Zweifel ausgeschlossen. Das Innere der Hütte kenne ich von einem Foto. Bänke ringsum, in der Mitte ein kleiner Tisch. Mit Flickenteppichen. Urgemütlich. Ich bin da!

Doch warum ist hier niemand? Noch einmal rufe ich an: Der Ruf geht raus – aber niemand nimmt ab. Kein Mensch ist zu sehen. Ich nähere mich dem großen Wohnhaus. Klingle, rufe. Hier sieht es aus, als hätte gerade noch das volle Familienleben getobt. Spielzeug liegt verstreut. An der Tür hängt ein Bademantel. Weit können sie nicht sein.

Was mache ich jetzt?

Als ich vorhin auf meinem Rückweg an der großen Kreuzung vorbeikam, habe ich etwas entfernt Menschen gesehen. Ein Haus, das etwas weiter rechts liegt. Da gehe ich jetzt hin. Und richtig. Dort sind Leute. Als sie sehen, dass ich nahe, gehen sie rein. Hm ... Es hilft nichts, ich muss fragen, wie ich die Herbergsleute erreiche, klinke den Torweg auf, gehe zur Tür und klingle.

Eine herbe Frau öffnet mir. Mit nicht allzu überschwänglicher Freundlichkeit. Offenbar ist sie vorbereitet: „Hier gibt es keine Herberge, die hat geschlossen“, meint sie. Die junge Familie, die das Haus von den Eltern übernommen hat, wollte die Tradition mit den Pilgern nicht fortsetzen.

Sie sieht, wie mir das Gesicht runterfällt. „Aber, es gibt eine neue Herberge, nicht weit von hier, nur noch 3 Kilometer.“ NUR! Überhaupt nicht weit. Ich stöhne innerlich auf. Soll das ein Witz sein? Ahnt sie, wie ich mich fühle? Ich bin schon den ganzen Tag gelaufen mit 15 kg auf dem Rücken durch diese Affenhitze. Ich kann nicht mehr!

Aber ich bedanke mich höflich und lasse mir sicherheitshalber den Namen der Herberge aufschreiben, damit Zweifel ausgeschlossen sind: *Gordammen, 2,5 km* kritzelt sie in mein Wanderbuch. Aus den 3 km sind mir nichts- dir nichts 2,5 geworden. Mit Kilometerangaben nimmt man es nicht so genau, soviel weiß ich schon. Doch vielleicht will sie nur ein wenig meine Motivation stärken? Schnell ist die Tür wieder zu.

Also weiter. Knappe 3 km. Schon vorhin hatte ich das Gefühl, nicht weiter zu können. Keinen Schritt mehr! Aber ich *muss*. Komm, sage ich mir, das wirst du auch noch schaffen! Ich laufe also zum dritten Mal den besagten Kilometer in den Wald. Am Haus des freundlichen Ehepaares vorbei. Jetzt ist niemand mehr zu sehen.

Die müden Beine schleppen sich vorwärts. Ich beginne wieder zu singen, das hilft, den Laufrhythmus beizubehalten, über die Schmerzen hinweg. „Das Wandern ist des Müllers Lust“ – Schubert'sche Fassung. Ganz besonders Strophe 3 hat es mir angetan: „Die *Steine* auch, so schwer sie sind, die *Steine* ...“ seufzt es aus mir. Ich singe mit Inbrunst.

Der Waldweg läuft sich immerhin gut. Ich tröste mich: Wenigstens keine umgestürzten Bäume, nicht zu steil auf und ab. Auf der linken Seite sehe ich nach etwa 2 km einen Wegweiser mit einem Herbergsschild und bleibe kurz stehen. Der Weg führt nach links oben, darauf steht *Skomakerbakken*. Ich schaue noch mal in mein Wanderbuch. Diese Herberge ist hier nicht verzeichnet. Ich habe keine Ahnung, wie weit das noch ist. Das Risiko eines weiteren Umwegs will ich jetzt nicht mehr eingehen. Und ich weiß ja, dass es in Gordammen eine *neue* Herberge gibt. Weit kann es nicht mehr sein. Gleich hast du's geschafft, sage ich mir und gehe weiter. Schritt für Schritt. So zügig wie noch möglich. Und da sehe ich schon ein großes überdachtes Holzschild, zwei Milchkannen hübsch darunter: *GORDAMMEN*. Was für ein Glück. Ich bin da!

Ein Herbergsschild ist auch diesmal nicht zu sehen – aber das muss nichts heißen, sie haben ja gerade erst aufgemacht. Ich nähere mich dem großen Tor, und ein schönes, modernes hellgraues Haus liegt vor mir.

Davor eine riesige Wiese. Auf der liegt eine junge Frau. Malerisches Bild. Sie sonnt sich offenbar. Auch abends gegen 21 Uhr ist das in der nordischen Abendsonne noch gut möglich. Rechts und links neben ihr dösen zwei riesige Hunde. Die schauen jetzt auf und springen laut bellend auf das Tor zu. Nach einer Weile sieht auch sie in meine Richtung. Offenbar hat sie geschlafen und ich habe sie geweckt. Komische Sitten in dieser Herberge, denke ich. Aber ich bin ja nicht angemeldet. Jetzt erhebt sie sich langsam, streift sie sich ein Kleid über und kommt auf mich zu.

„Hey", sage ich, „ich bin Brita, Pilgerin auf dem Olavsweg, und suche ein Quartier. Man hat mir gesagt, dass es hier eine neue Herberge gibt."

Sie schaut irritiert. „Eine Herberge? Für Pilger? Bei uns? Hier in Gordammen? Ach ja, das haben wir irgendwann vor. Demnächst. Aber noch sind wir nicht fertig, die Hütte ist noch im Bau."

„Gibt es denn irgendeine Übernachtungsmöglichkeit in der Nähe?", frage ich hoffnungsvoll. „Ja, in Store Gillud", überlegt Jeanette, so heißt sie. „Das ist das Nächste. Was anderes ist hier nicht."

O nein, das kann nicht wahr sein! Zwar wollte ich heute dahin, aber ich habe mich mit den 33 km völlig übernommen. Zusammen mit den Umwegen, die ich an diesem Tag gegangen bin, wären das 40 km Tagesmarsch an meinem 2. Pilgertag. Das ist entschieden zu viel! Weitere 8 km Fußmarsch schaffe ich nicht. Zwar wäre das Laufen bis zum Einbruch der Dunkelheit möglich, aber ich bin am Limit. Was jetzt?

Auf der Stelle könnte ich umfallen. Das sieht Jeanette mir wohl an. „Du kannst hier zelten, auf der Wiese ..." Ein Zelt habe ich leider nicht dabei, auch keine Isomatte, nur einen Schlafsack.

„Kann ich vielleicht in der Hütte schlafen?", frage ich vorsichtig. Auch wenn sie noch nicht ganz fertig ist, sieht sie doch so aus, als könnte ich da mindestens genauso gut schlafen wie in einem Zelt. „Ja", sagt sie, „das können wir machen. Ich fege schnell ein bisschen durch und stelle dir eine Campingliege rein, wäre das ok?" Und wie ok das ist!

Ich strahle sie dankbar an. Ganz sicher werde ich schlafen wie ein Stein, sobald ich in der Waagerechten bin, egal wo und wie.

„Was brauchst du noch?", erkundigt sie sich. Eigentlich nur eine Gelegenheit zum Waschen und WASSER zum Trinken.

„Kein Problem", meint sie. Wir gehen zum großen grauen Haus und sie öffnet mir ihr privates Bad, wo ich mich waschen kann. Wie freundlich.

Als ich zurückkomme, ist der Boden der Hütte von der herumliegenden Isolierwolle befreit und die Campingliege aufgestellt. Alles wunderbar! Ich bedanke mich immer wieder. Inzwischen ist auch ihr Mann Jon von der Feldarbeit heimgekehrt und begrüßt mich freundlich. Sie bringt mir eine große Karaffe mit Rhabarberwasser und zeigt mir aus der Ferne Wasserhahn und Plumpsklo. Dann verabschieden wir uns zur Nacht.

Ich bin müde, hungrig und durstig – und hier gibt es sogar einen bequemen Essplatz. Was will ich mehr? Alles gut. Wunderbar, dass ich mich nicht noch zu nachtschlafender Zeit durch den tiefen Wald nach Store Gillud schleppen muss! Ich setze ich mich gemütlich an die Tischbank vorm Haus, esse etwas Brot und Käse, kochen muss ich heute nicht mehr. Ich telefoniere und schreibe. Aber es gibt riesige Mückenschwärme, die sich offenbar auch über den unangemeldeten Besuch freuen.

So begebe ich mich bald in die Hütte, die Campingliege ruft. Völlig kahl ist es hier nicht. Es gibt sogar einen kleinen Tisch mit zwei Stühlen und einen Sessel, auf den ich meine Sachen legen kann. Ich statte dem Plumpsklo einen Besuch ab. Die Toiletten sind Bio – dabei sehr sauber und erstaunlich geruchsfrei. Dann hole ich die Karaffe, will Zähneputzen am Wasserhahn und noch mal Wasser für die Nacht auffüllen, denn ich ahne, dass ich nach diesem Wandertag in der Hitze immer noch durstig bin.

Am Hahn ist ein langer Gartenschlauch angebracht. Und als ich versuche, ihm Wasser zu entnehmen, kommt nichts. Ich schraube, versuche den Wasserschlauch zu abzuklemmen, mich nach einem Extrahahn umzusehen. Vergeblich. Ich kann hier kein Wasser entlocken – und fragen will ich meine beiden jungen Quartiergeber jetzt nicht mehr, es ist schon spät. Also trotte ich unverrichteter Dinge mit meiner Kanne zurück und krieche in den Schlafsack. Meine Fleecejacke dient als Kopfkissen. Gleich werde ich schlafen und nicht mehr merken, dass ich durstig bin.

Aber ach ... Wer hat nur dieses Schlafgerät erfunden? Dem wünsche ich, nur eine einzige Nacht auf dieser Campingliege zubringen zu müssen. Sie ist schmal und mit Stoff bespannt. Wackelt bei jeder Drehung. Ich finde einfach keine Position, in der ich halbwegs entspannt liegen kann. Der Metallrahmen drückt an meine Knie und fühlt sich unangenehm hart an. Eigentlich könnte ich auf diesem schmalen und durchhängenden Teil nur in der Rückenlage liegen, die Arme eng an den

Körper gelegt. Denn sowie ich die Hände unter meinen Kopf lege oder auf meinem Bach falte, drückt der Rahmen erbarmungslos an meinen Ellenbogen. Also doch auf die Seite. Ich stehe noch mal auf und hole mir alles, was Polsterung verspricht: Pullover, Hosen, Shirts ... Dieses Material positioniere ich an den Auflagestellen meines Körpers am Metallrahmen. So geht's einigermaßen, nur nicht viel bewegen. Jetzt einfach schlafen.

An einer Seite ist das Dach der Hütte tatsächlich offen und der Mond scheint herein. Was surrt da so in der nächtlichen Stille? Natürlich. Es sind Mücken. Die haben mich ja schon draußen kennengelernt und jetzt den Eingang gefunden. Wieder stehe ich auf und balsamiere mir Gesicht und Arme mit Anti-Mücken-Mittel ein. Nun erneut die richtige Schlafposition finden. Polstern. Wieder alles zurechtruckeln.

Es ist so warm und stickig! Mir ist heiß und ich habe Durst. Auch das Gesurre ist entschieden zu laut. Vielleicht ist da doch ein Wespennest unterm offenen Dach und sie starten gleich einen Angriff?

Ich kann einfach nicht schlafen. Lange liege ich wach. Noch mal gehe ich nach draußen: kein Wasser. Inzwischen ist es etwas kühler. Ich sauge die würzige Abendluft ein und versuche mich zu entspannen. Dann wieder hinein in die Hütte, in den Schlafsack gekrochen. Schließlich siegt die Erschöpfung. Ich schlafe ein, keine Ahnung, wie. Paradox des Tages:

Falls du dir sehr sicher bist, solltest du keinesfalls sicher sein!

TAG 3: Fürsorgliche Aufmerksamkeit

Von Gordammen nach Hamar über Herkestad Gard (2.6. / 26,9 km)

Wie der Hirsch nach frischem Wasser, schreit meine Seele, Gott, zu dir.
Psalm 42,2

In der Morgendämmerung wache ich auf. 2:30 Uhr. Der Mond steht noch am Himmel – aber es wird langsam hell. Mein Mund ist trocken und meine Kehle rau wie Sandpapier. Die Beine fühlen sich auch im Liegen noch schwer an. Ich versuche wieder einzuschlafen ... vergeblich. Ich bin hellwach! Das Liegen auf dieser Pritsche ist kein Vergnügen. So beschließe ich aufzubrechen. Jetzt, in aller Herrgottsfrühe. Ich werde niemand stören, etwas Geld und einen kleinen Abschiedsgruß kann ich neben die Karaffe aufs Tischchen legen. Also los. An Schlaf ist sowieso nicht mehr zu denken. Ich ziehe mich an, packe und gehe noch einmal am Wasserhahn vorbei.

Was ist der Trick? Ich verstehe dieses Patent nicht. Wenn ich den Hahn aufdrehe, passiert einfach nichts. Also werde ich losziehen müssen, ohne etwas getrunken zu haben. Zum Glück findet sich noch ein letzter Apfel in meinem Rucksack. Der dient als Frühstück und löscht den Durst ein wenig. Wenn alles klappt, bin ich in etwa 2 Stunden an der Kirche von Stange. Da wird es Wasser und Toiletten geben.

3:30 Uhr breche ich auf. Schieße ein Abschiedsfoto von der Hütte. Es ist jetzt taghell und meine Beine laufen relativ schmerzfrei. Erstaunlich, wie erholt ich trotz des kurzen Schlafs bin. Und es ist herrlich, in den frühen Morgen zu wandern. Angenehm kühl. Auch die Tiere sind schon wach und früh unterwegs. Die Vögel zwitschern. Mir begegnet ein Reh, ein Dachs quert vor mir den Waldweg, dann verschwindet ein Fuchs in den Büschen. Von Elchen oder gar Bären zu meiner Erleichterung keine Spur.

Erst führt der Weg noch durch den Wald, dann öffnet sich eine Bilderbuchlandschaft vor mir: hügelige Felder, grüne Wiesen, Äcker mit goldenem Korn und Blumen am Wegrand. Mohn. Kornblumen. Margeriten. Unten links liegt der tiefblaue Mjösasee, vor mir erhebt sich ein Hügel mit einer Allee vor dem Morgenhimmel, Möwen kreischen, ein paar Trecker tuckern, etwas entfernt sehe ich den Kirchturm von Stange. Ich wandere hinein in diese alte Kulturlandschaft, vorbei an historischen Höfen.

Gegen 6 Uhr erreiche ich Stange. Jetzt hat die Sonne schon Kraft und grüßt mit hellem Strahlen. Zeit für ein Frühstück. Durst! Wo gibt es hier Wasser? Die Kirche finde ich wieder verschlossen – leider auch das angrenzende Nebengebäude, in dem sich die Toiletten und vor allem ein Waschbecken mit dem lebensspendenden Wasserhahn befinden.

Wie enttäuschend! Inzwischen habe ich wahnsinnigen Durst. Nach meiner gut zweistündigen Morgenwanderung würde ich zu gern endlich etwas trinken. Aber nirgends ist Wasser zu entdecken. Da hilft alles nichts. Ich muss es aushalten. Zum Trost ist dieser Ort einfach paradiesisch und ich habe ihn für mich allein. Eine Bank unter einer Birke lädt zur Rast ein. Ich lasse mich nieder und genieße eine spektakuläre Aussicht: rechts von mir die große weiße Kirche, vor mir der Friedhof mit alten Grabsteinen mitten auf einer großen weiten Wiese.

Ich mag die norwegischen Friedhöfe. Man lässt die Steine hier einfach stehen und entfernt sie nicht wie in Deutschland nach Ablauf der „Liegezeit". Viele von ihnen sind Jahrhunderte alt, die Inschriften verwittert, andere relativ jung, man kann Namen und Daten lesen. Vor manchem Stein steht ein Blumensträußchen, manchmal auch ein Kerzenlicht. Sonst sind sie einfach nur von Gras umgeben, keine Wege, keine Beete. Hinter dem grünen mit Steinen bestandenen Hügel senkt sich das Gelände, und es öffnet sich hinter einem Steinmäuerchen der Blick auf das Wasser des Mjösa Sees. Hier möchte man begraben sein.

Eine Weile sitze ich in der Morgensonne und genieße die Stille. Atme tief. Die Ruhe dieses Ortes tut mir wohl, lässt mich nach den Strapazen des gestrigen Tages und der kurzen Nacht entspannen. Ich hole etwas Knäckebrot, Käse und einen Fruchtriegel aus der obersten Tasche meines Rucksacks. Das Essen hilft mir, meinen Durst zu vergessen.

Nun kann es weitergehen. Ich schultere meinen Rucksack und gehe auf das große Tor zu, durch das mein Weg auf die sonnenbeschienene Straße führt. Es wird jetzt richtig heiß. Das kann ja heiter werden mit meinem Riesendurst. Hoffentlich sinke ich nicht ohnmächtig zusammen. Da höre ich plötzlich Miauen. Und schaue nach rechts. Auf dem Rand eines großen steinernen Wasserbeckens sitzt tief im Schatten verborgen eine goldbraun getigerte Katze. Und was entdecke ich direkt daneben? Einen Wasserhahn! Das kann nicht wahr sein! Da liegt das Rettende so nah und ich bin achtlos vorbeigelaufen. Sofort setze ich meinen Rucksack ab und hole meine Wasserflasche aus der Seitentasche, um sie zu füllen.

Schnell zum Wasserhahn. Die Katze sitzt noch immer da und hält die Position. Sie springt keinesfalls zur Seite, wie ich es erwartet hätte. Auch nicht, als ich direkt vor ihr stehe. Im Gegenteil. Als ich meine Flasche unter den Hahn halten will, drängt sie ihren Kopf dazwischen. Sanft versuche ich sie zur Seite zu schieben. Mehrmals. Aber sie weicht nicht von der Stelle. Penetrant klemmt sie sich zwischen mich und das rettende Lebenselixier. Was will sie bloß? Trinken? Sie sitzt ja direkt am Wasserbecken und müsste nur ihren Kopf etwas senken. Aber vielleicht ist ihr das zu gefährlich. Oder sie mag lieber das frische, kalte, fließende Wasser.

Langsam drehe ich den Hahn auf, und richtig: Sie trinkt. Ihre rosa Zunge schiebt sich im High-Speed-Tempo immer wieder rein und raus – offenbar hat sie mindestens so großen Durst wie ich. Vielleicht hat sie schon lange auf den ersten Friedhofsbesucher gewartet, der ihr endlich den Hahn aufdreht. Ich stelle den Strahl noch etwas sanfter ein, damit sie bequem trinken kann. Und es steht ihr ja auch zu, die Erste zu sein, schließlich hätte ich ohne ihren Ruf diese Quelle gar nicht entdeckt. Also warte ich geduldig, bis sie genug hat. Das dauert eine Weile.

Schließlich ist sie fertig und räumt das Feld. Nun bin ich dran. Fülle meine Flasche, trinke sie aus. Fülle sie ein zweites Mal und trinke weiter. Köstlich! Wie wunderbar! *„Wie der Hirsch schreit nach frischem Wasser ..."* Als mein Durst gestillt ist, verstaue ich die frisch gefüllte Flasche in der Seitentasche des Rucksacks, wandere nun frohgemut zum Tor hinaus. Eine wichtige Lektion für heute habe ich schon gelernt:

Wenn du etwas dringend suchst, liegt es manchmal zum Greifen nah.

Ich entdecke das erste historische Steinkreuz des Olavswegs. Eine erste Etappe ist geschafft. Noch 503 km bis Nidaros – so der alte Name von Trondheim. Mein Ziel. Zu Fuß ist das unvorstellbar weit.

Ich lehne meinen Rucksack an den Stein. Das reicht, um zu dokumentieren, dass ich tatsächlich hier war. Diese Idee behalte ich bei. Mein Rucksack wird auf dem langen Weg wie von Zauberhand von Steinkreuz zu Steinkreuz wandern.

Nun aber weiter. Die Sonne steht schon hoch am Himmel und brennt unbarmherzig. Vor mir dehnen sich Straßenkilometer ohne Baum und Strauch. Ich muss zusehen, dass ich Land gewinne. Als nächstes Zwischenziel wartet die Herberge *Herkestad,* wie ich vorsichtig hoffe, mit einem Morgenkaffee, denn sie soll nicht immer geöffnet sein.

Nach ein paar Kilometern bin ich da. Jetzt habe ich mir ein richtiges Frühstück verdient. Das wäre schön. Das alte Holzhaus, Herberge und Café von Herkestad, liegt idyllisch. Im Eingang steht ein rundes Tischchen mit der Einladung an Pilger, sich Tee oder Kaffee zu nehmen und sich damit in den Garten zu setzen. Daneben steht ein Glasbehälter mit frischgebackenen Rhabarber-Muffins. Mir läuft das Wasser im Mund zusammen. Ich bin willkommen! Bevor ich meinen Kaffee genieße, will ich mich frischmachen. Ich ziehe ich meine staubigen Wanderschuhe aus und trete in das saubere Haus ein. Die Tür ist offen. Vom Flur aus geht es in ein Esszimmer und von da aus in die Küche. Hier sitzt ein Mann, der mich freundlich begrüßt. Ich stelle mich vor und frage, ob ich eine Toilette benutzen darf. Im Moment ist noch jemand im Bad, und ich werde eingeladen, mich zu setzen.

Hier ist das Morgengeschehen in Gang. 8:30 Uhr. Frühstück wird vorbereitet. Es duftet wunderbar nach frischem Kaffee. Im nächsten Augenblick steht eine zierliche ältere Dame vor mir mit schlohweißem Haar und lebendigen Augen: Bente.

Sie spricht mit behutsamer Stimme, als wolle sie meine Ohren streicheln, wie eine fürsorgliche Mutter mit ihrem kleinen verletzlichen Kind. Das tut mir unendlich wohl. Sieht sie mir an, was ich hinter mir habe, und dass ich mich übernächtigt fühle?

„Wo kommst du her so früh am Morgen?", will sie wissen. Ich erzähle, dass ich in Eidsvoll gestartet bin und heute aus Gordammen komme, weil es in Ekeberg keine Pilgerherberge mehr gibt. „Ah", sagt sie ahnungsvoll und schweigt dann beredt. Bente ist zart und schlank – dabei beweglich, aufmerksam und mit unglaublicher Energie ausgestattet. Sie stellt mich ihren Freunden vor und erzählt, dass heute ein besonderer Tag ist. Sie feiern ein großes Fest, denn ihr Enkelsohn wird getauft. Deshalb sind viele Freunde und Verwandte hier. Dennoch habe ich das Gefühl, dazuzugehören und nicht zu stören. Alles wirkt selbstverständlich, entspannt und unaufgeregt.

Jetzt ist das Bad frei und ich werde noch gefragt, ob ich einen frisch aufgebrühten Kaffee möchte. Da sage ich nicht Nein. Als ich mich erfrischt habe, nehme ich von Bente ein kleines Tablett mit einem französischen Kaffeebereiter entgegen – gerade für mich aufgebrüht. „Nimm dir noch etwas von den Muffins, die habe ich heute Morgen gebacken." Auch sie war offensichtlich früh auf. Das lasse ich mir nicht zweimal sagen!

Ich setze mich mit meinem Kaffee und einem leckeren Schoko-Rhabarber-Muffin an einen langen Holztisch in dem romantischen Garten. Die Herbergswäsche trocknet im Sommerwind. Hohe alte Bäume spenden Schatten, ein laues Lüftchen weht. Ich habe freien Blick in die Landschaft. Auf den See. Das ist wunderbar und tut so gut! Es ist, als würde mich eine liebevolle Hand verwöhnen. Dieser Kaffee ist einer der besten meines Lebens und weckt meine Lebensgeister neu!

Ich werde es heute locker nach Hamar schaffen und komme einen ganzen Tag eher an als geplant. Wer hätte gedacht, dass ich so zügig unterwegs bin? Das erfüllt mich mit Stolz, hat aber seinen Preis. Meine Füße sind zwar blasenfrei – da hält die Hirschtalgsalbe absolut, was sie verspricht. Dennoch tun sie höllisch weh. Ein Knochenschmerz, der sich bei jedem Schritt über die asphaltierten Straßen und die harten Schotterwege vom Aufschlagpunkt der Ferse stechend bis nach oben zu den Knien zieht. Das fühlt sich nicht gut an und wird sich nach einer längeren Pause hoffentlich wieder geben. Es hilft alles nichts: Ich muss es langsamer angehen.

Ich beschließe, mir nach den ersten anstrengenden Pilgertagen einen Ruhetag zu gönnen. Ich fühle, dass mein Körper das jetzt braucht – auch wenn ich nicht weiß, was noch alles kommt auf dem Weg. Werde ich es bereuen, mir diesen Tag, gleich zu Beginn „geschenkt" zu haben? Egal, wenn ich kein ernsthaftes Problem mit meinen Füßen bekommen will, muss ich jetzt Unruhe und Ehrgeiz zurückstellen. Das ist mir klar.

Außerdem: Morgen ist Sonntag. Geschenkte Zeit, um Hamar zu erkunden. Zeit für die wunderbare Domkirche, von der ich schon gelesen habe – und wer weiß wofür noch? Ich will mich überraschen lassen. *Pflücke den Augenblick!* Sicher gibt es im Pilgerzentrum auch eine Gelegenheit, in Ruhe Wäsche zu waschen. Ich werde also zweimal dort übernachten.

Jetzt ist es Zeit aufzubrechen. Es wird immer heißer. Nachdem mein Kaffee ausgetrunken ist und ich noch einen zweiten Muffin verputzt habe, bringe mich mein Tablett wieder ins Haus, gebe etwas Geld in die Sammelbüchse und will mich verabschieden. Bente eilt auf mich zu: „Was hast du da?", fragt sie mich – diesmal in fließendem Deutsch. „Mich haben die Mücken gestochen", gebe ich zu. „Es hat sich wohl entzündet." Auf meinen Beinen haben sich rote Flecken und Beulen gebildet – auch kleine Bläschen sind zu sehen. Sofort wird der Freund, der mich so freundlich in der Küche begrüßt hat, gerufen. Offenbar ein Arzt. „Schau dir das mal an! *Was macht man da?*" Nachdem er meine Beine inspiziert hat, meint er, ich soll die Stellen so viel wie möglich mit Kernseife und klarem Wasser abduschen. „Hast du Seife?", erkundigt sich Bente. Als ich verneine (ich habe nur normales Duschbad), kommt sie mit einem Fläschchen zu mir: ökologische Bioflüssigseife. „Das hilft!" Ihre freundlichen Augen strahlen.

Ich bin gerührt. Soviel fürsorgliche Freundlichkeit habe ich nicht erwartet. Das sage ich ihr: Wie gut hat diese kurze Rast nicht nur meinem Körper – auch meiner Seele getan!

„Ja", sagt sie, „so sind wir Menschen, wir brauchen das."

Das klingt so schlicht. So einfach. *Wir Menschen brauchen das.* Simpel wie wahr. Warum können wir einander – mich selbst eingeschlossen – so oft nicht geben, was wir brauchen: liebevolle Aufmerksamkeit, Unterstützung, Zuwendung? Wo es doch so gut tut? Wie wunderbar wäre die Welt, wenn es mehr Menschen wie Bente gäbe! Denn diese freundliche Zuwendung wird nicht nur mir zuteil. Im Gästebuch, das aufgeschlagen auf dem Tisch im Esszimmer liegt, habe ich von Salbeifußbädern gelesen, die Bente für müde Pilgerfüße bereitet.

Pilger, willst du eine Rast genießen, die dich stärkt und rundum verwöhnt, dann kehre in Herkestad ein! – Wie schade, dass ich nicht länger bleiben kann, aber ich bin ja auch vollkommen gesättigt an Leib und Seele. Mehr brauche ich nicht. Zeit aufzubrechen. Wir geben uns zum Abschied die Hand. Ihr Händedruck ist warm und fest.

„Hast du dich schon ins Gästebuch eingetragen?" Nein, habe ich nicht. Ich habe ja nicht hier übernachtet. Aber es ist Bente wichtig. „Dann weiß ich, *Brita* war hier!" Sie hat sich sogar meinen Namen gemerkt.

Und ich schreibe ins Buch, was mich in Dankbarkeit bewegt.

Das Gästebuch ist keine überflüssige Zugabe auf dem Weg. Das geht mir hier in Herkestad Gard auf. Es ist ein Kommunikationsmittel von *Bedeutung*. Man liest von anderen Pilgern, die mit einem unterwegs sind. Man weiß, wer vor einem hier war, und hinterlässt eine Nachricht an die Nachfolgenden. Auch wenn ich anderen Pilgern nicht direkt begegne, weiß ich von ihnen, bin verbunden mit der Pilgergemeinschaft. Fast kenne ich sie, die anderen vor mir und nach mir. Und nicht selten kommt es vor, dass sie mir vertraut sind, wenn wir uns tatsächlich begegnen: „Ach, du bist XY. Habe schon von dir gelesen!"

Nun ziehe ich wirklich weiter. Entlang der glühend heißen und staubtrockenen Straße. Wollte ich nicht in den frischen grünen Norden? In Spanien kann es auch nicht heißer sein. Meine Schmerzen stellen sich bald wieder ein. Ich laufe am Rand der Straße, auf dem Grasstreifen, damit meine Füße etwas weniger hart malträtiert werden. Mein Schweiß rinnt in Strömen. Doch bald biegt der Weg ab auf einen von Bäumen gesäumten Schotterweg. Wenigstens etwas Schatten. Ich laufe an einem Golfplatz vorbei und komme an den See, an dem der Olavsweg als malerischer Naturlehrpfad entlangführt. Hier halte ich an einer Bank, denn eins habe ich inzwischen gelernt: *Die Übernachtung unbedingt anmelden!* Dazu muss ich mit einer Unbekannten Englisch sprechen.

Ich gebe es zu: Mit meinem Englisch steht es nicht zum Besten. Ich bin in der DDR aufgewachsen. Da wurde in der Schule Russisch als beinah einzige Fremdsprache gelehrt. Reisen war ja nicht geplant, Kontakt in den Westen auch nicht. Zwar konnte ich in den oberen Klassen ein paar englische Grundkenntnisse erwerben – aber der Unterricht, den ich genießen durfte, war nicht besonders förderlich. Uns unterrichtete ein ehemaliger englischer Kriegsgefangener, schon recht betagt. Interessiert war er vor allem daran, *eigene* Geschichten zu erzählen. Das war für uns Schüler zwar entspannt, aber ich war auch nicht gefordert, *selbst* das Englisch-Reden zu üben. Später musste ich mich anderen Sprachen widmen, und für einen Volkshochschulkurs, den ich mir oft vorgenommen hatte, fehlten mir während der Familienzeit sowohl Freiraum als auch Motivation. Denn vor allem bin ich eins: gehemmt. *Ich kann das nicht!* Wenn nicht ein perfekter englischer Satz in meinem Kopf konstruiert ist, bringe ich kein Wort heraus. Ich verstumme und komme mir dabei bescheuert vor. Alle Welt redet locker Englisch – warum *ich* nicht? Ich bin einfach kein Sprachtalent. Hoffnungslos. Aber nun *muss* ich.

Die 2 Monate vor meinem Weg haben es immerhin ermöglicht, mit Hilfe eines Selbstlernprogramms etwas aufzufrischen und ein englisches Wörterbuch auf meinem Smartphone zu speichern, damit ich eine fehlende Vokabel schnell finde. Das muss reichen. An Kristin in Prestegarden habe ich mit Hilfe des Google-Translaters geschrieben – wie peinlich! In den letzten Tagen habe ich mich recht und schlecht verständigt, aber anzurufen ist eine andere Nummer. Da fehlen die Hände und Füße.

Also lege ich ein paar Sätze zurecht und fasse mir ein Herz. Schließlich will ich heute nicht wieder auf irgendeiner Campingliege nächtigen. Ich wähle die Nummer des Pilgerzentrums Hamar. Prompt meldet sich eine freundliche Frauenstimme. Tone, Leiterin des Pilgerzentrums. Ja, gern kann ich kommen und 2 Nächte bleiben. Sie selbst ist zwar gerade auf dem Flughafen in Oslo, aber sie wird einer Mitarbeiterin Bescheid geben. Wann werde ich ungefähr da sein? Gegen 4 am Nachmittag. Ja, das passt. Wunderbar und herzlich willkommen!

Puuh. Geht doch! Ich nehme meinen Rucksack wieder auf und laufe beschwingt weiter. Mir geht es gleich viel besser bei dem Gedanken, heute in einem richtigen Bett schlafen zu können. Ich laufe am See entlang. Immer wieder öffnet sich der Blick auf die Domstadt und das Kuppeldach der Olympiahalle. Bald habe ich den Stadtrand erreicht und laufe über eine große Brücke in den Ort. Von hier aus sind es noch knappe 4 km bis ins Pilgerzentrum. Ich laufe am *Wanderheim* – auch ein Pilgerhotel – und am Bahnhof vorbei. Dann führt mein Weg wieder am See entlang. Hier herrscht samstagnachmittägliches Treiben. Familien tummeln sich auf den Wiesen, Kinder quietschen vor Freude im Wasser.

Wie toll wäre es, jetzt eine Badepause einzulegen. Schwimmen in kaltem Wasser wäre genau das, was ich jetzt brauche. Aber hier ist es sehr belebt, und meine Badesachen liegen zu Hause.

Schade, dass ich am falschen Ende an Gewicht gespart habe, mein Badeanzug hätte den Kohl nicht fett gemacht! Zum Ausgleich erreiche ich das Pilgerzentrum ohne Umwege. Es ist gut ausgeschildert. Auf einer Sitzbank im Garten sehe ich zwei junge Pilgerinnen, eine Mitarbeiterin, die Anne heißt. Tone hat sie informiert, dass ich komme. Wir begrüßen uns. Auf dem Tisch stehen kühles Wasser, Kaffee, Kirschen und Erdbeeren. Ich werde empfangen. Wunderbar!

Die zwei jungen Frauen sind aus Deutschland und wollen ihren Pilgerweg in Oslo starten. Anne wird sie gleich zum Bahnhof bringen. Vorher fahren sie noch an der Post vorbei und bringen zwei große Pakete hin. Die hat Anne mit den beiden gepackt und ist mit ihnen durchgegangen, was sie wirklich brauchen. Sie hatten 24 und 25 kg Gepäck dabei. Viel zu viel. Alles Überflüssige muss zurück nach Deutschland.

Das kenne ich und checke sofort, ob ich auch noch etwas nach Deutschland schicken sollte. Aber nein, nichts von dem, was sich in meinem Rucksack befindet, ist überflüssig. Ich vermisse nur etwas: meinen Badeanzug. Aber egal, schließlich bin ich zum Pilgern hier.

Bevor Anne mit den beiden aufbricht, zeigt sie mir, wo ich schlafen und Duschen kann. Dann sind sie auch schon weg.

Ich packe aus. Dusche, ziehe frische Sachen an und setze mich nach draußen, genieße Kaffee und Erdbeeren auf der Bank im Schatten. Schnell ist auch Anne zurück und wir plaudern ein wenig. Das geht sogar ganz gut – auf Englisch! Ich muss jetzt einfach einem Menschen erzählen, dass ich meine Herberge in der letzten Nacht vergeblich gesucht habe, und spare auch die schreckliche Campingliege und meinen frühen Aufbruch nicht aus. Anne ist eine aufmerksame und geduldige Zuhörerin, dabei lacht sie herzlich. Es tut gut, meine Erlebnisse teilen zu können.

Nach einer Weile gehen wir rein und stehen vor einer großen Karte, auf der die Stationen des Weges, die Herbergen und Entfernungen verzeichnet sind. *Die Pilgerzentren haben die aktuellen Informationen.* Auch wenn eine Herberge schließt und eine neue aufmacht, der Sturm Bäume auf den Weg wirft oder sonst etwas Unvorhergesehenes passiert. Das kann man alles hier erfahren, direkt in den Pilgerzentren und auf deren Internetseiten. Gemeinsam sprechen wir die nächsten Etappen durch.

Ich bekomme wertvolle Hinweise, wir planen sinnvolle Distanzen, dann meldet mich Anne gleich in den nächsten drei Quartieren an.

Was für ein gutes Gefühl. Es kann Sonntag werden.

Bevor sie geht, beschreibt sie mir den Weg zum nächsten Einkaufszentrum, zeigt mir, wo ich meine Wäsche waschen kann. Sie weist mich in die Küche ein und verabschiedet sich. Ich bin heute der einzige Gast und habe das Pilgerzentrum mit seinen vielen Betten ganz für mich.

Als ich meine Wäsche eingeweicht habe, gehe ich zum Supermarkt. Ich kaufe Obst, Gemüse und Brot, koche mir ein richtiges Abendessen. Ich esse mit Genuss, telefoniere und schreibe. Auch einen Pilgerausweis kaufe ich. Dann gehe ich schlafen. Ich bin müde! Ich lasse mich in das bequeme Bett fallen, schlafe tief und fest. Tatsächlich im siebten Himmel.

TAG 4: Von der Überzeugung, etwas *nicht* zu können

Hamar und Skomakerbakken (3.6.)

„Ich muss wohl zwei oder drei Raupen aushalten, wenn ich die Schmetterlinge kennenlernen will", sagte die Blume zum kleinen Prinzen.

Antoine de Saint-Exupéry

Um 6 Uhr wache ich auf, habe herrlich geschlafen. Im Pilgerzentrum ist es still. Ich frühstücke in der Morgensonne mit frischem Brot, Milch, einem Ei und Käse. An einem Sonntag zu Hause wäre das keine Erwähnung wert. Auf diesem Weg ist es alles andere als selbstverständlich.

Ich ziehe Bilanz meiner ersten Pilgertage. Es hätte anders laufen können. Aber alles ging gut. Ich habe Hamar, mein erstes größeres Etappenziel, unbeschadet erreicht, bin dankbar und glücklich. Mir wird bewusst, dass alles, was ich erlebe, überraschend intensiv ist.

Erst wenn dir etwas wirklich fehlt, genießt du es in vollen Zügen.

Was war da nicht alles, was mir sonst in der Kompfortzone meines Lebens zu Hause selbstverständlich erschien! Auf meinem Weg habe ich es mit vollem Bewusstsein genossen: die Outdoor-Dusche am alten Schulhaus in Sannfredstun, das frische Wasser an der Kirche in Stange, der Morgenkaffee in Herkestad und die Nacht heute in einem richtigen Bett. Um meine Gedanken für die Zukunft festzuhalten, lege ich an diesem Morgen eine Schreibstunde ein, denn ich bin mit meinen Pilgeraufzeichnungen im Rückstand. Erstaunlich, was an einem einzigen Tag alles passiert. Ich komme mit dem Schreiben kaum nach!

Noch vor dem Frühstück habe ich meine Wäsche fertig gewaschen und aufgehängt, eine angenehm sinnliche Verrichtung an diesem Sonntagmorgen. Ich kann sie schon zusammenlegen. Sie ist ruck zuck getrocknet, denn es ist noch immer hochsommerliches Wetter.

Ein freier Tag liegt vor mir. Erholungstag. Für 13:30 hat sich Tone angekündigt, die Leiterin des Pilgerzentrums, mit der ich gestern telefoniert habe. Wir werden das Finanzielle regeln. Bis dahin ist noch Zeit.

Ich mache mich auf den Weg zur Domkirche. Dieses Bauwerk ist genial und eindrucksvoll, dabei auf besondere Art unkompliziert und leicht.

Die alte zerstörte Domkirche hat man nicht wieder aufgebaut, sondern über ihren Ruinen einen modernen Glaskorpus errichtet. Die Natur wächst in die Kirche hinein. An alten Pfeilern entdecke ich Gräser, Moose und Farne, kleine Wildblumen. Auch eine Königskerze ragt mitten im Raum majestätisch empor.

Ein schönes (Zukunfts-) Bild für Kirche als Lebensform heute, denke ich: Über den alten Fundamenten, über dem, was die Zeiten überdauert, ist ein moderner Raum entstanden. Hier finden sich Menschen ein. Geschützt vor Wind und Wetter begegnen sie einer heilsamen Stille. Präsenz. Das ist heiliger Raum, der trotzdem offen ist für alles rings herum: Bäume, Häuser, Straßen, Alltagstreiben. Alles ist sichtbar vor Augen, während Menschen hier schweigen, singen, beten. Auch der alte riesige Mjösasee grüßt mit tiefblauem Wasser.

Ich gehe in der Kirche umher, nehme den Raum und seine Umgebung aus verschiedenen Perspektiven wahr, setze mich dann in eine der hinteren Stuhlreihen. Jetzt strömen Menschen herein. Um 10:30 Uhr ist Gottesdienst. Eine katholische Messe diesmal, denn die Kirche wird abwechselnd von evangelischer und katholischer Gemeinde genutzt. Um mich herum wuseln Familien mit großen und kleinen Kindern, scheinbar aus allen Teilen der Welt. Ein buntes, vielfältiges Bild. Wie schön!

Da kommt eine Frau mittleren Alters auf mich zu und spricht mich an. Kontrollton einer Schaffnerin. Ob ich Touristin sei. „Nein", sage ich, „ich bin Pilgerin auf dem Olavsweg." – Sie würden jetzt hier eine Messe feiern, ob ich katholisch sei. „Nein", sage ich wieder, „ich bin evangelisch. Ich möchte einfach hierbleiben und wünsche mir, einen Gottesdienst zu erleben." Heute ist ja Sonntag. Schließlich wird diese Kirche von beiden Konfessionen genutzt. „Na gut", meint sie gnädig, „Sie können hier sitzen bleiben, aber zur heiligen Kommunion dürfen Sie nicht gehen."

„Ja“, antworte ich betreten. „Ich weiß.“ Sie entfernt sich.

Das sitzt. Alles wirkt hier bunt und offen – dennoch dieses streng exklusive Gebahren. Wie schade! Bisher habe ich mich auf dem Olavsweg als Pilgerin durchweg herzlich aufgenommen gefühlt. Nur hier – ausgerechnet in dieser wunderschönen Kirche – fühle ich mich ausgeschlossen. Allein. Fremd. Nicht genehm. Nicht dazugehörig.

Alle sind fröhlich und herzlich miteinander, um mich herum das pralle Leben. Sonntagsfröhlichkeit. Niemand scheint zur Kenntnis zu nehmen, wie allein ich auf meinem Platz sitze – nur diese fromme Polizistin meint, mich ansprechen zu müssen. Die Unfreundlichkeit in Person. Na ja, pfeife ich mich zurück, sie wird von ihrer Gemeinde beauftragt sein, fremde Besucher darauf hinzuweisen, dass sie nicht an der Eucharistie, der heiligen Kommunion, teilnehmen dürfen. Sie meint, das Richtige zu tun, ihrer Verpflichtung nachzukommen. Es ist nicht ihre persönliche Sache, sondern Angelegenheit unserer noch immer getrennten Kirchen. Die finden einfach nicht zueinander. Sie können sich nicht zu gemeinsamen Formen durchringen. Ökumenisch Abendmahl zu feiern geht immer noch nicht. Ich versuche mich wieder darauf zu konzentrieren, dass ich jetzt in dieser wunderschönen Kirche bin, und weise meinen Ärger in die Schranken. Darunter liegt Traurigkeit.

Durch die lauten Gespräche und das rege Treiben hindurch höre ich plötzlich Musik. Die Orgel spielt. Eine Sängerin beginnt mit reiner klarer Stimme zu singen: „Ave Maria“ von Schubert. In Verbindung mit der alten Bachschen Musik. Die Menschen um mich herum unterhalten sich weiterhin lautstark. Die Gespräche verstummen nicht. Niemand hört wirklich hin. Doch zu mir spricht die Musik. Sie geht direkt in mein Herz. Vertraute Melodie. Heimat. Es ist, als ob mich jemand in den Arm nimmt und sagt: „*Mir* bist du willkommen. Ich sehe dich. Ich bin mit dir. Wie schön, dass du da bist.“ In mir löst sich ein Schmerz. Ein sehr alter. In meinem Leben gab es Augenblicke, in denen ich mich nicht willkommen fühlte. Nicht beachtet. Scheinbar nicht zum Dasein berechtigt. Meine Tränen fließen. Das Harte, Schwere löst sich. Ich weine still, während die Musik klingt. Dann ist plötzlich Ruhe. Der Priester mit seinen Ministranten kommt herein, alles erhebt sich erfurchtsvoll.

Endlich ist in dieser Kirche Stille eingekehrt. Auch in mir ist Frieden. Etwas fühlt sich leichter an, ist versöhnt, ein wenig geheilt. Als die Messe beginnt und der Priester theatralisch anhebt, verlasse ich die Kirche.

Das brauche ich jetzt nicht. Ich habe bekommen, was mir gut tat. Mehr ist nicht nötig. Ich setze mich auf eine schattige Bank im Domgarten. Der ist gleich neben der Domkirche, sehr schön angelegt und gepflegt. Viele Heilpflanzen wachsen hier. Es herrscht wohltuende Stille.

Das Singen der Gemeinde höre ich von ferne. Ringsherum Blüten in allen Farben. Insekten summen. Sonntagsmoment.

Nachdem ich durch das angrenzende Dom-Museum geschlendert bin, kehre ich ins Pilgerzentrum zurück. Ich setze ich mich dort in einen der bequemen Sessel und warte auf Tone.

Während ich so sitze, spüre ich eine bleierne Müdigkeit. Die ungewohnten Anstrengungen des Weges stecken mir tief in den Knochen. Ich beschließe, mich nachher wieder hinzulegen. Ich habe heute Ruhetag. Wenn Tone weg ist, werde ich einfach in den Nachmittag schlafen. Hier ist es ja lange hell. Hamar kann ich mir auch am frühen Abend ansehen.

Ich muss – tief in meinen Sessel versunken – tatsächlich eingenickt sein, denn ich schrecke auf, als ich plötzlich das Öffnen der Eingangstür und fröhliche Stimmen höre. Tone und Wanja rauschen herein, beide in langen bunten Kleidern, mit Körben und großen Tupperdosen behängt. Tone erkenne ich sofort. Vor mir steht eine agile, herzliche Frau mit wachem, freudigen Blick. In ihr hat das Pilgerzentrum eine engagierte Leiterin, die aufmerksam und umsichtig agiert, dabei Menschen aktiviert und zusammenbringt. Wanja, eine junge Frau, die so etwas wie ein soziales Jahr macht, ist ihre fröhliche Assistentin.

„Hey Brita", begrüßt mich Tone ohne Umschweife, denn sie sind schon etwas spät dran. „Wir haben uns schick gemacht, denn wir weihen heute eine neue Pilgerherberge ein. Es ist ganz in der Nähe, da, wo du schon vorbeigelaufen bist." Offenbar hat sie die Geschichte meiner vergeblichen Herbergssuche von Anne gehört. „Hast du Lust mitzukommen?", lädt sie mich freundlich ein. „Wir haben etwas zu Essen dabei und werden miteinander feiern. Einen Platz haben wir noch im Auto. Du kannst gern dabei sein. Gegen 18 Uhr sind wir spätestens zurück."

Einen Moment zögere ich. Eben war ich noch sooo müde. Auch Tone bemerkt das: „Wenn du Ruhe und Erholung brauchst, leg dich lieber hin und schlaf ein bisschen ..." Ihrer freundlichen Einladung kann ich dennoch nicht widerstehen und sage schnell: „Ich komme mit. Ich bin dabei." Denn ich muss ja nicht laufen, den Weg bin ich schon gegangen. Mein Rucksack bleibt hier und ich habe Zeit.

Ein Nachmittag in fröhlicher Gemeinschaft wird mir guttun, besonders nach der Erfahrung des Vormittags. Wenn es was Ordentliches zu essen gibt, kann ich als Pilgerin sowieso nicht widerstehen. Ich habe nur kein festliches Outfit. Tone winkt ab: „You are a pilgrim!" Stimmt. Also los.

Sie treffen in der Küche des Pilgerzentrums noch ein paar letzte Vorbereitungen, bereiten kaltes Zitronenwassser mit Eiswürfeln – was für eine gute Idee an diesem heißen Sommernachmittag! Auch eine große Schüssel mit frischen Erdbeeren wird eingepackt.

Da kommt Åge herein, unser Kraftfahrer. Er ist mir auf Anhieb sympathisch. Sein herzliches Lachen dröhnt durch den Flur. Åge arbeitet ehrenamtlich im Pilgerzentrum. Er ist unbestritten der gute Geist des Hauses, repariert alles, was nicht niet- und nagelfest ist. Stolz wie ein kleiner Junge zeigt er mir seine wohlsortierte Werkstatt.

Åge kommt, warmherzig wie er ist, sofort mit mir ins Plaudern. Auf Deutsch! Schon 13 Mal war er in Deutschland und meint, die beste Art, eine Sprache zu lernen, ist, viel mit Muttersprachlern zu reden. Deshalb freut er sich, es an diesem Nachmittag ausgiebig tun zu können. Wie entspannt für mich. Das verspricht angenehm zu werden. Immer wieder erkundigt sich Åge: „Wie sagt man das auf Deutsch?" Ich versuche mich meinerseits an einigen norwegischen Worten. Wir lachen viel.

Dann sind alle soweit. Es geht los. Ich staune, wie lange wir mit dem Auto unterwegs sind. *Diesen* Weg bin ich schon gelaufen. Schließlich passieren wir Gordammen und biegen in die kleine Stichstraße zum *Skomakerbakken* ein. *Skomakerbakken* heißt übersetzt *Hütte des Schuhmachers.*

Auf einem Hügel steht ein hübsches Häuschen, an dessen Wand ein großes Pilgerherbergsschild lehnt. Es wird nachher feierlich angebracht.

Hier bin ich also vorbeigelaufen. Um nur 150 m und ganze 2 Tage habe ich mein Pilgerglück verfehlt. Manchmal bestraft das Leben wohl auch die, die zu früh kommen. Garantiert hätte ich hier angenehmer geschlafen als auf der wackligen Campingliege. Der Bürgermeister ist wohl da. Direkt vor der Hütte steht sein grasgrüner Citroen. Eine Ente. Echt kultig.

Åge fragt natürlich: „Wie heißt das auf Deutsch?" Die Vokabel „Auto" wird er wohl nicht meinen, so antworte ich: „Laubfrosch." – „Laubfrosch?", hakt er leicht irritiert nach. „Quak, quak?" – „Ja", bestätige ich, „Laubfrosch." Jetzt kann er sich gar nicht mehr einkriegen vor Lachen. Immer wieder zeigt er an diesem Nachmittag auf den Wagen des Bürgermeisters und zwinkert mir verschwörerich zu. „Der Bürgermeinster fährt Laubfrosch!"

Wir packen die Kisten und Körbe aus, tragen sie nach oben. Voller Neugier bestaunen wir die nagelneue Pilgerunterkunft. Zur Familie, die diese nette Herberge betreibt, gehören drei Kinder. Alle wuseln vergnügt auf dem weiträumigen Gelände gerum. Die Herberge ist echt schön: Eine gemütliche Wohnstube, mehrere bequeme Holzbetten in separaten Schlafzimmern und eine „Dusche" nach Pilgerart. Auf einem Brett stehen Krug und Waschschüssel. Wie früher. Das Wasser kann man sich übergießen. Es fließt dann durch den Latterost den Hügel hinab. Genügend Wasser hält ein großer Tank bereit. Geniale Konstruktion. So schlicht wie funktional. Auch schöne Sitzgelegenheiten gibt es vorm Haus und eine Extrahütte, in der man ebenfalls schlafen kann.

Nach und nach trudeln die Gäste ein, während letzte Handgriffe erledigt werden. Ich bin erstaunt, wie gelassen alles läuft.

Die Kinder toben rein und raus. Während wir Frauen das Bufett richten, setzt Åge einen großen Topf Wasser für die Würstchen auf. Es wird noch schnell eine Schranktür repariert und ein Behältnis für Prospekte an die Wand geschraubt.

Tone scheint aufgeregt. Während wir die Erdbeeren in eine Schale füllen und sie ihr Zitronenwassser aufstellt, erzählt sie mir beiläufig, dass nachher *vielleicht* ein Journalist von der Lokalpresse kommt. Zwei Frauen vom Pilgerzentrum Oslo und der Bürgermeister mit einer Gemeindevertreterin sind schon da. Noch denke ich mir nichts dabei, nur, dass es jetzt doch so etwas wie einen offiziellen „Bahnhof" gibt: Eröffnung der Pilgerherberge *Skomakerbakken.* Der Journalist von der Lokalpresse kommt tatsächlich, er stellt sich vor: Lars Kristian Seierstad.

Auf der Wiese vor dem Eingang zur Herberge finden sich bald darauf alle in feierlicher Runde ein. Der Bürgermeister hält – wie es sich gehört – eine würdevolle Ansprache, der Herbergsvater begrüßt seine Gäste, die Damen vom Pilgerzentrum Oslo und auch Tone selbst halten ein Grußwort zu diesem feierlichen Anlass. Plötzlich schauen mich alle erwartungsvoll an: „You are a pilgrim, what do you mean?"

Auf der Stelle fällt mir das Herz in die Pilgerhose. Natürlich! Ich bin hier in diesem Augenblick die offizielle Vertreterin der leibhaftigen Pilgerschaft des Olavsweges. Ein lebendiger Beweis, dass es tatsächlich Menschen gibt, die eine Herberge wie diese brauchen und nutzen werden.

Ach, du Schande! Da bin ich völlig naiv reingestolpert. Mein Englisch ist grottenschlecht und jetzt soll ausgerechnet *ich* in dieser Versammlung der örtlichen Honoratioren sprechen?! Unter Beteiligung der Presse?! Wie peinlich! Tone muss doch gemerkt haben, wie mein Englisch ist ... Aber was sollte sie machen, ich war nun mal die einzige Pilgerin, die gerade im Pilgerzentrum für diese Aktion zur Verfügung stand.

Mir ist schlecht, in meinem Hals sitzt ein dicker Kloß und in meinem Kopf scheint automatisch die gesamte Festplatte mit englischen Vokabeln gelöscht. Alle schweigen und sehen mich an. Kann sich jetzt nicht der Boden vor dieser Herberge auftun und mich verschwinden lassen?!

Das passiert nicht. Leider. Nicht mal ein Mauseloch finde ich, in das ich mich verkriechen könnte. Irgendeine plausible Ausrede fällt mir partout nicht ein. Es gibt kein Entrinnen. Ich muss jetzt etwas sagen.

Tones Augen sehen mich aufmunternd an: „Tell your story!" Sie traut es mir zu und baut mir in diesem Moment eine Brücke, über die ich gehen kann. Wie klasse von ihr! Sie managt die Situation souverän. Schließlich bringe ich es nicht fertig, all diese freundlichen Menschen um mich herum im Stich zu lassen. Gestern auf der Tischbank vor dem Pilgerzentrum habe ich Anne ja auch von meiner vergeblichen Herbergssuche erzählen können. So fange ich einfach an.

Anfangs holprig, dann immer flüssiger erzähle ich, dass ich vor 2 Tagen hier vorbeigepilgert bin. Sehr müde von einem langen Weg. Die Herberge in Ekeberg war geschlossen. Lange musste ich nach einem Bett für die Nacht suchen. Wie wunderbar wäre es gewesen, in diese schöne Herberge einkehren zu können. Ich hatte den Wegweiser unten gesehen, sie war aber leider noch nicht eröffnet. Ich wäre so glücklich gewesen, diesen wunderschönen Ort hier zu finden und hier schlafen zu können: „It would have been the paradise for me!" Das ist aus ehrlichem Herzen gesprochen und nicht übertrieben. „Wie gut, dass wir diese tolle Herberge heute eröffnen können – wunderbar für alle Pilger nach mir!"

Alle lächeln verständnisvoll, beglückt und teilweise amüsiert. Auch Tone sieht zufrieden aus, vielleicht etwas erleichtert. Jetzt wird mit dem Akkuschrauber das Schild angebracht, die Herberge ist eröffnet! Alle stürmen die Innenräume und sehen sich neugierig und bewundernd um.

Als ich entschwinden will, winkt mich Lars Kristian, der Journalist, zu sich heran. Kurzes Interview. Auch das noch. Er möchte ein paar Informationen zum Pilgern, fragt, wo ich herkomme, wie lange ich unterwegs sein werde und – erwartungsgemäß – *warum* ich diesen Weg gehe. Diese Frage war für mich schon auf Deutsch kaum zu beantworten. Was soll ich auf Englisch dazu sagen? Aber da ich schon irgendwie dabei bin, höre ich mich etwas reden über die wundervolle Natur und die freundlichen Menschen hier. Ich würdige die Stille, ergänze, dass es schon länger ein Traum von mir war, diesen Weg zu gehen. Nun muss ich noch meine Adresse aufschreiben und meine Kontaktdaten angeben. Lars Kristian verspricht, mir seinen Artikel zukommen zu lassen. Noch ein Foto vor der kleinen Hütte, dann bin ich erlöst. Gott sei Dank!

Ich atme tief durch und bin erleichtert, diese vollkommen unerwartete Herausforderung angenommen und halbwegs bewältigt zu haben. Wenn mir jemand vor einer Woche prophezeit hätte, dass ich an diesem Juninachmittag einem norwegischen Journalisten ein Interview auf Englisch geben würde, wäre mir nicht mal „never ever" eingefallen.

Doch auch das lehrt mich der Weg:

Was du nicht kannst, kannst du eben doch.

Ab und zu muss man über die Balken springen, die man sich selbst in den Weg gelegt hat.

Nun ist das Bufett eröffnet. Åge verteilt die Hotdogs mit gerösteten Zwiebeln und Ketchup. Ich habe jetzt ehrlichen Hunger und esse mit Appetit, habe mir die Stärkung auch wirklich verdient. Zwar bin ich auf dem ganzen Olavsweg Vegetarierin – aber diese Ausnahme muss jetzt sein.

Die offiziellen Gäste verabschieden sich bald und eine fröhliche Runde begibt sich sich nach draußen auf die Wiese. Ein Tisch steht schon, es werden Stühle herangerückt und alle genießen Kaffee und selbstgebackenen Kuchen, Zironenwasser und Erdbeeren. Herrlich. Gelöst sitze ich plaudernd inmitten dieser herzlichen Menschen. Das ist ein Sonntagnachmittag, wie man ihn sich nicht schöner denken kann. Ein sanftes Lüftchen weht über den grünen Hügel, auf dem einst der Schumacher die Schuhe der Gegend flickte. Ringsum erheben sich majestätisch die lichten Birken und dunkelgrünen Tannen des ausgedehnten Waldes.

Nachdem wir gesättigt sind und der Kuchen verputzt ist, meint die fröhliche Wanja plötzlich, sie würde gern etwas singen: „für Brita, die Pilgerin". Alle finden das prima. Für mich? Ich bin gerührt. Schon wieder etwas völlig Unerwartetes. Wann hat jemand seit meinem Kindertagen für mich gesungen? Heute in der Domkirche von Hamar fühlte ich mich ausgeschlossen – hier würdigt man mich, dass es fast peinlich ist.

Wanja beginnt zu singen mit ihrer schönen und kräftigen Stimme, die Worte des irischen Pilgersegens auf Deutsch. Die Melodie ist fremd und schön, die Worte vertraut. Es ist ergreifend, wie die schlanke, zarte Wanja mit ihrer vollen Stimme hier mitten in dieser natürlichen Kathedrale steht und singt.

Sie schenkt mir Segen für meinen Weg. In einzigartiger Form. Ich nehme ihn in mich auf und mit mir mit. Alle Gespräche sind verstummt. Auch der Wald schweigt. Meine Augen füllen sich mit Tränen. Auch die Augen der anderen um mich herum – Åge eingeschlossen – sehe ich leicht feucht werden. Was für ein Moment der Verbundenheit mit Menschen, die ich gestern noch nicht kannte.

Als der Gesang endet, stehe ich auf und umarme Wanja. „Danke für dieses Geschenk", sage ich, „das hat mir sehr wohl getan, du weißt gar nicht, wie!" Tatsächlich fühle mich gestärkt für den weiteren Weg. Ein wunderbarer Sonntag!

Wir verbringen einen ausgelassenen Nachmittag in dieser Herberge – alle werden immer lustiger. Wir singen noch weitere Lieder.

Mit Wanja probiere ich die andere Vertonung des irischen Segens, die mir vertraut ist – auch die kennt sie. Bald darauf singen wir zweistimmig. Noch weitere Familienmitglieder der Herbergsfamilie kommen. Alle haben Kuchen oder Obst dabei. Wir essen, singen, plaudern, lachen. Toll!

Dann ist es nach 17 Uhr. Zeit zum Aufbruch. Wir räumen ein, was wir aus dem Pilgerzentrum mitgebracht haben, und fahren zurück. In der Abenddämmerung blicke ich in die Hügellandschaft von Stange, durch die ich von Gordammen aus gestern in aller Frühe gewandert bin. Vorbei geht es an der Herberge *Herkestad Gard*.

Im Pilgerzentrum verabschieden wir uns wie alte Freunde. Was hätte ich verpasst, wenn ich mich zum Schlafen in mein Bett zurückgezogen hätte! Ich werde noch gefragt, ob ich morgen früh einen Pilgersegen in der Domkirche erleben möchte. Einerseits wünsche ich mir einen versöhnlichen Abschied von der Domkirche und andererseits: Segen kann man nicht genug haben. Ich werde ihn brauchen. Wer weiß, was mich noch alles erwartet. So sage ich: „Ja, das wäre schön!"

Die drei verabschieden sich fröhlich. Ich bin wieder allein.

Die Stille des Pilgerzentrum tut jetzt wohl. Ich rüste mich für den Weg, der morgen weiter geht. Nachdem ich etwas durch Hamar spaziert bin und mich mit Bargeld versorgt habe, fange ich noch ein paar Impressionen von der Domkirche ein.

Dann gehe ich schlafen, denn morgen geht es weiter.

TAG 5: Pilgern und Wandern

Von Hamar nach Veldre (4.6. / 22,3 km)

Wir fühlen eine Sehnsucht nach dem, was wir im Stillen schon besitzen.
Johann Wolfgang von Goethe

Ich stehe um 6 Uhr auf, dusche, frühstücke und packe. Ab 7:30 Uhr sind wir mit dem evangelischen Pfarrer von Hamar zum Pilgersegen verabredet. Nach meiner gestrigen Erfahrung frage mich, wie das wohl werden wird und ob ich noch anderen Pilgern begegne.

Um 7:15 Uhr flattert Wanja herein, umarmt mich wie eine alte Freundin. Sie hat kaum 3 Stunden geschlafen, so aufgekratzt war sie nach dem Nachmittag gestern. Ich bin erstaunt, wie entspannt sich das Gespräch auf Englisch inzwischen für mich anfühlt. Die Erfahrung des gestrigen Nachmittags hat die Balken in meinem Kopf scheinbar nahezu pulverisiert. Ich genieße es, so locker mit Wanja Englisch zu quatschen, fast beginne ich, auf Englisch zu denken. In Erinnerung an Ages muntere Empfehlung muss ich ihm einfach Recht geben:

Die beste Art, eine Sprache zu lernen, ist, sie zu sprechen!

Auf dem Weg zur Domkirche plaudern wir einen entspannten Alltagstalk. Zu meinem Erstaunen vertraut Wanja mir einige ihrer Sorgen an. Fast wie einer Mutter. Und sie fragt vertrauensvoll, ob wir nachher wieder zweistimmig den Pilgersegen singen können. Das wäre schön! In der Glaskathedrale klingt das bestimmt wunderbar, noch besser als gestern auf der Waldlichtung. Warum nicht? Gern singe ich noch mal mit ihr.

Da sind wir bereits an der Domkirche und sehen schon von Weitem einen jungen Mann um die 30 in kurzer Hose und T-Shirt. Das muss der Pfarrer sein. Und er ist es. Lars, so heißt er, begrüßt uns mit unaufgeregter Freundlichkeit, und wir gehen hinein in den wundervollen Kirchenraum. Die Kirche ruht leer und still in der Montagsmorgenfrühe.

Wir sind die einzigen Teilnehmer des Pilgersegens. Wieder ist das hier *nur für mich* organisiert. Es ist, als ob eine gute Macht die Schlappe von gestern um ein Vielfaches wieder gut zu machen gedenkt.

Wir setzen uns und genießen die Majestät des Raumes. Vögel zwitschern, die Sonne strahlt warm herein. Lars hat sich für einen Moment zurückgezogen, um den für diesen Anlass passenden Text herauszusuchen. Als er nach einer Weile zurückkommt, singen wir zu dritt einen Taizé-Gesang, *Bless the Lord my Soul,* und beten den Psalm, den wir abwechselnd auf Englisch lesen. Dann ist es Zeit für den Pilgersegen. Lars legt mir die Hände auf, spricht die alten, vertrauten Worte, Norwegisch. Auch ich segne die beiden anschließend und spreche dieselben Worte auf Deutsch. Das ist schön, Verbundenheit über Sprachgrenzen hinweg. Zusammenhalt. Es fühlt sich gut an – besser als gestern vor der katholischen Messe. Klasse, dass die evangelische Gemeinde sich Zeit nimmt, den vorbeikommenden Pilgern einen individuellen Segen mitzugeben. Man könnte annehmen, die evangelischen Gläubigen würden das Pilgern höher schätzen als die, zu deren ursprünglicher Praxis es gehört.

Nun möchte Wanja, dass wir singen. Sie drückt Lars ihr Handy in die Hand. Wir lassen den Pilgersegen zweistimmig erklingen, und er nimmt es auf. Wanja möchte das Video auf Facebook und Instagram posten als gesungenen Segen für andere Pilger auf dem Weg. So stellt das Pilgerzentrum Verbindung zwischen den Pilgern her. Nichts wird dem Zufall überlassen, oder vielmehr wird das zufällig Entstandene mit anderen geteilt. Auch mir schickt Wanja unsere Aufnahme zu – und ich höre und sehe sie mir immer mal wieder an auf dem langen Weg, der noch vor mir liegt. Dann verlassen wir die Domkirche. Wie schön, dass ich diesen Morgenmoment mit den beiden erleben konnte.

Versöhnlicher Abschied von *Hamar Domkirken.* Ich bin dankbar für diese Stärkung. Doch nun will ich endlich los. Wanja und ich kehren ins Pilgerzentrum zurück. Da steht ja noch mein Rucksack. Überraschenderweise treffen wir hier auf Dieter aus Hamburg. Mein erster Mitpilger auf meinem Weg! Mit ihm muss ich jetzt wenigstens noch einen Kaffee trinken. Wanja verschwindet in der Küche, um uns einen zu machen.

Dieter wollte die vergangene Nacht eigentlich auch im Pilgerzentrum verbringen. Doch er stand vor verschlossener Tür. Ans Telefon ist Tone gestern Nachmittag nicht gegangen und auch sonst war niemand erreichbar. Wir waren ja auf der Einweihungsparty auf dem *Skomakerbakken.* Das tut mir leid für ihn. Die Enttäuschung ist Dieter ins Gesicht geschrieben. Er musste umkehren und die knapp 4 km bis zum Stadtrand zum *Vanderheimen* zurückkehren, obwohl er fertig war von einem langen Tagesmarsch. Ich kann geradezu körperlich fühlen, was das für ihn bedeutet hat. Aber auch er hat dazugelernt: *Immer rechtzeitig anmelden!*

Dafür quartiert er sich für diese Nacht hier im Pilgerzentrum ein, will einen Ruhetag einlegen, seine Füße pflegen und die nächsten Etappen gut planen. Vielleicht werden wir uns noch mal sehen. Ich verabschiede mich, denn mein Weg geht ja weiter. Ich will heute bis Veldre kommen und im *Konfirmantsalen* schlafen, das sind über 22 km. Bin angemeldet, wie gut! Jetzt muss ich mich sputen. Ich zahle und Wanja erinnert mich an das Gästebuch. Richtig, da war ja noch was.

Gegen 11 Uhr breche ich endlich auf. Noch einmal ziehe ich an der Domkirche vorbei, halte kurz am steinernen Olavsweg-Zeichen, um das obligatorische Foto mit meinem Rucksack zu schießen: noch 488 km bis Nidaros. Gut 20 werde ich heute bewältigen, wenn alles klappt.

Was für eine unglaubliche Strecke liegt noch vor mir! Und gefühlt bin ich schon lange unterwegs. Aber ok, der Weg muss nun mal Stück für Stück gegangen werden – wie im richtigen Leben: *Wenn du etwas Großes vor dir hast, was einen langen Atem braucht, zählt immer nur der nächste Schritt.* Ob ich das je schaffen werde? Keine Ahnung. Sicher bin ich mir jedenfalls nicht. Aber egal, einfach weitermachen.

So laufe ich zügig und beschwingt in den Tag. Es geht gut. Ich bin wirklich erholt. Die Füße schmerzen nicht mehr, der Rucksack fühlt sich erstaunlich normal an, und meine Wanderstöcke scheinen sowieso schon zu meinem Körper zu gehören.

Ich wandere einen malerischen Weg durch das Freilichtmuseum von Hamar, hinein in ein Naturschutzgebiet. Genieße die Ausblicke auf den See, das Grün und den schönen Sommertag. Was habe ich für ein Glück mit dem Wetter! Der Himmel ist blau und die Schäfchenwolken ziehen. Weil ich überwiegend unter Bäumen und am Wasser entlanglaufe, ist es auch nicht so drückend heiß. Ich komme wieder gut in meinen Rhythmus. Das meditative Gehen fühlt sich gut an. Ich kann den Gedanken freien Lauf lassen und frage mich, was das Besondere am Pilgern ist.

Was unterscheidet Pilgern von Wandern?

Schließlich bewegt man sich bei beidem zu Fuß von A nach B, von einem Ort zum nächsten. Ist es die Länge des Weges, die sportliche Herausforderung des Laufens mit Gepäck? Sind es die Möglichkeiten zur Begegnung und Einkehr in Herbergen und Kirchen? All das gehört auch zum Wandern. Wann genau wird Wandern zu Pilgern? Machen die Pilgerstempel und die Urkunde, die man am Ende des Weges erhalten kann, den Unterschied?

Pilgern verbindet sich mit einer Sehnsucht nach dem, was größer ist als wir selbst: Es ist eine Suche nach dem Heiligen. Das Pilgern kennen alle großen Religionen. Es ist offenbar eine Seins-Form der menschlichen Spiritualität, so etwas wie ein grundlegendes religiöses Bedürfnis. Und spirituell sind wohl fast alle Menschen – kein Wunder, dass das Pilgern gerade in unserer Zeit eine Renaissance erfährt. In belastenden Lebenssituationen und herausfordernden Zeiten macht man sich auf den Weg zu einem besonderen, heiligen Ort. Menschen verlassen ihren angestammten Platz, um woanders hinzugelangen. Wir machen uns auf, um dem ganz Anderen, zu begegnen – am Start, unterwegs und am Ende der Reise.

Pilgernde folgen einer Sehnsucht. Sie möchten sich (ver-)wandeln. Deshalb ist Pilgern – im Unterscheid zum Wandern – meist eine spirituelle Erfahrung. Man sucht eine Veränderung, eine neue Richtung für sich selbst. Oder eine Vergewisserung, ob es so stimmt, wie man gerade lebt. Ein äußerer und ein innerer Weg. Wird mein Pilgern mich verwandeln? Ich bin skeptisch, schließlich kann man nirgendwo heraus aus der eigenen Haut. Menschen, die sich auf einen Pilgerweg machen, nehmen Entbehrungen auf sich und Gefahren in Kauf, um sich selbst zu verändern oder etwas in ihrem Leben. Sie sind auf der Suche: nach Entlastung, nach einer neuen Perspektive, nach dem, was in ihrem Leben verborgen oder noch möglich ist. Bisher unverwirklicht.

Wer sich auf einen Pilgerweg macht, setzt viel ein: Zeit, Kraft, finanzielle Mittel. Man sucht das Entscheidende, das bisher nicht genug Platz hatte, das verloren ging oder übersehen wurde. Viele „begehen" ihre Trauer, realisieren Abschiede, suchen das, worauf es ihnen wirklich ankommt. Das wird vielleicht erst auf dem Weg und an anderen Orten deutlich.

Die Menschen früherer Zeiten pilgerten vor allem, um zu heilen, äußerlich und innerlich. Oder um Heilung zu erwirken für einen geliebten Menschen. Sie machten sich auf den Weg, um etwas loszuwerden: Schuld, die sie begangen hatten, die bewusst oder unbewusst belastete. Man war bereit, sich zu mühen für ein „ewiges Leben", für ein Leben, das gilt und Bestand hat. Für Vergebung und Neuanfang und eine Begegnung mit dem Göttlichen. Ist es heute wesentlich anders?

Vielleicht sind wir nicht mehr ganz so interessiert am eigenen Seelenheil. Wir machen uns nicht aus Angst vor Strafe auf den Weg oder aus Sorge um die ewige Verdammnis. Doch die Sehnsucht nach dem Entscheidenden, das wir nicht in uns selbst finden können, treibt uns noch immer an. Dazu müssen wir aus unserer Komfortzone heraus.

Und der Weg, den ich gerade gehe? Der Olavsweg mit seinen Schotterpisten und asphaltierten Straßen, die bisher einen erheblichen Teil des Weges ausmachen? Ist der ein ganz normaler oder ein „heiliger"?

Um dem näherzukommen, habe ich mich gefragt, was eigentlich eine Kirche zum heiligen Ort macht. Sie ist schließlich auch nur ein Gebäude aus Holz und Stein, von Menschen errichtet und ausgestattet. Das Entscheidende ist, was sich mit diesem Raum verbindet. Eine Kirche ist ein Ort, an dem seit Jahrhunderten Freuden begangen und Tränen geweint werden. Es ist ein Ort der Stille. Ein Ort für Sehnsucht und ein Platz zum Loslassen. Ein Raum fürs Gebet, für Hinwendung zu dem, was über uns hinausreicht. Ein Ort der Verwandlung und der Hoffnung, wenn nichts mehr zu gehen scheint.

Eine Kirche wird nicht einfach zur Kirche, indem man sie baut. Je älter sie ist, desto mehr ist in ihr „gesammelt" von der emotionalen und spirituellen Kraft der Menschen, die sie über die Zeiten aufgesucht haben. Diese Energie wird spürbar – ähnlich wie auf einem Pilgerweg, diesem „heiligen" Weg, den ich gerade gehe.

Das Laufen auf einem Pilgerweg ähnelt der Einkehr in einer Kirche. Der eine ein besonderer Weg – die andere ein besonderer Ort. In einer Kirche kannst du abgeben, was dich beschwert. Hier denkst und sagst du, was woanders nicht gesagt werden kann. Hier musst du nichts leisten, darfst einfach nur sein. Hier kannst du dich stärken und bewegen lassen. – So ist es auch auf dem Weg. Eigentlich ist es nur ein WEG. Ein ganz normaler. Er führt übers Feld, über Flüsse, Berge und durch Täler, verläuft auf staubigen Schotterpisten, geht an Land- und Schnellstraßen entlang, sogar unter Autobahnen hindurch. Und doch sammelt er über Jahrhunderte die Menschen, die auf ihm unterwegs sind auf der Suche nach Gesundheit, Erleichterung, Klarheit. Auch wenn er über lange Zeit nicht begangen wird, bleibt der Weg, der er war, ist und sein wird.

Die heiligen Wege werden heute wiederentdeckt, und wir gehen sie vielleicht mit ähnlichen Gefühlen und Hoffnungen wie die Menschen früherer Zeiten. Sie faszinieren ganz aktuell – so modern und aufgeklärt wir mittlerweile sind. Fast jeder auf dem Weg hat das Pilgerbuch über den Jakobswegs von Hape Kerkeling gelesen. Dieses Buch hat viele motiviert, sich selbst auf den Weg zu machen. Aber auch vorher schon gab es eine Wiedergeburt der Pilgerwege Der Olavsweg selbst wurde schon 1997 als Europäischer Pilgerweg wiederentdeckt und neu eröffnet.

Diese Wege ziehen uns bewusst und unbewusst an, sie entfalten Kraft, nehmen Präsenz in uns. Indem du auf ihnen gehst, bist du verbunden, im Kontakt mit denen, die diesen Weg vor dir gegangen sind, die ihn jetzt mit dir gehen und ihn nach dir gehen werden. Und mit der liebevollen Kraft, die unser Leben hält. So jedenfalls empfinde ich es grade: *„Der Schöpfer wirft uns in die Luft, um uns am Ende überraschender Weise wieder aufzufangen ... die Botschaft lautet: Hab Vertrauen in den, der dich wirft, denn er liebt dich und wird vollkommen unerwartet auch der Fänger sein. Und wenn ich es Revue passieren lasse, hat Gott mich auf dem Weg andauernd in die Luft geworfen und wieder aufgefangen." (Hape Kerkeling)*

Ich erreiche Brummundal, gönne mir einen Kaffee sowie einen Milchshake und gehe die weitere Tagesetappe an. Am späteren Nachmittag kommt starker Wind auf und ich muss mich auf offener Straße gegen einen heftigen Widerstand vorankämpfen. Das schlaucht. Allmählich stellt sich beim Laufen auf der harten Straße sogar neuer Schmerz ein. Meine linke Hüfte meldet sich deutlich mit unangenehmem Ziehen – es tut bei jedem Schritt weh. Was soll das jetzt wieder?! Aber es hilft nichts. Ich muss weiter.

Gegen 20 Uhr komme ich glücklich und erschöpft in *Veldre Konfirmantsalen* an. Ich bin erledigt, obwohl das heute nicht die längste Strecke war. Jetzt klingle ich am Gebäude gegenüber. Eine Frau öffnet mir, zeigt mir alles freundlich und zügig, nimmt das Übernachtungsgeld entgegen und drückt den Stempel in meinen Pilgerpass. Den Schlüssel soll ich morgen in den Briefkasten werfen. So kann ich ohne viele Umstände aufbrechen, wenn ich soweit bin.

Konfirmantsalen ist so etwas, wie eine Jugendbegegnungsstätte, die offenbar oft größere Gruppen beherbergt. Unterm Dach liegt ein riesiger Schlafsaal, er nimmt fast das gesamte Obergeschoss des großen Gebäudes ein. Ich kann mir eines der bequemen Betten aussuchen.

Wieder bin ich ganz allein. Ich nehme eine ausgiebige Dusche und koche mir in der kleinen, gemütlichen und funktionalen Küche ein Pilgeressen aus frischen Zutaten. Dann sinke ich in die Waagerechte. Bald fallen mir die Augen zu und ich schlafe gut in dem erstaunlich bequemen Bett.

Fazit des Tages:

Auch das Normale ist etwas Besonderes.

TAG 6: Verschlossene Kirchen

Von Veldre über Ringsaker nach Ringli (5.6. / 20,4 km)

Ich möchte nicht in einer Welt ohne Kathedralen leben. Ich brauche ihre Schönheit und Erhabenheit. Ich brauche sie gegen die Gewöhnlichkeit der Welt. *Pascal Mercier, Nachtzug nach Lissabon*

Heute habe ich lange geschlafen – die Erschöpfung gestern war wohl doch zu groß. Als ich mich erhebe, meldet sich der Schmerz von gestern Abend wieder. Meine Hüfte zeigt mir plötzlich, dass es sie gibt. Sie möchte gehört werden, weil sie mit der aktuellen Überbelastung offenbar nicht einverstanden ist.

Wie soll ich heute weiterlaufen? Hoffentlich wird das nicht schlimmer! Dafür hält mein getaptes Knie wunderbar durch und meckert nicht. Ich tape es frisch und überlege, ob ich nicht gleich noch meine Hüfte tapen könnte. Aber keine Ahnung, wie man das macht – das habe ich mir nicht zeigen lassen, denn mit Hüftproblemen hatte ich nicht gerechnet. Die waren mir bisher völlig unbekannt.

Da fällt aus der Tape-Packung ein weißes Heftchen heraus – unter anderem mit einer Anleitung zum Tapen der Hüfte. Hey, danke! Ihr habt an alles gedacht. Ein Hüft-Tape – entnehme ich der Skizze – bringt man sternenförmig mit etwas Zug über dem Gelenk an. Das probiere ich sofort aus, muss mich dabei ziemlich verrenken – aber ich kriege es ungefähr hin, es sieht jetzt aus wie auf der Zeichnung. Vor allem fühlt es sich gut an. Genau der Halt und die Stütze, die mein Hüftgelenk in diesem Moment braucht. So kann es weitergehen. Nach einem ausgiebigen Frühstück wandere ich beschwingt und halbwegs schmerzfrei in den Tag. Heute geht's nach Ringli, Anne hat mich ja dort schon angemeldet.

Ist das schön, so in den Sommermorgen zu laufen! Ich bin umgeben von Fliederduft. Die Norweger scheinen den Flieder zu lieben, er duftet mir aus jedem Garten entgegen, säumt Wege und Straßen. Als ich aus Deutschland abgereist bin, war dort der Flieder schon verblüht. Jetzt bin ich in den Frühsommer zurückgekehrt. Ich atme den Duft genussvoll ein.

Auch der Wind von gestern Abend hat sich gelegt. Gewitter hat es den Wettervorhersagen zum Trotz nicht gegeben. Alle warten hier sehnlich auf Regen, denn für norwegische Verhältnisse ist es viel zu trocken. Doch es ist angenehm kühl geworden. Nicht mehr diese spanische Hitze, sondern bestes Wanderwetter. Und als Pilgerin bin ich kleines bisschen dankbar, dass es nicht regnet. Das Gehen fühlt sich leicht und angenehm an. Mein Weg führt über ein Feld und an Wiesen entlang.

Bald treffe ich auf eine kleine Brücke, die zur riesigen Toktadfurua-Kiefer führt. Davor mäht eine Frau auf einem Rasentraktor die Wiese. Sie winkt mich freundlich heran. Ich bestaune den majestätischen Baum. Eindrucksvoll! Ein Gruß der Pilger vor langer, langer Zeit. Die Kiefer wurde an diesem Weg vor über 500 Jahren gepflanzt. Kurz danach hat die Reformation das Pilgern erst mal beendet.

Dennoch hat sich die Tradition erhalten – bis heute. Von Veldre aus pilgern die Leute aus der Umgebung noch immer diesen Weg und feiern unter der Kiefer Gottesdienst, der nächste findet übermorgen statt. Dafür wird jetzt hier gemäht, erzählt mir die freundliche Gemeindemitarbeiterin, die nachher auch die Bänke aufstellen wird. Sie ist sehr mitteilsam und lässt mich noch wissen, dass man vor Kurzem Bohrungen am Stamm des uralten Baumes vorgenommen hat. Die haben sein Alter bestätigt. Mehr als 500 Jahre! Was für eine unvorstellbare Zeit.

Nach kurzer Rast wandere ich weiter auf dem malerischen Prestvegen – auch ein uralter Traditionsweg. Hier waren die Geistlichen vieler Jahrhunderte zwischen Veldre und Ringsaker unterwegs, zu Fuß, zu Pferd, bei Sturm und Regen. Ich laufe bei angenehmem Sonnenwetter und genieße den malerischen Weg. Doch bald geht es wieder auf eine asphaltierte Straße. Auch auf staubigen Schotterwegen muss ich mich fortbewegen – jedes vorbeifahrende Auto hüllt mich in eine riesige Staubwolke, die mich die Luft anhalten und die Augen schließen lässt. Nein, der Weg ist nicht immer ein Vergnügen.

Schließlich erreiche ich die Kirche in Ringsaker. Die Kalksteinkirche wurde wahrscheinlich Mitte des 12. Jahrhunderts erbaut.

Einer Legende nach besiegte Olav hier um 1030 ganze fünf Könige, die ihm bei der Christianisierung Norwegens im Weg standen. Allein gegen fünf – ein beachtlicher Sieg, der vermuten ließ, dass er wohl für den rechten Gott stritt. Aus Respekt und Dankbarkeit für dieses Ereignis errichtete man am Ort des entscheidenden Kampfes die Kirche. Ihre Form wurde einer Kathedrale nachempfunden. In dieser Kathedrale im „Kleinformat“ möchte ich jetzt unbedingt rasten.

Außerdem wird die Ringsaker-Kirche für ihren wundervollen Schnitzaltar gepriesen. Weil dieser Altar so berühmt ist und es hier außerdem eine Pilgerherberge gibt, bin ich guter Hoffnung, dass ich die Kirche diesmal geöffnet finde. Aber nein: Als ich die Türklinke optimistisch herunterdrücke, ist die Kirche wieder verschlossen. Wie schade und auch ein bisschen schmerzlich! Es wäre wunderbar, nach anstrengenden staubigen Straßenkilometern jetzt in die stille Geborgenheit einer Kirche einzukehren. In der Kühle durchzuatmen. Den Gedanken freien Lauf zu lassen. Ich brauche doch eine Kathedrale, wenigstens eine winzige!

Es überrascht mich, festzustellen, dass die meisten Kirchen, an denen ich auf dem Weg vorbeikomme, geschlossen sind. Kaum nachzuvollziehen. Es sind Sehnsuchtsorte für Menschen auf dieser europäischen Pilgerroute. Pausenräume, Zäsuren auf dem Weg. Einkehrmöglichkeiten – äußere wie innere. Offenbar reichen die personellen oder finanziellen Ressourcen nicht, um die Kirchen für vorbeiziehende Menschen offen zu halten. Dafür sind wahrscheinlich auch zu wenige Pilger hier unterwegs. Ich hatte schon vermutet, dass es wenige Pilger hier gibt, aber es sind noch weniger als wenige. Ich bin über die ganze Strecke bisher vollkommen allein. Das lässt vermuten: Es lohnt sich scheinbar nicht!

Dennoch: Wenn ich als Pilgerin einen Wunsch frei hätte, wäre es: *Haltet die Kirchen offen!* (Oder bringt an jeder Kirche die Telefonnummer eines Menschen in der Nähe an, der sie bei Bedarf öffnet – wenigstens während der 3 Sommermonate, in denen Pilger auf dem Weg sind.)

Überraschenderweise bin ich nicht die Einzige, die heute in die Kirche von Ringsaker einkehren möchte. Auf der Bank vor der Kirche sitzt wartend ein belgisches Ehepaar, ein weiteres Paar aus Holland ist zum nahegelegenen Pfarrhaus gelaufen, um den Schlüssel zu holen. Vielleicht wird mein Wunsch doch erfüllt und die Türen öffnen sich gleich. Aber nein. Vergeblich gehofft. Die Holländer kehren ohne Schlüssel zurück, auch sie sind enttäuscht. Im Pfarrhaus haben sie nur eine verschlossene Tür vorgefunden und den Hinweis, dass morgen eine Besichtigung des historischen Schnitzaltars wieder möglich ist. Sie werden morgen wieder herfahren. Als Pilgerin habe ich leider keine Chance, morgen noch mal vorbeizukommen! Ich bin JETZT hier.

Wie ich unterwegs erfahre, setzen sich die rund um den Pilgerweg engagierten Menschen vehement für die Öffnung der Kirchen auf dem Olavsweg ein – bisher leider ohne Erfolg. Anscheinend gibt es viele Hürden. In Norwegen ist der Staat für die Kirchen verantwortlich. Ich habe mir sagen lassen, dass geöffnete Kirchen die Versicherungskosten in drastische Höhen treiben würden. Vor allem fürchtet man wohl Brände.

Trotzdem: Wünschen und Hoffen sind erlaubt. Ich glaube daran, dass das irgendwie hinzubekommen ist. Ideen und ein kreatives Konzept fielen mir ein: Man könnte damit beginnen, wenigstens ausgewählte Orte verlässlich zu öffnen, vielleicht mit einer thematischen Verbindung untereinander und mit meditativen Impulsen für den Weg. Das wäre ein Pilgerglück! Motivation und Verlockung zugleich.

Weil ich aber nicht in die Kirche kann, gehe ich zur Pilgerunterkunft, die außerhalb der Kirchenmauern liegt. Wenigstens die Toiletten sind offen – das ist schon mal was. Ich fülle meine Trinkflasche und suche mir ein sonniges Plätzchen auf einer Bank vor der Kirche. Die Holländer und Belgier sind inzwischen weitergefahren. Stille ist eingekehrt.

Der Blick auf das Grün, die zum See hin abfallende Friedhofswiese mit den alten Grabsteinen, der Steinmauer und den großen majestätischen Bäumen ist traumhaft. Ich esse ein paar Nüsse, einen Fruchtriegel und einen Apfel und genieße es, allein in dieser Ruhe sitzen zu können. Die Sonne wärmt angenehm, die Vögel zwitschern. So wird dieser Platz in der Sonne vor der Kirche zu meinem Andachtsort. Das ist jetzt meine Kathedrale. Vor der Kirche ist es mindestens genauso schön wie darin – und noch viel schöner! Dass es hier so wunderbar ist, wäre mir vielleicht nicht aufgefallen, wenn ich die Kirche hätte besichtigen können.

Alles ist sehr gut, sage ich mir – auch wenn nicht immer alles so ist, wie ich es mir wünsche. Ich vertraue, es ist richtig so. Wozu soll ich mich aufregen? Es geht weiter und es kommt wieder Neues. Am Ende wird sich herausstellen, ob das vermeintlich Schlechte nicht auch viel Gutes hatte. Wer weiß?

Der verborgene Sinn meines Weges tut sich häufig erst rückblickend auf, soviel hat er mich schon gelehrt. Auch wenn mir im Moment etwas nicht behagt, ist es oft wichtig für alles, was danach kommt. Lernen und sich entwickeln geht nicht enttäuschungsfrei oder ohne Schmerzen. Erfahrung ist nicht zum Nulltarif zu haben. (Und wer weiß, wozu es heute gut ist, dass ich hier nicht lange verweilen und zügig weiterlaufen werde. Eine Besichtigung mit Führung nähme einige Zeit in Anspruch.)

In mir stellt sich eine tiefe Gelassenheit ein, so umfassend, wie ich sie bisher selten gespürt habe. Und ich bin noch nicht mal eine Woche unterwegs! Inzwischen bin ich voll Vertrauen in meinen Weg und in das, was mir begegnet: das Anstrengende und Aufregende, Einsamkeit und Gemeinschaft, Staub und Hitze, die Kühle des Waldes und die Dusche am Abend: ALLES GUT! Plötzlich weiß ich, dass ich es schaffen werde. *Ich werde diesen ganzen Weg bis Trondheim laufen und ankommen!* Das ist (fast) so sicher wie das Amen in der Kirche. Ich sitze auf dieser Bank vor der Kirche in Ringsaker und meine Tränen laufen. Diesmal sind es Tränen des Glücks und der Dankbarkeit. Wie gut, dass ich losgelaufen bin! Wie reich bin ich schon jetzt beschenkt worden und wieviel Außergewöhnliches erwartet mich noch. Der Weg ist lang, aber auch reich, das ist klar. Danke dem großen guten Wollen, das mich auf diesen Weg geschickt hat und offensichtlich mit mir unterwegs ist! Dass G*tt auch außerhalb von Kirchenmauern wohnt, ist mir sowieso schon lange klar.

Doch nun auf, den Rucksack übergestreift und weiter! Ringli wartet. Es geht wieder an der Straße entlang, aber das stört mich gerade nicht besonders. Nach 14,2 km erreiche ich Steinvik-Campingplatz, nach meinem Pilgerführer das eigentliche Etappenziel heute. Als ich den schönen Platz am See sehe, verspüre ich Lust, mich in einer der hübschen Hütten häuslich einzurichten, ein wenig im See zu baden, faul auf der Wiese zu liegen und einen lauen Sommerabend zu genießen. Doch ich fühle mich noch recht frisch, 14 km sind entschieden zu wenig. Außerdem bin ich in Ringli angemeldet, will da niemand umsonst warten lassen.

So laufe ich weiter durch den Wald, am See entlang, auf einem schönen, schmalen Uferweg. Hier kann ich einen Moment doch nicht widerstehen, setze den Rucksack ab, finde einen dicken Baumstamm zum Sitzen, ziehe Schuhe und Strümpfe aus und bin im Nu mit meinen Füßen im klaren eiskalten Wasser. Eine Wohltat! Es gibt keine bessere Erfrischung für Wanderer. Belebt total.

Lange kann ich mich nicht aufhalten. Es ist nach 18 Uhr und ich brauche noch mindestens eineinhalb Stunden bis nach Ringli. Der Aufstieg über lange Straßenserpentinen zu den Holzhäusern dort soll sehr schweißtreibend sein. Also ziehe ich Socken und Schuhe wieder an und laufe durch das Wäldchen weiter. Bald schon sehe ich die Häuser von Moelv, verliere kurz meinen Olavsweg in der Ortschaft – in Orten ist die Beschilderung nicht immer eindeutig. Ich kenne aber die Richtung und fädle mich auf der gegenüberliegenden Seite des Bahndamms in den Weg ein. Dann geht es wieder durch den Wald.

Da stehe ich auch schon vor den Serpentinen und sehe weit oben die Holzhäuser. Jetzt noch knapp 6 km hinauf, ein langer Anstieg für eine tagesmüde Pilgerin – aber schließlich bin ich oben.

Ich stehe vor einem wunderschönen historischen Gehöft. Die Gebäude sehen uralt aus wie im Freilichtmuseum, nur ein parkendes Auto im Hof lässt mich sicher sein, dass ich nicht in einem anderen Jahrhundert gelandet bin. Ich gehe zum Hauptgebäude, das nach dem eigentlichen Wohnhaus aussieht, und klingle.

Eine lebendige junge Frau öffnet mir freundlich. Sie scheint überrascht, dass an diesem Abend – es ist schon 20 Uhr – noch ein Gast kommt. Ich stelle mich vor. Ich habe mich für heute über das Pilgerzentrum in Hamar zur Übernachtung angemeldet, teile ich selbstsicher mit. „Hm", meint meine potenzielle Gastgeberin, das sei bei ihr nicht angekommen. Ihre Eltern, die hier eigentlich wohnen (ihr Vater ist ein bekannter Politiker), sind für ein paar Tage verreist. Sie hütet nur Haus und Hof.

Ich muss wohl sehr erschrocken aussehen. Die Campingliege erscheint wie ein Gespenst vor meinem inneren Auge. Deshalb sagt sie fröhlich lachend: „No problem, we have a bed for you." Großartig! Mir plumpsen mehrere Pilgersteine aus dem Rucksack. Eine Erleichterung. Ich muss mich nicht noch irgendwohin weiterschleppen zu nachtschlafender Zeit. Ich habe einen Schlafplatz, und was für einen!

Schöner hätte ich ihn mir in meinen kühnsten Träumen nicht ausmalen können. Das Gehöft liegt auf einem Berg. Über Wiesen, auf denen Pferde grasen, hat man einen herrlichen Blick auf den riesigen Mjösasee. Lisa öffnet mir mein Domizil für die Nacht. Für ungefähr 30 € darf ich im privaten Gästehaus der Familie wohnen und bekomme sogar Frühstück. Das alte Holzhaus mit Umgang ist ein Traum! Ein gemütliches Wohnzimmer, eine Küche mit allem, was man braucht, Bad und Dusche unten, sauber und modern. Mein Schlafzimmer befindet sich oben, ich muss zum Schlafen raus aus der Hütte. Über den umdachten Umgang führt eine Holzstiege in ein gemütliches Schlafzimmer.

Lisa erklärt mir alles, was ich wissen muss. Sie spricht fließend Oxford-Englisch, sie war mit ihren Eltern seit früher Kindheit im Ausland unterwegs. Auch ein paar deutsche Sätze lässt sie einfließen, denn auch in Deutschland hat sie einige Zeit gelebt. Was für ein Sprachtalent! Nun nimmt sie meinen Obolus für die Nacht entgegen, stempelt meinen Pilgerpass, weist mich aufs Gästebuch hin und will noch das Frühstück bringen.

Schon steht sie mit einem Tablett im Wohnzimmer. Mit Blick in die Küche sagt sie: „You can put it in the ... in the ..." – „Refrigerator", schießt es aus mir heraus. Keine Ahnung, welche meiner Synapsen gerade eine Verbindung zu tief versenkten Vokabeln hergestellt hat. „Yes", meint sie anerkennend, „your Englisch is *so* good!" Nein, wiegle ich ab, alles andere als das. Ich weiß, dass ich noch immer keinen Blumentopf gewinnen kann. Aber lustig und verrückt ist es schon, dass mich diese perfekt Englisch parlierende junge Frau für meine Vokabelkenntnis bewundert.

Nun sagt sie freundlich: „Good night", und ich habe diese wunderbare Unterkunft ganz für mich. Ich dusche, koche mir zur Feier des Tages ein Festessen aus meinem Proviant, den ich hier hoch geschleppt habe, und telefoniere lange mit zu Hause, gemütlich auf dem bequemen Sofa liegend – mit Blick auf den See. Eine knappe Woche bin ich nun unterwegs und werde schon vermisst. Mir geht es genauso. Es tut gut, länger von meinen Eindrücken und Erlebnissen erzählen zu können.

Mit Wärme im Herzen begebe ich mich in meine gemütliche Schlafstube und ruhe wohlig und zufrieden. – Paradox des Weges:

Wenn dir etwas verschlossen bleibt, öffnet sich etwas anderes.
Oder: Auch das Verschlossene ist offen.

TAG 7: Aufbrechen statt Einrichten

Von Ringli nach Johannesgarden (6.6. / 18,9 km)

Vor allem verliere nicht die Lust am Gehen. Ich gehe mich zum täglichen Wohlbefinden und gehe mich fort von jeder Krankheit. Ich gehe mich zu meinen besten Gedanken und kenne keinen Gedanken, so schwer er auch sein mag, von dem man nicht weggehen könnte. Sören Kierkegaard

Heute würde ich gern bleiben an diesem wunderschönen Ort. Hier in Ringli mit Blick auf den See könnte ich gut und gerne einen ganzen Sommerurlaub verbringen. *Verweile doch, es ist so schön.* – Aber nein!

Auch das gehört zum Pilgern: Du musst täglich neu aufbrechen. Wenn du als Pilgerin unterwegs bist, übst du dich täglich im Ankommen, im Genießen, aber auch im Loslassen und Abschiednehmen. Überall bist du nur Gast, bist Besuch im Vorübergehen. Nichts kannst du festhalten, nichts in Besitz nehmen. Das Festhalten-Wollen ist ein Impuls gegen den Fluss des Lebens, den du nicht aufhalten kannst.

So schreibe ich meinen Dank dafür, hier eine erholsame Nacht verbracht zu haben, getreu ins Gästebuch. Ich genieße mein Frühstück, das ich mir – was für ein Luxus – fertig bereitet aus dem Kühlschrank holen kann. Ich muss mir nur Tee kochen und die Brötchen toasten. Dann packe ich meine 7 Sachen – viel mehr sind es tatsächlich nicht!

Vorm Losgehen will ich unbedingt noch telefonieren. Weil gestern meine Übernachtungsanmeldung nicht angekommen ist, rufe ich sicherheitshalber in Johannesgarden, meinem heutigen Etappenziel, an. Karen, die Gastgeberin, ist gleich am Telefon. Ja, ich bin angemeldet. Ob man bei ihr ein Abendbrot essen kann, frage ich noch. Nein, das geht nicht, aber ich kann die gut ausgestattete Küche benutzen. Ok, das ist auch gut. Wann ich ungefähr ankomme? Zwischen 16 und 17 Uhr schätze ich. Na dann einen guten Weg, sie freut sich auf mich.

Auf diese Weise erwartet zu werden macht den Aufbruch leichter. Also los. Ich schieße noch ein paar Erinnerungsfotos, sage Lisa Lebewohl, die schon seit dem frühen Morgen mit ihren Pferden beschäftigt ist, und folge wieder den Olavsweg-Zeichen.

Heute bin ich eine Woche unterwegs. Vor 7 Tagen hielt das Taxi vor unserem Haus und ich bin mit meinem Rucksack eingestiegen. Unglaublich, was ich seitdem alles erlebt habe. Eine intensive Zeit liegt hinter mir. Und alles geht besser, als ich anfangs dachte. Die Schmerzen in meiner Hüfte sind dank des Tapes kaum noch spürbar. Nur meine Füße fangen täglich nach etwa 5 Wanderstunden an zu schmerzen. Es sind Knochenschmerzen, die sich von der Ferse aus bei jedem Schritt nach oben ziehen. Zwar habe ich das bereits beschrieben – aber es ist fast unbeschreiblich. Während der letzten täglichen Wanderkilometer muss ich die Zähne regelmäßig zusammenbeißen. Doch auch daran habe ich mich gewöhnt und hoffe, dass sich es sich irgendwann im Laufe des langen Weges geben wird.

Mein Schlaf ist nach den vielen Stunden des täglichen Laufens tief und erholsam. Jeden Morgen wache ich ausgeschlafen und erfrischt auf. Ich fühle mich leichter und kräftiger. Inzwischen bin ich wirklich warmgelaufen und trainiert. Mein Körper hat sich an die Belastung gewöhnt. Das Gewicht des Rucksacks auf meinen Schultern ist kaum noch zu spüren.

Außerdem habe ich den Eindruck, durch das ständige Schwitzen und das ausgiebige Trinken langsam aber sicher alle angesammelten Schlacken und Gifte loszuwerden. Ich trinke viel reines, klares Wasser während des Unterwegsseins und danach. Gleichzeitig schwitze ich alles aus. Das ist eine gründliche Reinigung und besser als jede Sauna, vor allem, weil es tägliches Programm ist. Auch die vielen Stunden an der frischen Luft und die Bewegung sind ein effektives Fitnessprogramm.

Alles in mir atmet auf. Jede Zelle meines Körpers ist glücklich, jede kleine Körperzelle fühlt sich wohl!

Der Logik meines Wanderbuches in Kombination mit den Ausschilderungen des Weges kann ich inzwischen gut folgen. Hatte ich zu Hause noch befürchtet, dass mein wenig ausgeprägter Orientierungssinn ein Problem werden könnte, erweist sich auch diese Befürchtung als unbegründet. So wandere ich unbeschwert in den Tag. Die Sonne scheint wieder, kein Wölkchen am Himmel. Der Weg führt mich noch ein wenig hinauf. Ich komme an einem Gedenkstein für Soldaten vorbei, die 1940 im Zweiten Weltkrieg hier gefallenen sind. Kaum zu glauben, dass sich in dieser wunderbaren Natur, in der Stille dieser schönen Landschaft heftige Kampfhandlungen abgespielt haben.

Jetzt geht es wieder tiefer hinein in den Wald. Bald habe ich den Höhenweg erreicht, der auf der Bergkuppe entlangführt und wunderbare Aussichten auf den Mjösasee im Tal bietet. Ich atme tief durch. Ein Genuss, hier unterwegs zu sein! Weiter geht es an Wiesen entlang, auf schmalen Pfaden durch den Wald, über einen Bach und immer mal wieder an den unvermeidlichen Schotterpisten entlang.

Bald erreiche ich den Ort Brottum, wieder mit verschlossener Kirche. Dafür hat der Einkaufsmarkt geöffnet, und ich kaufe mir ein paar Zutaten für mein Abendessen. Ich freue mich immer, mit frischem Gemüse kochen zu können, und die verbleibende Distanz, die ich es noch tragen muss, ist nicht mehr groß. Vom halben Liter frischer Milch, dem ich nicht widerstehen konnte, trinke ich sofort mindestens die Hälfte. Als ich meinen Rucksack wieder aufsetze, ist das Gewicht des Einkaufs deutlich zu merken. Egal, es ist ja nicht mehr weit. Über Höfe und Weiden, auch über abgeholzte Waldstücke folge ich dem Weg. In stetem Auf und Ab.

Schon da sehe ich an einer Weggabelung das Schild *Johannesgarden*, verlasse den Olavsweg und biege ab. Ein letzter Aufstieg über Stock und Stein, schon öffnet sich das Gartengrundstück Johannesgarden.

Noch bevor sich meine Füße überlegen können, dass sie jetzt anfangen sollten zu schmerzen, bin ich da – die Etappe heute ist moderat.

Johannesgarden ist tatsächlich ein wunderschöner Garten! Hier blüht es in großen, üppigen Beeten. Offenbar ist Karen eine passionierte Gärtnerin. Geradezu sehe ich die Herberge, etwas rechts liegt das von ihr bewohnte Gebäude mit einem großen Gewächshaus, ganz links entdecke ich die Kapelle. Karen hat mich wohl schon kommen sehen und öffnet sofort die Tür. Vor mir steht eine energische und zugleich zarte Frau. Sie wirkt bodenständig, vor allem, weil sie barfuß läuft. Wie sich herausstellt, ist Karen Tones Tante. Eine Familienähnlichkeit ist unverkennbar.

Ich stelle meinen Rucksack ab und ziehe die Wanderschuhe aus. Wie schön, angekommen zu sein, wenn auch etwas später als vermutet. Es ist nach 17 Uhr, für meine Verhältnisse noch früh am Tag. Karen stellt mir Rigmar und Torben vor, ein dänisches Ehepaar, das hier ein paar Tage Urlaub verbringt. Wir drei sind heute Abend die einzigen Gäste in der Herberge. Rigmar kocht in der Küche gerade Abendessen.

Ich gehe mit Karen nach oben. Trotz meines energischen Protests schnappt sie sich meinen Rucksack und trägt ihn ins 1. Stockwerk. Sie zeigt mir mein Zimmer für die Nacht: Freundlich und gemütlich, in warmen Farben gehalten, ein bezogenes Bett gibt es auch. Wir erledigen die Formalitäten, und ich bekomme meinen Pilgerstempel. Dann lädt mich Karen noch zu 21 Uhr für eine Andacht in die Kapelle ein, natürlich nur, wenn ich Lust habe und nicht zu müde bin. Ich komme gern.

Und schon eilt Karen wieder in den Garten. Wegen der Trockenheit muss sie in den Abendstunden ausgiebig wässern.

Ich packe aus und will gerade unter die Dusche springen, da klopft es zaghaft an die Tür: Torben. „Brita, wir haben Abendessen gekocht", sagt er in fließendem Deutsch. „Es ist zu viel für uns. Wenn du magst, kannst du mitessen, wir fangen gleich an. Möchtest du nach unten kommen?" Überrascht sage ich zu. Gern, das ist wirklich nett, ich komme gleich. Also Programmänderung. Nur kurz frisch gemacht und schon bin ich unten.

Die beiden haben den Tisch mit Sorgfalt gedeckt. Das hier ist eigentlich ein Sonntagsessen: Kartoffeln, Brokkoli, gebratene Zwiebeln und kleine Schnitzel, dazu helle Sauce. Auch an Nachtisch ist gedacht.

So sitze ich mit diesen zwei herzlichen Menschen, die ich vor einer halben Stunde noch nicht kannte, als müsste es genauso sein, beim gemeinsamen Essen und genieße es. Ich fühle mich wie ein Kind, das sich zu Hause bei fürsorglichen Eltern an den gedeckten Tisch setzen darf. Wie gut von den beiden! Es ist nicht nur das Essen, was sie vorbereitet haben. Vor allem ihr warmherziges, unaufgeregtes Interesse tut mir wohl, ihre einfühlsame Zuwendung. Es ist wie an einem Familientisch. Die beiden fragen mich nach meinem Weg bisher und wie der Tag heute war. Ich spüre eine Vertrautheit, als würden wir uns lange kennen.

Sie sind Eltern von vier erwachsenen Kindern. Zwei leben mit ihren Familien in Norwegen, den Sohn wollen sie in den nächsten Tagen besuchen. Da piept ein Telefon. Torben lacht. Das ist nur ein Testsignal – kein wirklicher Einsatz. Er hat ein mobiles Notfallgerät bei sich. Zu Hause in Dänemark haben sie ein ehrenamtliches Team gebildet, das sich im Notfall zu Patienten rufen lässt und 1. Hilfe leistet, bis der Notarzt kommt.

So erfahre ich, dass Torben Arzt ist. Aber er arbeitet nicht mehr täglich in seiner Praxis, eigentlich ist er schon im Ruhestand. Auch Rigmar hat ihre Arbeit aus gesundheitlichen Gründen aufgegeben. Sie ist Spezialistin für nordische Literatur. Heute waren sie im Sigrid-Undset-Museum in Lillehammer und im Maihaugen-Freilichtmuseum. Davon erzählen sie begeistert. Das erste Mal höre ich bei diesem Essen von Sigrid Undset, der norwegischen Literaturnobelpreisträgerin. Ich werde ihre berühmte Roman-Trilogie über Kristin Lavranstochter nach diesem Weg mit Spannung verschlingen.

Dann sprechen beide über ihr Bedürfnis nach Einkehr. Oft besuchen sie Seminare oder klösterliche Gemeinschaften, um einige Tage in Stille, Gespräch und Meditation zu verbringen. Das erleben sie als so wichtig und stärkend für sich, dass sie immer wieder an Retraiten teilnehmen. Sie sind nicht als Pilger in Johannesgarden, sondern als Menschen, die spirituelles Leben mit ihrem Urlaub verbinden. Nachher werden sie natürlich die Abendandacht besuchen – da sind wir auf einer Wellenlänge.

Nach eineinhalb Stunden, in denen mir die beiden fast zu Freunden geworden sind, heben wir die Tafel auf und räumen den Tisch ab. Nun muss ich mich beeilen, mein Zimmer für die Nacht einrichten und endlich unter die Dusche springen.

Als ich die Stufen ins 1. Stockwerk hinaufsteige, wird mir bewusst: Dass Rigmar und Torben mich zum Abendessen eingeladen haben, war kein Zufall. Sie haben nicht „aus Versehen" zu viel gekocht, sondern gleich mehr, weil sie wussten, dass noch eine Pilgerin ankommen würde. Sie haben mich ganz selbstverständlich aufgenommen als Gast an ihren Tisch. Toll!

Nachdem ich die tägliche Dusche wie immer genossen habe und in saubere Sachen gestiegen bin, schreibe und telefoniere ich noch etwas.

Und schon ist es kurz vor 9: Zeit für die Abendandacht von Johannesgarden.

Ich gehe durch den Garten zur Kapelle und betrete sie als Erste. Mich empfängt ein Kirchenraum aus Holz, der angenehm nach Weihrauch duftet. Stühle stehen im Kreis. In der Mitte ein schlichter Altar mit handgetöpfertem Abendmahlsgeschirr: ein Teller für das Brot und ein Krug für den Wein. Unter jedem Stuhl befinden sich ein Meditationsbänkchen und ein zusammengerolltes Fell, das wohl als Meditationsmatte dient.

Ich setze mich und genieße die Stille des Raumes. Da kommen auch schon Rigmar und Torben, kurz darauf Karen, noch immer barfuß.

Wir singen aus dicken Liedheften mit Taizé-Gesängen, es klingt erstaunlich gut in diesem angenehmen Raum. Ich fühle eine neue Ebene der Verbundenheit mit diesen Menschen, genährt durch selbstverständliche Gastfreundschaft, durch gemeinsames Essen und Erzählen.

Karen hat Texte in verschiedenen Sprachen da, klar, einfach und zutreffend. Wir lesen abwechselnd. Ich beginne mit Karen in Deutsch, Rigmar und Torben antworten auf Dänisch. Alles, was gesagt wird, kann man in der eigenen Sprache mitlesen. So geht Gastlichkeit, denke ich, so fühlt sich jede und jeder aufgenommen und dazugehörig. Und so lassen sich Grenzen von Kultur und Sprache überwinden. Wie schön: Ich bin zu Hause an einem fremden Ort. Wir beten das *Vaterunser* in drei Sprachen gleichzeitig: Norwegisch – Dänisch – Deutsch. Zusammenklang. Außergewöhnlich. Zwischen Sprechen und Singen halten wir Zeiten der Stille, „Momente des Empfangens“, wie Karen sie nennt.

Das alles tut mir gut. Eine Form beinah klösterlichen Lebens, die überzeugt, weil sie sich mit menschlicher Offenheit, mit Aufmerksamkeit und Fürsorge verbindet. Nachdem wir zum Abschluss der halben Stunde noch mal miteinander gesungen haben, verlässt Karen zügig die Kapelle. Nichts wird hier länger ausgedehnt als nötig. Das wäre Frömmelei. Das Prinzip *ora et labora*, bete und arbeite, wende dich anderen zu und sorge dabei gut für dich, ist hier Wirklichkeit.

Nach einem kurzen Abendspaziergang gehe ich schlafen, ruhig und zufrieden. *Ich bin zu Hause,* spüre ich. Zwar bin ich allein unterwegs – doch alles andere als einsam. Wäre ich heute Morgen nicht aufgebrochen, hätte ich diesen Ort und seine Menschen nicht kennengelernt.

Meine Einsicht heute: ***Wenn du nicht losgehst, kommst du nicht an. Auch in der Fremde bist du zu Hause.***

TAG 8: Begegnung mit der eigenen Geschichte

Von Johannesgarden nach Lillehammer (7.6. / 14,7 km)

Die Welt, sie wird dich schlecht begaben, glaube mir's!
Sofern du willst ein Leben haben: raube dir's! *Lou Andreas-Salomé*

Gut ausgeschlafen treffe ich gegen 8 Uhr in der Küche ein und bereite mir gemeinsam mit Rigmor das Frühstück. Torben ist schon sehr früh aufgestanden und gerade von einem langen Morgenspaziergang zurück. Gefrühstückt hat er vorhin schon. Jetzt setzt er sich mit einem großen Kaffee zu uns – so ist unsere Frühstücksgemeinschaft komplett.

Es gibt A- und B-Menschen, wie man in Dänemark sagt, erklärt Torben lachend. A-Menschen sind wie er schon am frühen Morgen munter, die anderen brauchen etwas mehr Zeit. Beides ist ok. Rigmor ist eine B. Genau wie ich. Wir sprechen deutsch, d.h. meist reden Torben und ich. Rigmor sagt wenig. Ist das ihr Naturell? Sie wirkt still, behutsam und zurückhaltend. Mit Sicherheit ist sie eine ausgezeichnete Zuhörerin.

Spielt auch die Hemmung, in der fremden Sprache zu reden, für sie eine Rolle? Nach eigener Aussage ist ihr Deutsch „schehr schlecht", was ich nicht glaube. Sie scheint unserem Gespräch mit Leichtigkeit folgen zu können. Wahrscheinlich stellt sie ihr Licht unter den Scheffel. Das könnte ich verstehen. Vielleicht will sie zu perfekt sprechen?

Als wir beim munteren Plaudern kurz Luft holen, ist plötzlich Rigmors ruhige, klare Stimme zu hören, in reinstem Deutsch: „Brita, ich habe eine große Frage." Ui, denke ich, eine große Frage, ob ich da antworten kann? „Du musst dazu nichts sagen, wenn es zu schwierig ist." Kann sie Gedanken lesen? „Es beschäftigt mich seit gestern Abend, und ich habe auch in der Nacht darüber nachgedacht."

Jetzt bin ich *richtig* gespannt. Was ist das für eine große Frage?

„Wie hast du es erlebt, Brita, als beide deutsche Staaten eins wurden?"

Tatsächlich: eine *große* Frage!

Wie soll ich diese aufregende Zeit beschreiben, die nun schon lange zurückliegt? Eine wichtige, intensive Zeit meines Lebens. Das große Aufbrechen der scheinbar festen und in Stein gemeißelten Verhältnisse, an denen ich mich gerieben hatte, seit ich etwas bewusster denken konnte.

Ich nahm sie damals als gegeben hin und als unveränderbar, weil ich in sie hineingeboren war: die sozialistische Diktatur stalinistischer Prägung. Immer wieder bekam ich es zu tun mit der Dummheit und der intellektuellen Beschränkung derer, die am Ruder saßen und über den sorgsam installierten Machtapparat verfügten. Als ich schließlich eine junge Erwachsene und Studentin der Theologie war, kündigten sich Veränderungen an, kamen Machtverhältnisse ins Wanken.

Lange habe ich nicht mehr über diese Schlüsselmomente gesprochen, von den Sehnsüchten und Hoffnungen erzählt, die uns damals bewegten: vom großen Gefühl der Befreiung, als *endlich, endlich* viele, die bis dahin geschwiegen hatten, klar aussprachen, was sie dachten, vom friedlichen Aufstehen der Mutigen, das zum einzigartigen Aufstand wurde.

Heute sind Demonstrationen selbstverständlich, im Alltag der DDR waren sie es nicht. Es war ein Tabu, gegen den „eigenen" Staat zu demonstrieren, der sich darauf berief, ein Staat des Volkes zu sein. Es gab nur verordnete Aufmärsche *für* ihn, zum Beispiel am 1. Mai. Da war es schon widerständig, früh abzuhauen oder nicht zu erscheinen. Genauso die „Wahlen", in denen eine einzige Partei und ein paar gleichgeschaltete auf dem Zettel standen. Als Staatsfeind galt, wer *nicht* hinging und ordnungsgemäß seine Kreuzchen machte. Da war es eine grundlegende Verwandlung, als wir zur Stimmenauszählung in die Wahllokale gingen und versuchten, eigene Zahlen zusammenzutragen. Als sich die ersten Menschen mit ihren Kerzen zu Friedensgebeten in den Kirchen versammelten und sich etwas später auch gemeinsam auf die Straße trauten. Wir waren gewohnt, im Verborgenen möglichst geschickt zu re-agieren. Jetzt war es anders. Protest wurde lauter und eindeutiger: Endlich Aktion, ein Aufatmen, eine Befreiung!

Rigmor und Torben, die still und gebannt lauschen, erzähle ich, wie der hochgerüstete Spitzelstaat mit zahlreichen Verhaftungen reagierte und wir nicht wussten, ob am Ende geschossen würde. Jung, wie wir waren, machten wir in einer Mischung aus Angst, Spannung und Begeisterung weiter, waren nicht zu bremsen. Im ganzen Land, angefangen in den Großstädten mit ihren Universitäten und ihrem Kulturleben, wurde von den evangelischen Kirchen zu Friedensgebeten eingeladen, mit immer breiterer Beteiligung.

Auch wir gingen zu ersten Friedensgebeten in die Jenaer Stadtkirche. Die Verhaftungen nahmen zu. Im Frühsommer 1989 war ich mit unserem ersten Kind schwanger und träumte heftig, von einem Tunnel, in den man uns getrieben hatte und in dem geschossen wurde. Ein Albtraum, der immer wiederkehrte. Im Sommer '89 kam dann unser Sohn zur Welt, mitten in diese Zeit der Revolution, von der wir noch nicht wissen konnten, dass man sie später „friedlich" nennen würde. Das Massaker vom Platz des himmlischen Friedens in Peking steckte uns mit seinem Schrecken tief in den Knochen, gab es doch auch in China eine sozialistische Diktatur. Wer sagte uns, dass es hier nicht ähnlich enden würde? Das war alles andere als unwahrscheinlich. Es gab Gerüchte von fertig geplanten Internierungslagern, in die man die Regimegegner bringen würde. Schließlich wurden Urlaubsreisen nach Ungarn nicht mehr genehmigt, weil so viele über die Grenzen gingen. Auch die Tschechoslowakei wurde nach den Ereignissen in der Prager Botschaft abgeriegelt. Im Frühherbst '89 hatten wir das Gefühl, endgültig in der Falle zu sitzen. Wir waren in der DDR gefangen, der Willkür ausgeliefert. Doch ein Zurück gab es nicht mehr. Was aufgebrochen war, ließ sich nicht neu verkapseln, die Proteste gingen weiter. Wer würde sich in dem Machtkampf durchsetzen?

Dann kam der 7. Oktober 1989, Feierlichkeiten zum 40. Jahrestag der DDR, riesige Aufmärsche. Die Macht zeigte ihr Gesicht. Aber nach Ostberlin kam auch Michail Gorbatschow, der uns ermutigte – durch seine Reden über *Glasnost und Perestroika* (Klarheit und Verwandlung), die in der DDR abgeschrieben und verbreitet wurden. Eine Schlüsselfigur der Aufbruchsbewegung: „Wer zu spät kommt, den bestraft das Leben!" Und zu spät wollten wir keinesfalls kommen. Wir wollten ein Leben haben, und zwar in Freiheit! Unser Leben. Das mussten wir uns rauben. Jetzt!

Immer mehr kamen zu den Protesten, immer mehr schlossen sich an, ermutigt durch die vielen, die schon dabei waren, und vielleicht auch aus Widerstand gegen das immer enger werdende Korsett. Fast brachte uns die fühlbare Verwirrung und zunehmende Hilflosigkeit der Staatsoberen zum Lachen. Und dann ging – völlig überraschend und wie durch ein Versehen – am 9. November 1989 die Mauer auf.

Schon anderthalb Stunden sitzen Ringmor, Torben und ich beim Frühstück. Aber der Augenblick ist ein besonderer. Wir halten ihn fest, sind noch nicht am Ende. Wir holen neuen Kaffee und reden weiter. Rigmar beharrt auf ihrer Frage, die ich noch nicht wirklich beantwortet habe:

„Wie war es für *dich*, als beide deutsche Staaten eins wurden?" – Ich erzähle davon, dass wir, die die Veränderungen damals begonnen und weitergetrieben haben, keineswegs die DDR abschaffen wollten. Das hatten wir überhaupt nicht auf dem Schirm. Der sozialistische Ansatz schien uns gut zu sein, nur wollten wir eine Gesellschaft, die tatsächlich sozialistisch und demokratisch sein würde. Die Übernahme von kapitalistischen Wirtschaftsstrukturen, eine Diktatur des Geldes, wollten wir keineswegs. Vielmehr waren wir überzeugt, dass Reichtum gerecht verteilt werden müsse, dass ökologische Kriterien das Wirtschaften bestimmen, Gerechtigkeit und Frieden das Zusammenleben von Menschen und Staaten prägen sollten. Dem stimmen Rigmor und Torben zu, anscheinend sind sie ähnlich eingestellt. Wir hatten damals große Sehnsucht, erzähle ich, nach einer gerechter gestalteten Gesellschaft, nach Freiheit und Mitbestimmung aller. Aber wir waren Idealisten ohne klares Konzept, das muss ich zugeben. Wie viele andere Revolutionen lief auch diese in eine Richtung, die ihrem ursprünglichen Anliegen nicht entsprach.

Alles ging rasend schnell, und innerhalb weniger Wochen und Monate kam es anders als anfangs gewollt. Die Sehnsucht nach der schnellen D-Mark bestimmte die Dynamik des Geschehens und ganz andere „Protestler" bevölkerten mit grölenden Forderungen nach der deutschen Einheit die Straßen. „Deutschland, Deutschland über alles!" Damit war Gesamtdeutschland gemeint. Westliche Politiker kamen zu uns, das Machtvakuum wurde in Windeseile gefüllt von denen, die zugriffen. Die ersten Eroberer in „Goldgräberstimmung" übernahmen das Heft des Handelns. Ohne Umschweife und geschickt taktierend traten sie auf den Plan und nutzen die Situation für eigene Ziele.

Rigmor und Torben können die tiefe Enttäuschung nachvollziehen, von der ich erzähle. Die ersten freien Wahlen, bei denen mir klar wurde, dass die Masse der Menschen anders tickte, als ich bisher angenommen hatte. „Und die Kirchen?" – fragen sie. „Die haben doch eine wichtige Rolle gespielt während der Wende, waren Raum für Protest, Veränderungswillen und Meinungsfreiheit?"

Ja, die Kirchen, überlege ich. Was war eigentlich mit den Kirchen?

Ich hatte mich zu DDR-Zeiten gegen erheblichen Widerstand meiner Umgebung für ein Theologiestudium entschieden. Ich wollte mich nicht verbiegen müssen, nicht ständig Kompromisse eingehen, indem ich mich an die Staatsdoktrin anpassen müsste. Ich hatte Lust, im Frei-Raum der Kirche zu arbeiten. Dafür hätte ich in Kauf genommen, an der Grenze zur Ärmlichkeit zu leben. Aber es kam anders.

Schnell übernahmen auch die Kirchen der DDR, die eine Basis des freien Denkens und des Widerstands gewesen waren und lange mit der Unterstützung westlicher Partnergemeinden gelebt hatten, westliche Strukturen. Die Institution Kirche wurde Teil des Staates, während es zu DDR-Zeiten eine klare Trennung zwischen Staat und Kirche gegeben hatte. Man beteiligte sich jetzt auch im Osten an der Militärseelsorge und führte den Religionsunterricht wieder ein. Die Kirchensteuer wurde – anders als vorher – mit der Wiedervereinigung durch den Staat eingenommen und verwaltet, die Pastorinnen und Pastoren, die vorher arm wie die Kirchenmäuse gewesen waren, wurden zu wohlsituierten Staatsbeamten. Das gefiel natürlich den meisten, wurde das Leben doch viel sicherer und bequemer, und schließlich konnte man in größerer Freiheit agieren als zuvor – dagegen war nichts einzuwenden. Oder?

Aber die Kirche hatte dem Teufel des Wohlstands ihre Seele verkauft. *Du kannst nicht Gott dienen und dem Mammon (Matthäus 6,24).* Das ist unumstößliche Wahrheit. Die Kirche hat innerhalb der letzten drei Jahrzehnte zunehmend an gesellschaftlicher Achtung und Bedeutung verloren – sie ist für das Leben vieler Menschen, für eine breite Masse der Bevölkerung nicht mehr wichtig, hat an Glaubwürdigkeit und Vertrauen eingebüßt. Den Bedeutungsverlust der Kirche erleben Torben und Rigmor auch in Dänemark.

Kurz nachdem die westlichen Kirchenstrukturen auch auf dem Gebiet der ehemaligen DDR übernommen waren, merkte man, dass man Pfarrstellen streichen musste. Der neue Wohlstand wäre sonst nicht zu finanzieren gewesen. Die Präsenz der Kirche an den Orten und bei den Menschen wurde ausgedünnt. Zwar hatte ich an der Universität in Jena mein 1. Examen abgelegt und konnte mein Vikariat – die praktische Ausbildung zur Pfarrerin – ohne größere Schwierigkeiten absolvieren. Dann aber griffen um 1995 die strukturellen Veränderungen.

Als ich mein 2. Examen bestanden hatte und beginnen wollte, als Pastorin zu arbeiten, bekam ich als Frau und Mutter von inzwischen zwei Kindern keine Stelle und musste mich beim Arbeitsamt melden. Nach 10 Jahren Studium und Ausbildung war das eine schwere Enttäuschung!

Es war zugleich eine persönliche Krise. Ich musste mir überlegen, was ich nun machen könnte – auch von diesem Ringen um eine berufliche Perspektive erzähle ich jetzt. Sollte ich noch etwas anderes studieren? Mit zwei Kindern und einem beruflich stark eingebundenen Partner?

Sollte ich ganz zu Hause bleiben und als klassische Pfarrfrau ehrenamtlich in der Gemeinde mitwirken?

Das kam für mich nicht infrage. Ich wollte meinen eigenen Beruf. Und ich wollte Pastorin sein. Auch mein Mann hat mich darin unterstützt, und so teilten wir erst mal eine Stelle. So wurde ich ordiniert und in den kirchlichen Dienst übernommen. Schließlich führte mein Weg in die Krankenhausseelsorge und in verschiedene andere berufliche Engagements. – Jetzt stehe ich wieder an einer Schwelle.

Das gilt ebenso für die Kirchen. Auch sie stehen an einer Schwelle. Darin sind Rigmor, Torben und ich uns einig. Wenn die Kirche Zukunft haben will, muss sie Kraft des Widerstands gegen gesellschaftliche Ungerechtigkeit sein, nicht Teil eines ungerechten Systems. Es bräuchte Klarheit und Verwandlung – Glasnost und Perestroika. Nicht die Angst, bequeme Verhältnisse aufzugeben, Festhalten am althergebrachten Luxus des Wohlstands. Die gegenwärtige Angepasstheit und Trägheit der Institution Kirche macht sie so bedeutungslos. Aber was genau ist gerade die eigentliche Aufgabe der Kirche? Was ist dran? Wer sagt, dass sie nicht vorangehen sollte im großen Verzicht, den die Menschheit sich auferlegen muss, um zu überleben? Mit gutem Beispiel. Ganz konkret.

Kirche wächst im Widerstand, zieht ihre Kraft aus dem Widerstehen, vielleicht demnächst auch im Widerspruch gegen diejenigen, die ihre Privilegien und Gewohnheiten nicht aufgeben möchten, auch in den eigenen Reihen. Zugleich ist sie Raum der Freiheit und der inneren Orientierung, der Einkehr und der Konzentration. Damit niemand unter die Räder kommt, sollte sie Menschen in Krisensituationen Unterstützung und unaufdringliche Fürsorge schenken; Gemeinschaft ermöglichen.

Kirchen könnten Raum für Entwicklung von guter Zukunft für Menschen und Menschheit sein. Innovative Modelle von Gemeinschaft leben. Spirituelle Kraft entfalten, auch die Energie der Veränderung mitten im Leben.

Aber nun ist es schon Mittag geworden und ich muss aufbrechen. Dennoch bereue ich diese intensiven Stunden mit Rigmor und Torben nicht. Was für ein wertvoller Moment war das! Offenbar auch für die beiden. Sie laden mich nach Dänemark ein. Wenn wir in ihrer Nähe sind, sollen mein Mann und ich unbedingt vorbeikommen. Wir räumen ab und ich packe meinen Rucksack.

Als wir uns zum Abschied gegenüberstehen, sieht mir Rigmor fest und warm in die Augen. „Brita, was du von deinem Weg erzählt hast, hat mich beeindruckt. Das ist sehr stark ... Du hast dich nicht abbringen lassen, bist dir durch alle Veränderungen treu geblieben. Das finde ich wirklich *sehr stark!*" Danke. Ich umarme sie, in meinen Augen wieder Tränen.

Vielleicht hat Rigmor recht. Ihr „Sehr stark" – so weich und Dänisch ausgesprochen: „Scher schdaag", begleitet mich auf dem Weg. Ein Geschenk. In kritischen Momenten erinnere ich mich immer wieder und ermahne mich augenzwinkernd: „Brita, sei jetzt einfach *scher schdaag!*"

Rigmor gibt mir ihre Visitenkarte, damit ich ihre Adresse weiß, wenn wir nach Dänemark kommen sollten. Darauf steht, dass sie nicht nur *Master of Arts in Skandinavian Literature* ist, sondern auch *Supervisorin.* Soviel zu ihrer Bescheidenheit. Sie ist offensichtlich nicht weniger stark!

Auf dem Weg von Johannesgarden nach Lillehammer

Nun trete ich in den mittäglich besonnten Johannesgarten. Verabschiede mich von der überraschten im Garten wuselnden Karen. „Du bist noch da?" – „Yes, I have time", antworte ich ihr. Mein Weg nach Lillehammer ist heute nicht weit. Auf denn!

Wie gut, denke ich im Weiterlaufen, Momente wie diesen auf diesem Weg zulassen zu können, sich Zeit nehmen zu dürfen für das Überraschende und Ungeplante, das gerade richtig guttut. Ohne schlechtes Gewissen. Das ist Lebensqualität. Ich bin zu meiner Überraschung meiner eigenen Lebensgeschichte begegnet. Wie sehr werden Entscheidungen und Entwicklungen im Leben geprägt durch die geschichtlichen Herausforderungen der eigenen Lebenszeit, durch das Umfeld, in dem man lebt.

Deine Vergangenheit ist auch deine Gegenwart. Wenn du ihr begegnest, begegnest du dir selbst.

Heute Abend werde ich wieder viele Gedanken aufzuschreiben haben. Mein Pilgernotizbuch füllt sich schneller, als ich dachte, und der Weg ist noch lang – was mache ich, wenn mir der Platz ausgeht?

Jetzt laufe ich erst mal zügig los, kehre zurück auf den Olavsweg und folge ihm durch Wald und Felder, über Straßen und Schotterwege. Dann geht es schon hinein nach Lillehammer. Kurz halte ich an einer modernen Kirche, deren Betonritzungen mich ansprechen, und laufe weiter ins Stadtzentrum. Die Lillehammer-Kirke ist tatsächlich offen und ich genieße einen ausgiebigen Moment in Stille und Kühle. Dann setze ich mich auf eine Bank vor der Kirche, nah an den Meilenstein, den ich fotografieren möchte, und trinke etwas Wasser. Da kommt ein deutsches Ehepaar heran – beide sind nach Schweden ausgewandert und machen eine Urlaubsradtour durch Norwegen. Wir erzählen kurz und sie bitten mich um ein Foto. Das nehme ich zum Anlass, mich selbst von Ihnen fotografieren zu lassen. Am Meilenstein natürlich: noch 417 km nach Nidaros.

Ich suche meine Herberge für diese Nacht und finde sie direkt am Bahnhof. Das Bahnhofsgebäude ist modern und sauber. Es beherbergt gleichzeitig Touristeninformation, Skizentrum, Cafeteria, ein Hostel und ein Hotel. Ich gehe zum Hostel und melde mich an der Rezeption.

Ein junger Mann, verwandt mit Tone, die mich wohl auch hier schon angekündigt hat, grüßt mich herzlich von ihr. Tones guter Geist begleitet mich bis hierhin. Ihr Neffe macht mir einen guten Preis für die Nacht und bietet mir die Teilnahme an einem Abend-Buffett an. Umgerechnet 20 € soll es kosten, was für norwegische Verhältnisse preiswert ist, und ich könnte mich satt essen, bis nichts mehr reinpasst. Ein verführerisches Angebot! Aber ich fühle das Gewicht der gestern gekauften Zutaten im Rucksack. Die müssen verbraucht werden. Selbst kochen ist also angesagt.

Ich entschließe mich dafür und lasse mir die saubere Gemeinschaftsküche des Hostels zeigen. Außerdem frage ich nach einer Möglichkeit zum Wäschewaschen – das ist heute ein wichtiger Programmpunkt. Ich habe nur noch ein einziges frisches T-Shirt, einmal Socken und Unterwäsche und eine halbwegs saubere Wanderhose im Rucksack. Es ist Nachmittag und bis morgen früh wird alles trocknen, wenn ich mich beeile. Mein freundlicher Gide geht mit mir in den Keller, schließt mir den Raum auf, erklärt die Waschmaschine, zeigt Waschpulver und Wäscheständer. Hier ist an alles gedacht! Nun öffnet er mir noch mein bequemes Zimmer mit Bad und Dusche und eilt wieder zur Rezeption.

Ich springe gleich unter die Dusche, denn ich will sofort in die einzig verbliebenen sauberen Sachen steigen und alles andere waschen. Die Gelegenheit ist günstig, und so stopfe ich alles, was waschbar ist, in zwei Plastetüten, einschließlich meines Schlafsacks (hier gibt es ja ein bezogenes Bett) und meiner Hüfttasche, die unterwegs schon einiges abbekommen hat und eine Wäsche gebrauchen kann. Dann raffe ich alles zusammen und eile zur Waschküche.

Als ich die Tür öffne, sehe ich, dass die Waschmaschine bereits läuft. Irgendwer war wohl schneller und hat sein Waschprogramm gestartet. „Sch..." Mir will ein unschöner Kommentar entfleuchen, den ich nach der Weihe des Vormittags aber herunterschlucke. Gelassenheit, ermahne ich mich, Gelassenheit des Olavswegs! Wer weiß, wozu es gut ist? Warum sollte der- oder diejenige, die gerade ihre Sachen in der Maschine wäscht, nicht genauso dringend saubere Wäsche brauchen wie ich? Aber meine Tüten will ich nicht unverrichteter Dinge wieder nach oben schleppen. Also postiere ich sie in der Nähe der Waschmaschine – auch um nachfolgenden Waschinteressenten zu signalisieren, dass sich hier schon jemand angestellt hat.

Was nun? Ich ziehe meine Halbschuhe an und starte einen kleinen Stadtrundgang durch Lillehammer. Ohne Rucksack und Wanderschuhe fühlt sich das unglaublich leicht an. Der Bahnhof liegt in der Nähe des Stadtzentrums, und ich bin schnell in der Altstadt, die eine angenehme Atmosphäre ausstrahlt. Bunte Häuser und eine Fußgängerzone mit vielen ansprechenden, individuellen Läden, keine allgegenwärtigen Ketten, die man fast überall in Europas Innenstädten findet.

Genussvoll schlendere ich durch die Fußgängerzone, muss hier nichts kaufen, denn ich brauche ja nichts – oder? Da fällt mir ein, dass ein weiteres Notizbuch eine gute Idee wäre. Prompt entdecke ich einen Buchladen. Hier könnte es Notizbücher geben, und richtig, da steht ein Ständer mit Notizbüchern. Eins davon hat genau meine Größe. Schnell kaufe ich es und bin froh, mit genug Schreibpotenzial ausgestattet zu sein. Hätte ich das Ende meines Waschprogramms abgewartet, wäre der Laden bestimmt schon geschlossen gewesen, denn bald ist hier Feierabend. Die Läden schließen pünktlich um 18 Uhr.

Nun biege ich in eine Nebenstraße des historischen Stadtzentrums ab und entdecke ein nettes kleines Café. Heute ist ein Luxus-Tag. Ich gönne mir einen Cappuccino, dazu eine frische, hausgemachte Zimtschnecke, telefoniere mit zu Hause. Es geht mir gerade ausgezeichnet, und ich bin schon in Lillehammer! Dann kehre ich zum Hostel zurück, in dem noch immer die Waschmaschine fremde Wäsche wäscht.

Ich beschließe also die gute Stunde zum Maihaugen-Freilichtmuseum zu laufen, von dem Rigmor und Torben so begeistert waren. Es ist ja lange taghell und die Museen haben bis 22 Uhr geöffnet.

Ohne Rucksack ist der Fußweg durch die Stadt ein entspannter Spaziergang. Schon stehe ich an der Rezeption von Maihaugen und kaufe eine Eintrittskarte. Als ich nach einem Übersichtsplan für das weitläufige Gelände frage, fällt auf, dass ich nicht zu den Tagungsteilnehmern gehöre. Hier startet jetzt nämlich eine Konferenz und das Museum hat heute ausnahmsweise ab 19 Uhr für Besucher geschlossen. Morgen ist es wieder bis 22 Uhr auf. Das hilft mir aber nichts, denn morgen früh werde ich weiterlaufen. Ich schaue wohl etwas traurig drein. „I'm so sorry", sagt die junge Frau, die mir mein Eintrittsgeld zurückgibt.

Aber das Gelände ist geöffnet, von außen kann ich mir alles ansehen. Das mache ich, wenn ich schon mal hier bin. Ich wandere durch eine Bilderbuchlandschaft. Man hat viele alte Gebäude aus der Umgebung gerettet und hier wieder aufgebaut. Als ich mich einer uralten Stabkirche nähere, entdecke ich eine Gruppe von Konferenzteilnehmern, die offenbar gerade eine Führung genießen. Ich geselle mich stillschweigend dazu – niemanden stört es. So werfe ich doch einen Blick ins Innere der Kirche und bekomme Informationen gratis dazu.

Auch in das nebenan gelegene Pfarrhaus gehe ich mit der Gruppe, bestaune das historische Arbeitszimmer des Pfarrers und den Lebensraum der Pfarrfamilie. Im *Prestegarden*, den man einschließlich eines barocken Gartenhäuschens ebenfalls restauriert hat, lasse ich die Gruppe weiterziehen. Ich habe genug gesehen und will diesen Ort jetzt ganz für mich genießen. Denn durch die Schließung des Museums ist es hier menschenleer. Ich schlendere durchs weitläufige Gelände, in dem man viele unterschiedliche Zeugnisse norwegischen Lebens durch die Zeiten zusammengetragen hat, und genieße die Atmosphäre des Ortes.

Schließlich laufe ich zu meiner Unterkunft zurück.

Erster Weg: Waschmaschine. Siehe da. Sie ist leer und steht still. Ich leere den Inhalt meiner Tüten in die Maschine und werfe sie an. Mit dem guten Gefühl, dass die Wäsche endlich in Arbeit ist, koche ich mir ein ausgiebiges Abendbrot, esse in Ruhe, schreibe und lese ein wenig.

Zur Schlafenszeit ist meine Wäsche fertig. Ich schleppe den Ständer in mein Zimmer und hänge die fast trocken geschleuderte Wäsche auf. Mein Fenster werde ich heute nicht öffnen können, denn direkt unter ihm befindet sich der Bahnsteig. Ich schaue auf rollende Züge und auf wartende Menschen. Sehr ungewöhnlich für ein Hostel. Aber die Schallisolierung scheint topp, ich schlafe tief und fest – wie fast immer auf diesem Weg.

Die Erkenntnis des Vormittags im Rückblick auf meine eigene Geschichte begleitet mich in meine Träume:

Wenn deine Chancen beschnitten werden, du dich schwach, ohnmächtig oder unterdrückt fühlst, entwickelst du eine eigene Stärke. Die zeigt sich, wenn ihre Zeit kommt. Kurz: Wenn du unterdrückt wirst, wirst du stark.

TAG 9: Allein unterwegs am Wasserfall der Liebe

Von Lillehammer nach Skagen Gard (8.6. / 24 km)

Warum reisen wir? Auch dies, damit wir Menschen begegnen, die nicht meinen, dass sie uns kennen ein für allemal, damit wir noch einmal erfahren, was uns in diesem Leben möglich sei ... *Max Frisch*

Ich wache gut ausgeschlafen auf. Die Nacht so direkt am Bahnsteig war erstaunlich ruhig, und mit der Aussicht auf ein reichhaltiges Frühstück verlasse ich das bequeme Bett umso leichter. Das Frühstücks-Buffett des Wanderheims wurde nicht umsonst gepriesen. Es gibt frischen Kaffee und Brötchen, Milch, Marmelade, frisches Obst. Hier weiß man, was Wanderern guttut, und ist darauf eingerichtet. Sogar fertige, mit Käse oder Schinken, Salat, Tomaten und Gurken belegte Riesenbrötchen werden angeboten. Man kann sie sich zu einem kleinen Aufpreis für unterwegs mitnehmen. Ein ungewohnter Luxus im Pilgerleben! Sonst esse ich nur Frühstück und Abendbrot, unterwegs müssen Obst, Nüsse oder Fruchtriegel genügen, und natürlich ist es wichtig, viel zu trinken. Ich frühstücke ausgiebig, denn vor mir liegt eine längere Etappe. Ich verlasse den Mjösasee nach vielen Tagen. Es geht ins malerische Gudbrandstal mit seinem tiefgrünen breiten Fluss, dem Gudbrandsdalslägen.

Ich packe die gut getrocknete Wäsche ordentlich in meinen Rucksack, fülle die Wasserflasche, versorge mich mit etwas Bargeld und wandere durch die Vorstadt aus Lillehammer hinaus. Nach 1 Stunde erreiche ich die Farm von Sundgarden. Diese wird von Jugendgruppen bewirtschaftet, die hier landwirtschaftliche Projekte betreuen. Man sorgt in Norwegen dafür, dass Agrarwissen an die nächste Generation weitergegeben wird. Das Leben in der Natur und das Vertrautsein mit ihr wird sowieso sehr geschätzt und bestimmt pädagogische Konzepte.

Ich nehme – wie es mein Wanderführer empfiehlt – den Weg, der mich ein letztes Mal zum Mjösasee führt, und schieße ein Abschiedsfoto, nachdem ich noch einmal mit den Füßen im frischen Wasser war. Der See kann hier offenbar auch gefährlich sein. An einem Neujahrstag im Jahr 1870 ist hier ein Boot mit 25 Konfirmanden aus der Gegend gekentert, die eine andere Konfirmandengruppe auf der anderen Seeseite besuchen wollten. Im eiskalten Wasser sind fast alle ertrunken – nur zwei Mädchen konnten sich retten. Es muss eine Tragödie für die ganze Region gewesen sein, die viele Familien betroffen hat. Noch heute gibt es hier hier eine Jugendbildungsstätte mit Wohnmöglichkeit. Ein großer Gedenkstein erinnert an das Geschehen – alle Namen sind noch heute – 150 Jahre später – gut lesbar.

Weiter geht es über Landstraßen an Wiesen vorbei und wieder mitten durch den Wald. Dann öffnet sich der Blick auf den grünen Fluß, der dem Gudbrandstal seinen Namen gegeben hat und sich breit durch die Landschaft windet: Einmalig!

Auf dem Tjodvegen tauche ich in einen malerischen Waldweg ein, klettere über Stock und Stein, kraxele über rutschige Holzbrücken und komme an einer netten „Pilgerherberge" von reduzierter Schlichtheit vorbei. Aber es ist noch nicht Zeit zum Übernachten – ich habe mich in Skaden gard, einem historischen Hof mit Pilgerherberge, angekündigt. Bis dahin ist es noch weit.

Ich mache einen Abstecher zum Kjäerligghetsfossen, dem Wasserfall der Liebe. Als ich ihn erreiche, habe ich eine Ahnung, warum der Wasserfall so heißt. Ein romantischer Platz mit großen Steinen, auf denen man sich mit einer Decke und einem Picknick wunderbar niederlassen kann. Auch versteckte Plätze gibt es zischen Büschen und Bäumen – sehr abgelegen. Die nächsten Ortschaften sind weiter entfernt. Das Wasser rauscht romantisch. Sonst ist es still und ungestört.

Ich bin allein unterwegs, schon über eine Woche. In dieser Zeit habe ich nur Dieter getroffen. Den habe ich bloß kurz gesehen und gesprochen. Kein anderer Mitpilger ist hier unterwegs, auch in den Unterkünften bin ich allein. Gerade heute macht mich das leicht melancholisch.

Allein unterwegs zu sein bietet unbestreitbare Vorteile: Niemand ist da, der mich antreibt, und niemand neben mir, der mich bremst. Wenn mich ein See oder Bach einlädt, kurz anzuhalten und meine Füße zu kühlen, tauche ich ein; wenn ich mich ins Gras legen will, um in den Himmel zu schauen, ist auch dies ohne Umschweife möglich. Keine Rücksichten, keine Ablenkung. Ich gehe los, wenn ich soweit bin, und raste, wenn es mir guttut. Ich kann laut mit mir reden, singen, hemmungslos weinen oder lachen, ganz so, wie mir zumute ist. Niemand da, den es stört oder der reagieren müsste. Ich muss mir keinerlei Rücksichten auferlegen. Alles darf sein.

Meine Wahrnehmung für so ein wunderschönes Tal, wie ich es eben entdecken durfte, wird nicht eingeschränkt, weil ich gerade über ein wichtiges Thema diskutieren oder einer Erzählung lauschen müsste. Auch beim Wasserfall darf ich so lange verweilen, wie ich will. Allerdings ist auch niemand da, der sich mit mir freut. Ich muss allein genießen.

Dennoch: Ich bin in Freiheit unterwegs, kann mein eigenes Tempo gehen und meinen eigenen Rhythmus finden. Besonders Menschen wie mir, die sich häufig an Erwartungen und Ansprüche von außen anpassen, deren Alltag durch vorgegebene Abläufe und Anforderungen geprägt ist, tut es gut, mal ganz allein zu gehen und bei sich selbst anzukommen.

Allein unterwegs zu sein ist Freiheit pur, entspannt vollkommen.

Es bekommt mir und ich bin auch nach einer guten Woche nicht satt davon. Im Gehen ordnet sich vieles. Erlebtes schüttelt sich zurecht. Unwichtiges fällt durchs Sieb und kann zurückbleiben. Schritt für Schritt werde ich leichter und unbeschwerter. Trotzdem: Ganz mit sich selbst unterwegs zu sein ist auch eine Herausforderung. Ich kann mir eben auch nicht ausweichen. Themen, die offen, und Fragen, die ungeklärt sind, stellen sich ein und melden sich regelmäßig – selbst in meinen Träumen, obwohl ich vor Erschöpfung tief und fest schlafe. Die inneren Monologe drehen sich im Kreis und stoßen immer an dieselben Grenzen. Keiner da, der weiterfragen könnte oder eine andere Sicht aufmacht, die mich zu neuen Ufern bringt. Kein überraschender Anstoß, keine andere Perspektive. Und: Keiner da, der tröstet oder versteht. All meine Emotionen muss ich ganz mit mir ausmachen, nichts kann ich abgeben oder an einem Gegenüber auslassen: die Enttäuschung über den verpassten Abzweig, die Wut über den Umweg, den ich gelaufen bin, weil an entscheidender Stelle die Markierung fehlte. Kein offenes Ohr ist zu finden, wenn ich über meine schmerzenden Füße jammern möchte. Außerdem ist niemand neben mir, mit dem ich gemeinsam staunen und mich an den Überraschungen des Weges freuen kann. Das ist manchmal hart und gelegentlich traurig. Auch später wird niemand da sein, der meine Erinnerungen aus eigenem Erleben mit mir teilt.

Trotzdem: Es passiert im Alleinsein völlig Überraschendes. Die Räume weiten sich, Zeit fühlt sich zunehmend relativ an. Ganz ohne mein Zutun gerate ich in eine neue Dimension, in eine andere Form des Seins.

Mein Auf-mich-selbst-begrenzt-Sein hebt überraschenderweise meine Selbstbegrenzung auf.

Mein Mit-mir-selbst-Sein lässt mich über mich hinauswachsen. Es wird eigenartigerweise leichter, mich weniger mit mir selbst zu befassen. Ich muss mich gegen keinerlei Konkurrenz behaupten, bin keinen Bedürfnissen anderer ausgesetzt. Einsamkeit ist eine Quelle. Sie führt mich zu frischen Wassern und zu neuen Ufern. Ganz von selbst. Ich komme in die Stille. An Orte, in denen ich noch nie war. Das überrascht mich, denn es ist völlig unerwartet und (wieder mal) paradox.

Im Allein-unterwegs-Sein darf ich von mir selbst ausruhen.

Es lehrt mich loszulassen. Gründlich. Und noch etwas fällt mir nach diesen vielen Tagen der Einsamkeit auf: Ich bin allein und bin es nicht!

Wenn du allein bist, bist du alles andere als einsam.

Da gibt es die wunderbaren Begegnungen mit mir völlig fremden Menschen. Sie werden von einer Minute zur anderen vertraut. Ich begegne den Fremden sehr intensiv. Das passiert meist nicht, wenn ich mit mir befreundeten oder angetrauten Begleitern unterwegs bin.

Schließlich noch etwas: Da ist etwas, was immer ist, war und sein wird. Das Unsichtbare und die Unsichtbaren. Das Vergangene wird gegenwärtig – die Verstorbenen auch. Je länger ich allein wandere, desto näher fühle ich mich ihnen. Alle, die bedeutsam für mich sind, sind unsichtbar mit mir auf dem Weg: Lebende und Tote. Ich bin im inneren Gespräch mit ihnen. Auch wenn sie nicht da sind, sind sie anwesend und begegnen mir neu. Die Einsamkeit lässt mich der stillen und vollkommenden Gegenwart begegnen, die mein Leben erfüllt. Sie ist verlässlich und relativiert die Zeit, komprimiert sie manchmal in einem einzigen Augenblick: Vergangenheit, Gegenwart und Zukunft. Diese Gegenwart umgibt mich von allen Seiten – auch wenn ich mich manchmal verloren fühle. Allein sein heißt auch – neben der eigenen Ohnmacht und Einsamkeit so etwas wie Geborgenheit ahnen. Alles in einem – und in einem: Alles.

Auf dem Olavsweg bin ich sehr lange allein unterwegs und fühle mich trotzdem nicht einsam.

Endlich erreiche ich Skagen Gard, mein Nachtquartier. Das historische Gehöft, seit 1734 im Familienbesitz, liegt malerisch in der Landschaft. Die Dame des Hauses empfängt mich freundlich und zeigt mir ein gemütliches Gästezimmer im 1. Stock des alten Wohnhauses. Auch eine kleine Küche und ein Bad stehen mir zur Verfügung. Wieder bin ich einziger Pilgergast.

Nach dem üblichen Procedere, Zahlen plus Pilgerstempel, verabschiedet sie sich und ich starte mein eigenes Abendritual: Duschen, Kochen,

Essen, Telefonieren, Schreiben ... viel mehr geht meistens nicht. Kurz überlege ich, aufgrund meines melancholischen Zustands zusätzlich Freunde anzurufen. Vielleicht täte mir etwas Gemeinschaft gut, wenn auch nur am Telefon. Aber es ist schon spät und ich lasse es.

Ich will diesen Zustand jetzt einfach zulassen. Dann gehe ich schnell schlafen. Ich bin nach der langen Pilgerstrecke heute rechtschaffen müde. Und so schlafe ich sofort einen tröstlichen Schlaf.

TAG 10: Das Geheimnis guter Entscheidungen

Von Skagen Gard nach Glomstad (9.6. / 14 km)

Der intuitive Geist ist ein heiliges Geschenk und der rationale Verstand ein treuer Diener. Wir haben eine Gesellschaft erschaffen, die den Diener ehrt und das Geschenk vergessen hat. *Albert Einstein*

Die Etappe heute wird wieder spannend. Als ich losgehe, weiß ich noch nicht, wo ich schlafen werde. Meine ursprüngliche Planung sieht eine Übernachtung in Bergeret vor. Das wären 26 km – eine, wie ich inzwischen von mir weiß, sportliche, aber zu bewältigende Distanz.

Im Pilgerzentrum Hamar habe ich jedoch erfahren, dass die Herberge von Bergeret geschlossen ist. Wenigstens bleibt mir heute eine unangenehme Überraschung erspart. Anne hat mir eine Übernachtung auf dem Mageli-Campingplatz empfohlen. Dort gibt es Hütten, die man mieten kann – allerdings geht sowohl gestern als auch heute Morgen niemand ans Telefon. Es ist wieder Samstag, Wochenende und Sonnenschein, bestes Sommerwetter also. Vielleicht sind sie ausgebucht? Falls ja, müsste ich bis nach Nordgard laufen, das wären 31 km. Ich fürchte, das ist zu viel für mich, aber um ein sicheres Ziel für heute zu haben, starte ich auch hier einen Anrufversuch – wieder meldet sich niemand. Was mache ich jetzt? Es hilft nichts, ich muss einfach loslaufen und vertrauen, dass sich eine Übernachtungsmöglichkeit findet. Ein wirklich gutes Gefühl ist es nicht, so ins Blaue zu laufen. Ich denke nur: Campingliege?!

Zuerst gehe ich an der Kirche vorbei, hier treffe ich wieder auf einen Meilenstein. Obligatorisches Foto, dann laufe ich zügig weiter. Wer weiß, wohin mein Weg mich heute führt? Die Unsicherheit verdränge ich jetzt konsequent und genieße das Laufen auf dem herrlichen Weg mit Blick auf den Fluss. Schöner geht's kaum!

Allerdings ist mein Weg heute ziemlich anstrengend. Er führt über viele Weiden mit Zauntreppen. Mit Stöcken und Rucksack muss ich sie erklimmen und auf der anderen Seite wieder absteigen. In der Häufung ist auch das ein mittlerer Hürdenlauf, mit den Stöcken ziemlich hakelig. Doch ich bekomme ausreichend Gelegenheit, mich in der richtigen Übersteigungstechnik zu üben.

Außerdem weiden auf etlichen Wiesen große Kühe, die ich respektvoll umgehe. Gerade drängen sie sich ganz nah an der Zauntreppe, über die ich steigen will. Mein Weg geht da entlang und eine andere Möglichkeit gibt es nicht. Die Kühe haben sich gemütlich niedergelassen und sehen es überhaupt nicht ein, dass sie sich an diesem wunderschönen Sommertag wegen einer dahergelaufenen Pilgerin erheben sollen. Oder sie finden gerade hier die leckersten Gräser der riesigen Weide. Wer weiß?

Ich muss mich jedenfalls ein Weilchen gedulden, bis sie begreifen, dass ich genau da lang will, wo sie stehen bzw. liegen. Es dauert, bis sie sich endlich zur Seite bequemen. Aber friedlich sind sie und lassen mich irgendwann passieren. Danke!

Ich gehe nun zügig weiter, ohne viel zu rasten, denn wer weiß, wie weit mein Weg heute noch ist? Es geht über stille Waldpfade, auch über Bäche und Brücken ... Was reimt sich auf Letzteres? Richtig: Mücken! Die surren, sowie ich in den Wald komme, penetrant um mich herum und finden immer eine Stelle, die ungeschützt oder vom Mückenspray nicht benetzt ist. Zur Not stechen sie durch mein T-Shirt und sogar durch meine Kopfbedeckung. Kurz darauf setzt heftiger Juckreiz ein. Ich bemühe mich, NICHT zu kratzen, denn ich weiß, dass sich etwa 10 Minuten nach dem Stich der Juckreiz von selbst legt.

Nur müssen diese 10 Minuten erst mal überstanden werden, und dem heftigen Impuls, schnell zu kratzen, ist nicht leicht zu widerstehen. Ich kann es auch nicht verhindern, doch mal aus Versehen an einem Stich entlangzustreifen, und dann juckt es wahnsinnig. Für Tage.

Aber ich tröste mich: Bestimmt habe ich noch Glück mit den Mücken, denn es ist hier über Wochen ziemlich trocken. Normalerweise sind also die Schwärme sicher viel zahlreicher. Und die biologische Seife von Bente aus Herkestad ist tatsächlich gut wirksam. Meine vielen Stiche entzünden sich wenigstens nicht mehr.

Ich komme gut voran, merke aber nach ein paar Stunden, dass die Strecke nach Nordrum Gard mit ihren 31 km heute für mich kaum zu schaffen ist. Das ist entschieden zu weit und wird mich mit höchster Wahrscheinlichkeit an meine Grenzen bringen.

Es gibt hier einfach zu viele Zauntreppen, sodass ich nicht gerade zügig laufen kann. Außerdem: Es ist so heiß! Die Ermüdung ist schon jetzt spürbar. Was mache ich, wenn ich auf dem Mageli-Campingplatz nicht bleiben kann? Aber vielleicht habe ich Glück und es gibt eine freie Hütte für mich. Bis dahin sind es von Skage aus nur 18 km und ich müsste bald da sein. Nach etwa 14 km entdecke ich einen Wegweiser: *Glomstad* steht an einer Zauntreppe. Dort will ich nicht hin. Kein Olavs-Herbergsschild. Also lasse ich die Zauntreppe links liegen und folge dem Olavsweg weiter über eine Wiese mit hohem Gras. Doch nach einigen Metern bleibe ich stehen. Stopp. Warum will ich da eigentlich nicht hin? Ich schaue in meinem Pilgerführer: Richtig, auch Glomstad, ein kleines, halbwegs preiswertes Hotel, ist als Übernachtungsmöglichkeit aufgeführt. Warum ist das in meinen bisherigen Überlegungen nicht aufgetaucht? Ob es sich lohnt, einen kleinen Umweg zu riskieren und zu schauen, ob da ein freies Zimmer gibt? Morgen würde ich von Mageli nach Gildesvollen laufen, das wären 20 km. Auch 24 km wären von hier aus gut zu bewältigen und ich bleibe im Plan. Also kehre ich um, steige über die Zauntreppe und laufe über die Wiese ein paar hundert Meter nach Glomstad.

Es kommt auf einen Versuch an. Und richtig, es gibt ein freies Zimmer, zwar etwas teurer als in meinem Pilgerführer angegeben, aber inklusive Frühstück. Besser kann ich es mit einer Hütte auf dem Campingplatz auch nicht treffen. Ich beschließe, den Ehrgeiz zu bezwingen, meine Grenzen zu akzeptieren und hier zu bleiben. Das ist doch großartig!

Ich buche das Zimmer inklusive Abendessen. Neben einem Mehrgangmenü kann ich auch ein einfaches Nudelgericht mit Salat bestellen. So muss ich heute nicht mal kochen. Und: Es ist erst 4 Uhr nachmittags. Ich habe unerwartet Zeit. Ich kann mich entspannen, meine Füße pflegen und die Schönheit dieses Ortes in vollen Zügen genießen. So geht mein Weg ins Blaue heute gut aus. Ich beziehe ein angenehmes Zimmer, dusche, ziehe mich frisch an und setze mich mit einer Tasse Kaffee, den es hier gratis gibt, mit meinen Schreibutensilien und meinem Buch in den Garten. Es gibt schöne Sitzgelegenheiten, auf den Tischen stehen Blumen. Ich habe einen wunderschönen Blick auf den Fluss und fühle mich wie im Pilgerhimmel. Es ist aber auch Samstag und damit Wochenende – warum also soll ich es mir hier nicht gut gehen lassen?

Ich genieße dieses Postkartenmotiv und lasse die Gedanken schweifen. Gut, dass ich die spontane Entscheidung getroffen habe, hierher abzubiegen und nichts mit Macht zu erzwingen! Die paradoxe Einsicht dieses Tages ist geläufig – aber heute stimmt sie auch für mich:

Weniger ist (manchmal) mehr.

Ich hätte nichts gewonnen, aber viel riskiert, wäre ich an meine Grenzen und darüber gegangen. Auf diesem langen Weg, kommt es auch darauf an, die Kräfte einzuteilen und sich Zeit zur Regeneration zu nehmen.

Ist das schon das Einzige, was für mich wichtig ist? Weil ich gerade so viel Zeit habe, überlege ich genauer: Ich habe tatsächlich eine richtig gute Entscheidung für mich getroffen. Das gelingt mir nicht immer. Was ist der Kern einer guten Entscheidung? Was ist ihr Geheimnis?

Vorhin bin ich einem intuitiven Impuls gefolgt, habe auf meine innere Stimme gehört und lag damit absolut richtig. Wie habe ich das geschafft? Wie ist es mir gelungen, mich ganz zu meinen Gunsten zu entscheiden? Im Normalfall drücke ich mich um Entscheidungen. Lasse sie lieber andere treffen. Und muss dann oft etwas hinnehmen oder mittragen, was mir nicht gefällt. Warum kann ich so oft nicht sicher entscheiden, was das Richtige für mich ist? Was ist daran so schwierig? Warum fehlt mir häufig das klare Gefühl dafür, was jetzt stimmt?

Ich bin *entscheidungsschüchtern*. Ich traue mich einfach nicht, weil ich so wenig Übung darin habe, gut für mich und meine Bedürfnisse zu sorgen. Weil ich gelernt habe, stärker auf die Bedürfnisse anderer zu achten als auf meine eigenen. *Entscheidungsunsicher* trifft es auch, *entscheidungsschüchtern* ist aber netter, denn Schüchternheit ist überwindbar. Schließlich bin ich doch nach Rigmors Einschätzung sehr stark ...

Ich habe wenig geübt, klar zu fühlen, was ich will, und dann selbst dafür zu sorgen. Ich *lasse* mich in der Regel bestimmen, von anderen, von den Verhältnissen, lasse die Dinge auf mich zukommen und traue mich häufig nicht, die Verantwortung für meinen Weg zu übernehmen. In Bezug aufs Entscheidung-Treffen war ich bisher nicht „Scher schdaag" – jedenfalls nicht, was gute Entscheidungen in eigener Sache anbelangt.

Allgemein bin ich langsam im Abwägen von Möglichkeiten, dann sind andere meist schneller. Entscheidungs*faul* bin ich nicht, denn ich mache mir viele Gedanken, überlege lange und komme oft dennoch zu keinem

Ergebnis. Wenn ich doch mal was entschieden habe, zweifle ich meine Entscheidungen meist an: Wäre es andersherum nicht besser gewesen?

Hier auf diesem Weg muss ich viel entscheiden – nur für mich. Ich übe es täglich, stündlich, minütlich seit den ersten Planungen und auch im Unterwegssein bisher. Immer braucht es richtige Entscheidungen, denn alles wirkt sich aus und hat Folgen – auch das Nicht-Entschiedene. Ein gutes Training also zum Ablegen der Entscheidungsschüchternheit.

Hier sitze ich nun mit meiner selbstgetroffenen Entscheidung und bin glücklich! Ich weiß sicher: Es stimmt. Das fühlt sich großartig an! Ich habe gut für mich gesorgt. Bin ich durch die vielseitige Entscheidungsübung schon sicherer geworden? Ich glaube schon.

Vielleicht hängt es auch damit zusammen, dass ich alles Müssen und Sollen, alle Rücksichtnahme auf das, was man „normalerweise" macht, mittlerweile zurückgelassen habe. Ich bin selbst-bewusster. Und bekomme ein klareres Gespür für mich, mein Wünschen und Brauchen.

Auch für meine Möglichkeiten und Grenzen habe ich ein deutlicheres Bauchgefühl. Gerade wenn ich, so wie heute, „ins Blaue" unterwegs bin, bin ich in aufmerksamem Kontakt mit mir.

Das ist das Geheimnis guter Entscheidungen: in Kontakt mit sich selbst sein. Sich spüren. Sich der eigenen Bedürfnisse bewusst werden. Mein Bauchgefühl ist schnell und klar – das ist das ganze „Geheimnis". Zack! Dann ist alles einfach. Leicht. Auch nach außen hin klar vertretbar. Ich weiß inzwischen intuitiv und ohne lange zu überlegen, was gerade passt.

Auch das ist ein Geschenk dieses Weges. Ich bin klarer und fürsorglicher mit mir selbst geworden. *Ausgang aus der selbstverschuldeten Unmündigkeit.* Ich bin überrascht, wie sehr dieses Motto, diese Selbstermutigung meiner Aufbruchsphase inzwischen zutrifft.

Erst die Überwindung der Sprachhemmungen, dann der Ausgang aus der Entscheidungsschüchternheit. Geht doch! Wenn ich das mitnehmen könnte, wäre es klasse. In meinen Alltag nach dem Weg. Ich nehme mir vor, den Kontakt mit meiner Intuition zu pflegen und aufmerksamer mit mir zu sein. Ich werde auf diesem Weg noch oft darauf angewiesen sein, in vielen unterschiedlichen und herausfordernden Situationen.

Eine wichtige Einsicht kommt also noch dazu, wenig paradox:

Wenn du gut mit dir in Kontakt bist, kannst du richtig entscheiden.

Nun ist Abendbrotzeit. Gegen 19 Uhr gibt es Essen. Ich genieße es, mich an den gedeckten Tisch zu setzen und mir etwas servieren zu lassen. Das Pilgerleben kann auch sehr genussvoll sein! Als ich aus dem Fenster blicke, entdecke ich einen älteren Pilger, der müde heranschleicht. Es macht den Eindruck, als könne er kaum noch laufen. Oje, denke ich. Das sieht nicht gut aus. Wo kommt er denn jetzt her?

Der fremde Pilger bucht im Hotel ein Zimmer, und ich höre Englisch mit deutschem Akzent. Gleich darauf verschwindet er. Vielleicht sehe ich ihn morgen beim Frühstück? Ich gehe bald schlafen. Gesättigt und zufrieden mit mir und der Welt schlafe ich tief und selig in den Sonntag.

TAG 11: Tischgemeinschaft auf Pilgrimsbenken

Von Glomstad nach Gildesvollen in Ringebu (10.6. / 24 km)

Sei barmherzig mit anderen Menschen.
Auch sie kämpfen einen großen Kampf. *Nach Plato*

Was für ein Frühstück heute: Rührei, Käse, Milch, frische Brötchen, Marmelade, Orangensaft und guter Kaffee. Von anderen Pilgern ist nichts zu sehen – nur ein paar norwegische Hotelgäste. Ich sitze vor den großen Fenstern des Frühstücksraums mit Blick auf den Fluss und genieße. Es gilt, sich ordentlich zu stärken für eine längere Etappe. Heute will ich nach Ringebu, dem Ort mit der berühmten Stabkirche, und habe auch meine Quartiergeberin im ehemaligen Schulhaus Gildesvollen erreicht. Mit diesem angenehm sicheren Gefühl wandere ich los. Zumindest weiß ich schon, wohin ich heute meine müden Beine betten kann.

Das Wetter ist noch sonnig, scheint aber heute umzuschlagen. Es ist schwül und der Himmel bezieht sich allmählich, zum ersten Mal, seit ich hier unterwegs bin. Noch ist es trocken, darum gilt es, jetzt ordentlich Strecke zu schaffen. Ich komme zügig voran. Nach der Zauntreppe, an der ich gestern abgebogen bin, führt mich der Olavsweg über die Wiese wieder hinein in den Wald.

An einer Weggabelung, hinter der sich eine Lichtung öffnet, sehe ich plötzlich zwei Menschen, die wie Pilger aussehen. Als ich näherkomme, erkenne ich in dem einen den müden Wanderer von gestern Abend. Er sitzt auf einem Stein und sieht aus, als ob er schon an diesem frühen Vormittag nicht mehr weiter kann.

Jochen, ein Sozialpädagoge frisch im Ruhestand, wollte es noch mal wissen. Er hat sich aufgemacht, diesen Weg zu gehen und zu erfahren, was sein Körper noch aushält. Nun ist er traurig und ernüchtert. Er muss lernen, mit seinem enttäuschten Ehrgeiz umzugehen. Das erzählt er. Vielleicht hat es sich für diese Lektion schon gelohnt, sich auf den Weg zu machen. Akzeptanz der eigenen Grenzen – auch ein Lerneffekt. Er hat erhebliche Knieprobleme und wird abbrechen müssen. So traurig und zusammengefaltet, wie er auf seinem Stein sitzt, tut er mir leid.

Neben ihm steht die lustige und agile Sylvia. Groß, breit und stark, in unübersehbarer Präsenz mit ihrem blonden Lockenkopf. Sie ist ungefähr Anfang 30 und voll strotzender Gesundheit. Beide scheinen sich schon ein Weilchen zu kennen und beraten, was jetzt zu tun ist. Sie werden eine Lösung finden, da bin ich mir sicher.

Jochen sieht eigentlich so aus, als ob er jetzt Ruhe bräuchte. Mit Sylvias engagierten Lösungsvorschlägen kann und will er nicht viel anfangen. Das sagt er auch offen: Er möchte jetzt einfach für sich sein und in Ruhe eine Entscheidung treffen. Das kann ich nachvollziehen. Gute Entscheidungen wollen unbeeinflusst von anderen getroffen werden und brauchen Selbst-Bewusstsein, Für-sich-Sein. Das wird Sylvia hoffentlich verstehen, die ungebremst auf ihn einredet, sich rührend kümmert und offenbar noch etwas bei ihm bleiben will. Ich verabschiede mich und ziehe weiter. In der Hoffnung, Sylvia wird dieses Signal deuten. Doch sie folgt mir nicht. Nach einer Weile muss ich hinunter zur E6 und eine etwas gefährliche Brückenüberquerung hinter mich bringen. Es gibt hier keinen Fußweg und die Autos fahren eng an mir vorbei. Ich bin froh, hier am Sonntag langzulaufen – der Verkehr hält sich in Grenzen und alle sind entspannt unterwegs, fahren rücksichtsvoll. So ist das bald überstanden.

Nun habe ich eine lange offene Landstraße zu bewältigen. Der Himmel ist inzwischen bedeckt und es grummelt schon in der Ferne. Ich beeile mich, in etwas geschützteres Terrain zu kommen. Aber so schnell wird das nichts. Die Landstraße dehnt sich endlos im freien Gelände, Wind kommt auf und schon zucken die ersten Blitze am Himmel. Als es anfängt zu regnen, habe ich zum Glück das nächste Gehöft erreicht. Ich suche mir eine Unterstellmöglichkeit an einer Garage. Hier gibt es sogar einen Holzklotz, auf dem ich sitzen kann. Ich bin jetzt gute 3 Stunden unterwegs – da kann ich rasten, packe ein wenig Knäckebrot aus und trinke mein letztes Wasser. Ich sitze und ruhe mich aus. Hier bin ich vor dem Gewitter sicher.

In der Scheune nebenan höre ich Stimmen. Nun kommen ein Mann und eine Frau mittleren Alters heraus. Im heiteren Gespräch miteinander. Sie sehen mich sitzen, grüßen freundlich und gehen weiter. Dann dreht sich die Frau um, geht ein paar Schritte zurück und kommt auf mich zu. „Hallo, ich bin Frida. Wenn du magst", lädt sie mich ein, „kannst du dich in unserem Garten am Haus auf die Veranda setzen. Da hast du wenigstens ein Glasdach über dem Kopf und es ist bequemer." Das klingt verlockend. Der Holzklotz ist doch ziemlich hart. Ich schraube mich aus der Hocke hoch und sage angenehm berührt: „Das ist nett. Sehr gern."

Wir laufen gemeinsam durch den Regen auf ihr großes Wohnhaus zu. Hier ist es viel bequemer. Hier sitze ich vollkommen geschützt auf einer breiten Couch. Der Regen prasselt heimelig aufs Glasdach. Von ihrem Wohnzimmer aus schaut Inga zu mir durch die Tür. „Brauchst du noch was? Möchtest du vielleicht etwas trinken?" Ja, etwas Wasser wäre toll, denn meine Flasche ist leer und Trinken geht immer. Bald darauf kommt Inga mit einem großen Tablett heraus: eine Wasserkaraffe, Gläser und ein Teller mit einem riesigen Berg aufgeschnittener Melone. Toll!

Inga und Thoralf setzen sich für einen kurzen Plausch zu mir. Es ist Sonntag und zu tun ist im Moment offenbar sowieso nichts. Sie sind Landwirte. Heute ist ihr Glückstag, denn sie haben 4 Wochen auf Regen gewartet. Es wurde Zeit. Nicht mehr lange, und alles wäre vertrocknet.

So sind sie jetzt in aufgeräumter, fröhlicher Stimmung. Sie fragen, woher ich komme. Ich erzähle von meinem Weg, und dass ich heute nach Ringebu will. Ah, Ringebu, da ist es sehr schön, besonders der Prestegarden. Ok, diese Vokabel kenne ich schon und nehme mir vor, nicht nur der Kirche, sondern auch dem Pfarrhof einen Besuch abzustatten.

Während wir erzählen und der Melonenberg schon ziemlich zusammengeschmolzen ist, hört der Regen auf und es wird heller. Viel war das nicht, was runtergekommen ist, aber besser als nichts, und es soll heute noch mehr regnen. Deshalb breche ich schnell auf, muss die trockene Phase nutzen. Mein Weg ist noch weit. Die Wasserflasche fülle ich bis oben auf, das ist das Wichtigste für den Weg.

Ich bedanke mich bei Inga für die schöne Pause, für ihre Gastfreundschaft und Offenheit. Das finde ich hier in Norwegen wunderbar, sage ich, dass alle so freundlich und offen sind. Inga widerspricht. Nach ihrem Eindruck sind die Norweger eher verschlossen. Wir einigen uns darauf, dass es hier wie da unterschiedliche Menschen gibt, die einen zugewandt, andere eher zurückhaltend. „Umso mehr danke, dass ich hier so einen erholsamen Moment erleben durfte!" Das musste gesagt werden. Wir umarmen uns zum Abschied. Es wird nicht meine einzige Erfahrung mit nordischer Gastlichkeit an diesem Tag bleiben.

Ich laufe nun auf einem bequemen Schotterweg durch den Wald. Selbst wenn der Regen wieder losgehen sollte: Hier bin ich einigermaßen geschützt. Nach einer Kurve taucht in einiger Entfernung eine Gestalt auf, die ich sofort erkenne: Sylvia. Sie schreitet zügig voran. Erstaunlich, welche Geschwindigkeit sie ihrer Körperfülle zum Trotz an den Tag legt. Sie scheint durchtrainiert und ich werde sie nicht einholen. Wenn ich mir große Mühe gebe, bleibt unser Abstand ungefähr gleich.

Doch jetzt bleibt sie stehen, hat mich gesehen, obwohl sie hinten keine Augen hat. „Hallo Brita", begrüßt sie mich begeistert, als wären wir schon Jahre befreundet. „Bist du auch hier!?" – Das wollte ich sie auch gerade fragen. So erzähle ich von meiner Pause unter dem Glasdach. Da ist sie wohl unbemerkt an mir vorübergezogen. Sylvie – so soll ich sie nennen – berichtet, dass sie Jochen an der E6 verabschiedet hat. Dort hat ihn ein Auto zum nächsten Bahnhof mitgenommen. Er wird die Tour abbrechen und noch ein wenig mit dem Schiff durch die Fjorde fahren. Auch schön, mit dieser Entscheidung geht es ihm gut.

Es stellt sich heraus, dass Silvie Pilgerprofi ist. Sie hat schon alle Pilgerstrecken des Jakobswegs absolviert: Frankreich, Spanien, Portugal. Es hat sie gepackt, seit sie sich das erste Mal überwunden hat. Vorher war sie voller Selbstzweifel: „Ich bin ja nicht die Schlankste", sagt sie lachend. Aber sie hat es geschafft. Und war daher stolz wie Bolle. Jeden Sommerurlaub verbringt sie seitdem pilgernd, auch an Wochenenden läuft sie mindestens 25 km. Kein Wunder, dass sie mit Highspeed unterwegs ist.

Sie ist Single, deshalb ist Pilgern für sie sowieso die beste Art, ihren Urlaub zu verbringen. Da bist du nie allein und triffst immer Leute zum Quatschen. Nur in Norwegen ist es etwas öde. Blöd, dass man hier die Pilger mit der Lupe suchen muss. Ich wende vorsichtig ein, dass die Ruhe auch schön ist und ich es bisher genossen habe, allein mit mir unterwegs zu sein. Nee, das ist überhaupt nicht ihr Ding, meint sie in einer Lautstärke, dass die zwitschernden Vögel des Waldes kaum mehr zu hören sind. Bisher hat sie nur drei Pilger getroffen. Jochen, Dieter und mich. – Ach, Dieter kennt sie auch? Ja. Sie hat gedacht, mit ihm gemeinsam laufen zu können, aber der hat auch schlapp gemacht. Knieprobleme ...

genau wie Jochen. Aber Dieter wollte nicht aufgeben. Ihn hat sie in Hamar in den Zug gesetzt. Er wird das Gudbrandstal per Bahn durchqueren und dann gleich ins Fjell aufsteigen. Den holen wir nicht mehr ein. – Mir schwant: Jetzt bin ich die einzig verbliebene Pilgergefährtin, die Silvie auf ihrem Weg Gesellschaft leisten kann. Um meine Ruhe ist's getan!

Und so bin ich jetzt ihre Zuhörerin, denn Silvie erzählt wie ein Wasserfall, rauschender als der *Kjaerlighetsfossen* (der *Wasserfall der Liebe*), an dem ich gestern vorbeigekommen bin. Sie ist in Oslo gestartet und will bis Otta laufen. Dann wird sie erst mal nach Deutschland zurückkehren, um im nächsten Sommer wieder in Otta einzusetzen. Dann geht es mit frischer Kraft übers Dovrefjell. Sie hat jetzt 14 Tage Urlaub und im nächsten Jahr wieder 14. Mehr ist nicht drin. Sie arbeitet in der Buchhaltung eines kleineren Unternehmens und bekommt im Sommer nicht länger Urlaub – Aber so ist der Olavsweg gut zu schaffen. 4 Wochen Gesamtlaufzeit. 2 Jahre insgesamt für den Weg, das ist ok. Sie muss ihn vollständig laufen, sonst gilt es nicht.

Ich registriere, dass unser gemeinsamer Weg eine natürliche Grenze haben wird. Aber bis Otta sind es noch einige Etappen, wertvolle Pilgerzeit. Bis wohin möchte sie heute laufen?, frage ich. Bis Nordrum Gard. Dort gibt es einen Menschen, mit dem sie sich zum Kochen verabredet hat. Sylvia ist für heute in Nordrum Gard angemeldet und wird dort bleiben. Ok – das ist nicht mehr weit, stelle ich fest. Ich werde noch bis Ringebu laufen, einige km weiter, den Rest der Strecke also in schönster Pilgereinsamkeit.

Silvie liebt die Folklore des Weges. An ihrem Rucksack baumelt ein dunkelrotes Holzstück mit dem Kreuz des Olavswegs, vermutlich da, wo sonst die Jakobsmuschel hing. Auch die unvermeidliche Kvik-Schokolade hat sie dabei und bietet mir gleich an, einen Riegel mit ihr zu teilen. So wird hier auf dem Olavsweg die Pilgergemeinschaft besiegelt. Es ist wie Brüderschaft bzw. Schwesternschaft trinken.

Wir essen einen Riegel und sind nun in besonderer Weise miteinander verbunden, Sylvie und ich. Pilgerstempel sind für Silvie wichtig. Sie freut sich an den besonders hübschen. In Spanien gibt es aber viel schönere. Viele mehrfarbig und toll gestaltet. Da kann der Olavsweg nicht mithalten. Trotzdem präsentiert sie mir stolz ihre Sammlung und kann es nicht verstehen, dass meine Stempelausbeute so mager ist. Für sie ist es nicht nachvollziehbar, dass ich erstmal ohne Pilgerpass unterwegs war. Da habe ich viele Stempel „verschenkt".

„Die sind ja in meinem Pilgertagebuch", halte ich dagegen. Aber das gilt für sie nicht. Na ja, jede so, wie sie es mag. Sie stempelt alles in ihren Pilgerpass, dessen sie habhaft werden kann, auch mehrmals am Tag. An den Kirchen unterwegs gibt es überall Stempel, auch wenn sie verschlossen sind, kann man meist einen Stempel ergattern. Ok, das wusste ich bisher nicht, habe meinen Pilgerpass nur in den Unterkünften stempeln lassen, als Nachweis für eine Tagesetappe sozusagen. Silvies Pilgerpass wird sich auf diese Weise in 14 Tagen sicher vollständig füllen. Eine Trophäe, mit der sie nach Hause fährt, und im nächsten Jahr gibt's einen neuen Pass. Ihre gesammelten Werke wird sie dann am Ziel vorzeigen und den Olavs-Brief erhalten. Auch in doppelter Ausführung? – diese ironische Frage schlucke ich schnell hinunter.

Wir kommen zügig voran, so im „Gespräch". Silvie erzählt ohne Punkt und Komma, während ich ganz schön aus der Puste gerate. Sie hat aber auch ein Tempo drauf! Ich habe Mühe mitzuhalten. Meine Füße zeigen mir, dass sie nicht einverstanden sind mit dieser ungewohnten Geschwindigkeit. Es ist auch ihre Zeit, in der sie regelmäßig zu schmerzen beginnen.

Ehe wir uns versehen, sind wir in Nordrum Gard. Ein Vorteil des zügigen Schritttempos. Dennoch: Ganze 6 Stunden habe ich von Glomstad bis hierher gebraucht. Innerlich gratuliere ich mir zu meiner Entscheidung von gestern. Ich wäre erst am späten Abend hier gewesen, und wer weiß, ob mir zu nachtschlafender Zeit noch irgendjemand geöffnet hätte?! Hier muss Silvie sich verabschieden. Leider. Ich wünsche ihr einen schönen Abend. Viel Spaß beim Kochen und eine gute Nacht. „Tschüss", sage ich schnell, denn mein Weg ist noch weit und in der Ferne grummelt es wieder bedrohlich. Jeder trockene Meter zählt.

Nun bin ich wieder allein und atme tief durch. Stille. Die Sonne bricht, wie auf Kommando, wieder durch die Wolken.

Nach dem Regen ist alles wunderbar frisch. Ich höre den Wind durch die Bäume rauschen und die Vögel zwitschern. Wie schön, ich habe meinen Weg wieder für mich! Ich bin aber auch komisch. Schon so lange bin ich allein unterwegs. Habe mir unterwegs nicht nur einmal eine Gefährtin oder einen Gefährten gewünscht, mit der ich mich auf dem Weg austauschen, mit dem ich gemeinsam staunen und mich freuen kann. Und endlich begegne ich einer anderen Pilgerin. Statt der erwartungsgemäßen Dankbarkeit war ich leicht genervt. Jetzt fühle ich regelrechte Erleichterung, wieder allein zu sein.

Liegt es an Silvie und ihrem Mitteilungsdrang? Ihr tut es offenbar gut, eine Zuhörerin zu haben, vermutlich besonders, weil sie im Büroalltag hauptsächlich mit ihren Zahlen allein ist und wenig Zeit für Unterhaltungen mit anderen hat. Da sieht es bei mir anders aus. Mein Arbeitsalltag ist geprägt von Begegnungen, ich bin in Kontakt mit unterschiedlichsten Menschen. Vielleicht brauchen Silvie und ich jede für sich ganz anderes, um uns zu erholen: sie den Kontakt, ich das Alleinsein? Außerdem sind unsere Themen und Interessen unterschiedlich. Ihre sind nicht meine, und meine sicher nicht ihre. Schade! Vielleicht war das eben aber auch ein „Kulturschock" nach über 10 Tagen in stiller Einsamkeit.

Irgendwie hat Silvie auch etwas Anrührendes. Sie ist vorhin bei Jochen geblieben, obwohl der das nicht wollte. Sie hat ihn nicht sitzen lassen *können*, so traurig und einsam auf seinem Stein. Vielleicht war das genau richtig? Wir haben ja immer zwei Seiten und widerstrebende Bedürfnisse in uns – das ist mir durch meine paradoxen Einsichten auf dem Weg schon aufgegangen. Wir möchten *für uns sein* und gleichzeitig *Zuwendung* bekommen. „Wir Menschen brauchen das", höre ich Bente aus Herkestad sagen. Schlicht und einfach. Ich weiß, sie hat recht. Im Grunde tut uns Zuwendung *immer* gut, wenn sie ehrlich ist und von Herzen kommt.

War es herzlos von mir, einfach weiterzugehen? Vielleicht wollte ein Teil von Jochen nicht allein sein, *obwohl* er es gesagt hat? Und Silvie war da. Ich beschließe, dass ich sie mag – auch wenn mich im ersten Moment ihr Mitteilungsdrang etwas überfordert hat. Sie hat etwas Grundgutes. Und vielleicht war das sowieso meine einzige und letzte Begegnung mit ihr. Sie trifft jetzt gerade jemand anderen, und ich laufe heute ein ganzes Stück voraus.

Nun habe ich den Wald hinter mir gelassen. Rechts und links Felder und Gehöfte, mein Weg führt hinauf in die nächste Ortschaft. Auf einer Anhöhe sehe ich in der Ferne zwei Frauen stehen, die mir zuwinken. Aber die kennen mich ja nicht! Sicher bin ich nicht gemeint.

Als ich näherkomme, winken sie noch immer und immer wieder. Verstohlen blicke ich mich um. Nein, hinter mir ist niemand. Sie meinen tatsächlich mich. Freundlich und begeistert lachen sie mir entgegen.

Nun bin ich da. „Bist du eine Pilgerin?", fragt mich die eine. Ich bejahe: Sieht man doch – oder? „Ich bin Agnes", sagt die erste. „Ich Lisa", meint die andere und fragt umgehend: „Möchtest du frische Erdbeeren?" Ich zögere kurz. Es grummelt ja immer noch in der Ferne. Ich will mich unbedingt beeilen. Aber noch ist es trocken. Und frische Erdbeeren? Mir läuft das Wasser im Mund zusammen. „Wir haben richtig gute frische Erdbeeren“, setzt Lisa nach. Schon überredet. Ich sage Ja.

Ganz eindeutiges Bauchgefühl. Chance im Moment zu sein. JA!

Zu den beiden gehören zwei Männer. Sie stehen etwas abseits ins Gespräch vertieft. „Franz, holst du uns mal die Erdbeeren? Wir brauchen 5 Schälchen.“ Franz begrüßt mich herzlich und eilt ins Haus. Mathis kommt zu uns, und wir setzen uns zum Erzählen an eine Tischbank, die hier auf einer Wiese steht. Ich werde nach meinem Woher und Wohin befragt.

Agnes erkundigt sich nach dem Warum meines Weges. Aber nicht allgemein. Sie interessiert, ob ich religiöse Gründe habe, den Weg zu gehen.

Boah, das jetzt auf Englisch! Es fällt mir ja schon auf Deutsch schwer, einigermaßen verständliche Worte für das WARUM zu finden, und nun bin ich mit einer neuen Herausforderung konfrontiert, der Gretchenfrage *Wie hältst du's mit der Religion?* Doch mittlerweile bin ich nicht mehr gehemmt oder verstummt. Ich nehme es als sportliche Herausforderung: Brita, tell it in English please!

Ich versuche vorsichtig tastend eine Antwort, sage, dass dieser Weg sicher mit meinem Glauben zu tun hat. Das spüre ich unterwegs. Weniger war es Olav, der mich zu dem Weg inspiriert hat. Er hat für mich kaum Bedeutung. Der alte Wikinger scheint mir ein rechter Kraftprotz gewesen zu sein, gewalttätiger Streiter für das Christentum – alles andere als ein Pazifist. War er im christlichen Geist der Nächstenliebe unterwegs? Das ist schwer auszumachen. Ich halte wenig davon, Menschen zu Heiligen zu erklären, und traue ihnen keinerlei Wirkung zu, schon gar nicht Jahrhunderte später. Aber ich bin auf diesem Weg – und schon in der Phase der Vorbereitung und des Aufbruchs – im Kontakt mit G*tt, einer verborgenen stillen Gegenwart, die mich begleitet. Ich fühle mich gehalten von dieser guten Kraft. Ich spüre, dass sie mich sieht und meint, mich lernen und wachsen lässt, mich sanft leitet zu meinem Besten – auch wenn mir nicht alles auf Anhieb gefällt. Mir wird bisher viel geschenkt auf diesem Weg, Beglückendes und Herausforderndes – die Kraft durchzuhalten und immer weiter zu gehen, auch wenn das oft beschwerlich ist. G*tt ist für mich eine warme Energie, die mich zu Veränderungen treibt, meinen Wandel begleitet und mich diesen Weg in einer Phase des Wechsels gehen lässt: dem Loslassen meiner Kinder und dem Ende der Familienphase. Beim Abschied von einem Arbeitsort, an dem ich 18 Jahre war. Sie stärkt meine Motivation und meinen Mut, mich auf Neues einzulassen – überraschend intensiv lässt sie mich auch meiner eigenen Geschichte begegnen.

Die drei hören still und aufmerksam zu. Erst wenige Minuten haben wir miteinander verbracht – schon herrscht an dieser Tischbank mitten auf der Wiese eine große Dichte. Fast ein heiliger Moment. Lisa fragt jetzt genauer nach meinem Beruf und den neuen Aufgaben, die mich erwarten. Als ich sage, dass ich Pastorin bin und auch mit schwer kranken Kindern und ihren Familien arbeiten werde, ist sie bewegt. Da kommt Franz mit den Erdbeeren. Er hat 5 große Schälchen gefüllt und für uns zurecht gemacht. Dazu gibt es Milch aus einem „historischen" Kännchen, wie Lisa und Franz erzählen. Es ist eines ihrer ersten Haushaltsgegenstände gewesen, stammt noch aus ihrer Studenten-WG. Wir kommen wieder ins lockere Erzählen, lachen viel.

Es stellt sich heraus: Agnes, die mit Mathis im geländegängigen Jeep unterwegs ist, ist verantwortlich für die Olavsweg-Kennzeichnung in der Region. Von der Kommune frisch beauftragt. Morgen hat sie einen 13-Stunden-Tag vor sich, der ihr Bauchschmerzen bereitet. Gerade stand sie mit Blick in die Landschaft hier. Hat ihrer Freundin Lisa, der sie von dieser schwierigen Aufgabe erzählt, die Sinnfrage gestellt: Hier sind kaum Pilger unterwegs! Für wen macht sie das überhaupt? Sie ist noch niemand begegnet, der hier pilgert, und weiß nicht, wie sie das Ganze angehen soll. Denn es gibt ja keine Pilger, die man fragen könnte, was gebraucht wird ...

In diesem Moment erscheine ich am Horizont und komme allmählich näher. Nach dem Motto: „Dich schickt der Himmel!" Jetzt kann ich mir ihr Lachen und Winken erklären und auch das ungläubige Nachfragen bei der Begrüßung: Bist du tatsächlich eine Pilgerin? Das glaub ich nicht! Agnes konnte es einfach nicht fassen. Daher ihre direkte Frage nach dem Glaubensbezug meines Weges. Schon verrückt, dass hier die Antworten so prompt kommen. Darauf diese wunderbaren Erdbeeren. Zum Wohl!

Wir lachen beglückt. Ich erzähle, dass ich es tatsächlich so empfinde. *Hier ist für alles gesorgt.* Es gibt ein Bett und eine Dusche für dich, wenn du sie unbedingt brauchst. Falls du einen Wasserhahn übersiehst und fast verdurstest, miaut freundlich eine Katze. Liebevolle Menschen tun dir unerwartet gut, wenn du Stärkung und Fürsorge nötig brauchst, haben sogar die passende Seife parat ... Und im richtigen Moment weist dich ein Schild auf eine Übernachtungsmöglichkeit hin, die du vorher übersehen hast. Toll! Da weiß offenbar jemand gut Bescheid über mich und über das, was ich gerade brauche. Ganz offensichtlich hält er es mit anderen ähnlich.

Schön, dass ich als Pilgerin jetzt mal etwas für meine Mitmenschen tun kann– auch für Pilger nach mir. Und Agnes ist froh, aus berufenem Mund zu hören, wie es sich nach den bisherigen Markierungen läuft. Ich gehe in Gedanken die letzten Wegstrecken durch, und mir fallen tatsächlich zwei Stellen ein, die eine zusätzliche Markierung brauchen könnten. Agnes merkt sie sich. Das wird sie ändern. Und wie ist es sonst, was wünschst du dir für den Weg? – Gerade diese Etappe war eine mit langen Straßenkilometern und Schotterpisten. Meine schmerzenden Füße erinnern mich, dass ich das jetzt unbedingt anbringen sollte. Ich sage, dass es schön wäre, öfter durch den Wald und über Wiesen laufen zu können. Zwar ist es nachvollziehbar, dass aus dem historischen Olavsweg in unserer Zeit Straßen und geschotterte Wege geworden sind. Ich beschreibe aber, wie sehr gerade diese harten Wege den Füßen der Pilger zusetzen. Jeder Schritt auf hartem Asphalt tut mit dem Gewicht, das man mit sich trägt, irgendwann höllisch weh. Deshalb eilt dem norwegischen Pilgerweg auch der Ruf voraus, dass er im wahrsten Sinne des Wortes „sehr hart“ ist. Und dass die Kirchen unterwegs geöffnet sind, wäre natürlich auch schön, füge ich der Vollständigkeit halber hinzu.

Agnes registriert alles mit großer Aufmerksamkeit. Sie ist gerade dabei, eine neue Wegstrecke zu konzipieren, die mehr über natürliches Gelände führt – darin ist sie nun bestärkt. Und ich kann sie zusätzlich ein wenig entlasten: Ich habe eine sehr gute Wegbeschreibung dabei, die das Finden des Weges in Kombination mit den Markierungen einfach macht. Obwohl ich nicht gerade mit einem verlässlichen Orientierungssinn gesegnet bin. Ich hole mein Wanderbuch aus der Tasche und schlage den aktuellen Streckenabschnitt auf: „Hier bin ich gerade, Seite 135. Sogar die Tischbank, auf der wir sitzen, ist verzeichnet.“

Alle vier kommen aus dem Staunen nicht heraus und lesen es schwarz auf weiß in meinem Wanderbuch. Tatsächlich, da steht: *Wiese mit Tischbänken.* Deutsche Gründlichkeit. Aber Franz meint, so genau wäre die Beschreibung nicht. Da müsse stehen: *Wiese mit Tischbank „and Strawberrys“.* Stimmt, lachen wir, das sollte man verzeichnen. Sonst wissen die Pilger nicht, dass es hier wunderbare Erdbeeren gibt. Nun sind sie verputzt und ich muss weiter. Ich habe ja noch 6 km vor mir, und in der Ferne grummelt es immer bedrohlicher. Sie bieten mir an, mich mit dem Auto nach Ringebu zu fahren, aber das lehne ich ab. Pilgerehre. Wir umarmen uns zum Abschied. Bei Lisa bedanke ich mich noch mal für die wundervollen Erdbeeren, die haben mich gestärkt. Sie sieht mich mit warmem Blick an: „Die Erdbeeren haben dich gestärkt, und du wirst diese Kraft an die Kinder und Eltern weitergeben in deiner neuen Arbeit." Das empfindet sie und spannt den Bogen weit. Yes, denke ich, so ist es, so wird es sein!

Nun geht's weiter nach Gildesvollen. Ich fühle noch den Flow dieses herzlichen Moments. Ich bin im Augenblick vollkommen glücklich, sodass mir das Laufen nicht mehr schwer wird. Ich wandere auf einem wunderschönen Weg mit Blick auf den Fluss und in die weite abendliche Hügellandschaft. Die Stabkirche von Ringebu grüßt mich schon aus der Ferne. Ich steige in sanften Kurven zu ihr hinab. Trockenen Fußes erreiche ich Ringebu und finde gleich das alte Schulhaus mit der Herberge Gildesvollen.

Janke, eine agile Holländerin von herzlicher Direktheit und mit unglaublich praktischem Sinn, ist heute meine Gastgeberin. Sie erklärt mir alles, was ich wissen muss. Im ganzen Haus duftet es nach frischem Holz, denn in der unteren Etage betreiben Janke und ihr Mann ihre Schreinerwerkstatt. Auch eigenen Honig stellen sie her, den man in kleinen Pilgergrößen erstehen kann. Hier ist alles bestens auf Pilgerbedürfnisse eingestellt. Aus dem gut bestückten Kühl- und Vorratsschrank koche ich mir ein schmackhaftes Abendessen und kuschele mich frisch geduscht bald darauf in meinen Schlafsack. Draußen prasselt jetzt der Regen aufs Dach. Wie herrlich, dass ich hier warm und trocken liege! So schlafe ich ein, glücklich und zufrieden wie ein Kind. Und denke im Einschlafen:

Wie paradox: ***Auf das Überraschende kannst du dich voll verlassen.***

Die schönsten Erfahrungen erreichen dich prompt – jedenfalls dann, wenn du auf dem richtigen Weg bist.

TAG 12: Sich selbst behaupten

Von Gildesvollen nach Sygard Grytting (11.6.)

Der Mensch wird am Du zum Ich. *Martin Buber*

Aus Jankes Vorräten koche ich mir starken Kaffee und ein weiches Frühstücksei. Auch Joghurt ist im Kühlschrank, toller Honig sowieso.

Ich lasse mir das Frühstück schmecken und denke an den Namensgeber des Olavsweges. Als „Kraftprotz" habe ich ihn gestern etwas abschätzig betitelt. Auf Englisch hatte ich Olav *powerful* genannt, mir war keine andere Entsprechung für „Kraftprotz" eingefallen, dann schob ich „Superman" hinterher – das traf schon eher, was ich meinte.

Vielleicht war das ungerecht, denn Kraft muss durchaus nichts Negatives sein – oder? Es bedeutet auch Glaubwürdigkeit und Autorität. Diese powervollen Typen sind mir meist angenehm. Es sind Menschen, die sich mit Energie durchs Leben bewegen, sich für etwas einsetzen. Bei ihnen weiß ich, woran ich bin. Keine Leisetreter oder Unter-den-Teppich-Kehrer. Mit Zähigkeit können sie an etwas festhalten, bleiben dabei klar und wahrhaftig. Sie sind trotz ihres kraftvollen Auftretens oft sensibel. Unangepasst, wie sie sind, hängen sie ihr Fähnchen nie in den Wind.

Habe ich nicht gelesen, dass sich Olav zu seiner Zeit – das war im frühen Mittelalter – für Frauenrechte eingesetzt hat? Unter ihm durften Frauen erstmals erben und damit Stammeshäuptlinge werden. Vergewaltigungen stellte er unter Todesstrafe. Donnerwetter! Klare Grenzziehung und konsequente Durchsetzung, wenn auch mit damals üblichen Mitteln. Olav wird mir immer sympathischer. Heilige habe ich bisher als Märtyrer wahrgenommen: gesteinigt, gerädert, geköpft ... weil sie an ihrem Glauben festgehalten und ihm nicht abgeschworen hatten. Dieser nordische Heilige handelt aktiv, engagiert sich für das, wovon er sich beseelt fühlt: Er gründet das norwegische Reich und führt das Christentum ein. Zwar lässt auch er schließlich sein Leben, aber im Kampf. Stark!

Die berühmte Stabkirche öffnet um 9 Uhr. Als ich nach einer obligatorischen Schreibstunde (mein Pilgertagebuch braucht tägliche Pflege) 20 Minuten nach Öffnung eintreffe, verlässt schon die erste Busladung Touristen das Innere der Kirche. Ich genieße einen Moment der Stille, denn gerade gehen die letzten. Bis zum nächsten Bus habe ich die Kirche einen Moment lang für mich. Glaube ich jedenfalls.

Denn sowie sich die Tür schließt, höre ich eine glockenhelle und putzmuntere Stimme aus einer Bankreihe schräg hinter mir: „Guten Morgen, Brita!" Silvie! „Hallo", flüstere ich leise und schließe die Augen zum Zeichen, dass ich mich jetzt in meiner Andacht nicht stören lassen will. Diese Überraschung muss ich erst mal verdauen. Meine Gedanken kreisen: So schnell sehe ich Silvie also wieder. Die Ruhe des Morgens war gerade so angenehm. Wie kann sie so früh schon hier sein? Hat sie noch immer keinen anderen Pilgergefährten gefunden? Ich atme tief durch und ermahne mich zur Gelassenheit. Mit der Stille ist es jetzt sowieso vorbei, denn die nächsten Touristen stürmen bereits laut redend die Kirche – das geht hier offenbar im Viertelstundentakt.

Schnell noch ein Foto vom Altar, dann treffe ich Silvie vor der Kirchentür. „Du bist schon hier?", höre ich mich fragen. „Wie hast du das gemacht?" Silvie ist Frühaufsteherin. Sie ist beim ersten Hahnenschrei aufgebrochen, und so ist sie in ihrem Geschwindschritt schon hier. Ihr Kumpel von gestern Abend wollte in die andere Richtung weiterziehen, Frühstück gab es in Nordregard sowieso keins.

Ok, ich denke an Olav und rufe ihn gedanklich zur Hilfe, schließlich ist er Schutzheiliger. Silvie hat Aufrichtigkeit verdient, und ich starte eine erste Übung in Selbstbehauptung: Ich will meinen Tag heute so haben, wie es *mir* guttut. Mein Weg, mein Tempo. Powerful. Und so sage ich Silvie: Gemeinsam laufen geht für mich nicht. Das hat mich unsere gemeinsame Strecke gestern gelehrt. Ihr Tempo ist mir zu hoch. Ich brauche mein eigenes Tempo, meinen eigenen Rhythmus, sonst halte ich insgesamt nicht durch, und ich will ja ankommen in Trondheim. Bis dahin ist's noch weit. Außerdem brauche ich stille Momente für mich. Das Alleingehen tut mir gut.

Silvie sieht enttäuscht aus und tut mir augenblicklich leid. Das hat sie sich anders vorgestellt. Höchstwahrscheinlich ist sie extra so früh losgezogen, um mit mir gemeinsam zu laufen. Sie wünscht sich Gesellschaft, was ich verstehe. Aber sie versteht mich auch und akzeptiert, dass jede auf ihre eigene Art laufen muss. Da kann ich ihr entgegenkommen: Wir werden uns sicher zwischendurch treffen, können eine gemeinsame Pause machen oder auch eine kurze Strecke miteinander gehen. Das tut bestimmt auch mir ab und zu gut.

Außerdem laufe ich jetzt sowieso noch nicht gleich weiter. Ich muss nachher noch meine Unterkunft aufräumen und meine Sachen packen. Vorher will ich mir unbedingt den Prestegarden ansehen. Der ist mir ja gestern wärmstens empfohlen worden. Silvie ist dankbar für diesen Tipp und gleich begeistert: Bestimmt gibt es da schöne Stempel?! – Ich zucke mit den Schultern. Keine Ahnung. Aber könnte natürlich sein. Silvies Augen beginnen zu leuchten. Sie könnte innerhalb von 10 Minuten *zwei* Stempel ergattern, einen an der Kirche und den anderen dort, das wäre Rekord. So laufen wir fröhlich plaudernd hinüber zum alten Pfarrhaus mit seinem wunderschönen Garten. Die Farben der Blumen leuchten schon von Weitem. Zuerst schauen wir uns im Haus um, wo auch Kaffee und Kuchen für die vielen Touristen angeboten werden – und richtig: Sie haben einen eigenen Stempel. Silvie ist beglückt und freut sich wie ein Kind. Rührend. Wir trinken noch gemeinsam einen Kaffee.

Jetzt will Silvie weiterwandern zum nächsten Ort und sich erst mal ein ordentliches Frühstück besorgen, während ich mich noch genauer im Garten umschaue. Das ist nicht ihrs. Wie gut, dass wir das geklärt haben. Ich genieße meine Gartenmomente in Stille. Es geht doch nichts über eine ehrliche Pilgergemeinschaft! Zurück in der Unterkunft, bringe ich mein Aufbruchsprogramm hinter mich, zögere das Losgehen jedoch hinaus. Bin gerade ziemlich wandermüde, und das schon am frühen Vormittag. So verschaffe ich Silvie einen ordentlichen Vorsprung.

Es nieselt noch immer. Heute muss ich das erste Mal meine Regenjacke und eine festere Hose anziehen. Es stellt sich heraus, dass ich Abnäher anbringen und noch mal mein Nähzeug auspacken muss. Vor meinem Start passte die Hose wie angegossen, jetzt bin ich in meiner Körpermitte wesentlich schlanker. Alles rutscht. Die Prophezeiung meines Pilgersegens ist tatsächlich zutreffend: *Deine Mühen verbrennen deine Sünden.* Die *Sünden* der vergangenen Jahre in Form von einem Zuviel an Schokolade und anderen Speck bildenden Nahrungsmitteln werden gründlich auf diesem Weg verbrannt. Alle vorherigen Versuche von Nahrungsumstellungen haben das nicht gebracht. Jetzt passiert es auf diesem Weg. Nebenbei. Mein Körper nimmt wieder jugendliche Formen an. Das motiviert zum Weitergehen. Jetzt hilft keine Verzögerungsstrategie mehr.

Ich trete hinaus in den Nieselregen. Gut, dass ich jetzt nicht darüber nachdenken darf, ob ich heute weiterlaufe oder nicht. Ich *muss*, bei Hilde vom Sygard Grytting Hof bin ich angemeldet – und Pausentage gibt's bis Trondheim nicht mehr. Mein Weg ist noch nicht mal zur Hälfte geschafft, und heute heißt es: *Durchhalten.* Nicht: *Nachdenken*. Keine Sinnfragen. Einfach weiter. Es läuft sich sogar ganz angenehm. Während ich wieder ins Gehen komme, nimmt mich ein meditativer Zustand des Laufens in Empfang. *Ich gehe den Weg und der Weg geht mich.*

Als ich kurz darauf die eigentliche Ortschaft Ringebu erreiche, reißt mich kurz ein glockenheller Ruf aus der Trance: „Hallo, Brita!" Mitten auf einer Kreuzung im alltagsleeren Stadtzentrum winkt mir Silvie entgegen, kaum dass ich losgelaufen bin. Das gibt's doch nicht! Silvie ist einfach mein Schicksal. Es gibt für den Augenblick kein Entrinnen. Sie hat fertig gefrühstückt und braucht jetzt einen kurzen Plausch. Ok, den gönnen wir uns. Aber jetzt will ich weiter. Konsequent allein.

Und die Landschaft wird wilder. Das passt zum rauen Wetter heute und zu meiner trüben Stimmung. Warum tue ich mir das eigentlich an? Was ist, wenn ich ziemlich bald nicht mehr weiter kann?

Ich fühle mich müde und der Weg ist noch *so* wahnsinnig lang.

Dabei bin ich doch schon ewig unterwegs. Das hier ist einfach ein verrücktes Projekt. Ich kann die verstehen, die aufgeben, irgendwann zum nächsten Bahnhof trampen und den Zug nehmen. Zurück in die Komfortzone des Lebens. Auf dem Sonnendeck eines Schiffes wäre es jetzt himmlisch. Blick auf die Fjorde. Hurtigruten waren schon immer mein Traum, und jetzt trotte ich hier lang und schleppe mich durch den Regen.

Es geht durch urig finsteren Wald. Schließlich erreiche ich die Fryaschlucht. Hier bleibe ich stehen und staune, wie das Wasser sich einen Weg durch den Stein gesucht hat. Stetig vorwärts fließend. Tag und Nacht. Ohne Aufenthalt. Der Blick in den tiefen Canyon. Ein Bild, das ich abspeichere. Powerful. Sich tief nach unten graben und den eigenen Weg suchen. Das braucht Kraft. Aber auch Konsequenz. Nicht nachlassen, sich von Hindernissen nicht umstimmen lassen. Durchhalten. Die rauschende Energie von unten spritzt hoch zu mir, daraus ziehe ich etwas Kraft. So laufe ich weiter. Auf Pfaden, die mir viel Kraxelei abverlangen.

Schräg an einem Hang geht es hinauf. Unten rauscht die E6. Alles andere als romantisch. Schnell entledige ich mich meiner wärmeren Kleidung, ziehe die Wetterjacke aus und zippe die Hosenbeine ab. Mir ist schon wieder heiß! – Da ist der Nieselregen hoch willkommen.

Eine letzte Wegmarkierung habe ich vor einer Weile noch gesehen. Kaum ist der Weg als solcher zu erkennen. Hier kann ich doch nicht mehr richtig sein – oder? Ich folge einem Trampelpfad, der sich in immer steilerer Schräglage an der Böschung entlangwindet. Meine Füße verkanten sich schmerzhaft im 60 Grad-Winkel. Die Stöcke kann ich kaum einsetzen, denn immer wieder muss ich mich tief bücken und durch Gebüsch kriechen, mit meinem Rucksack niedrig hängenden Zweigen ausweichen. Brombeerranken greifen nach meiner Kleidung, kratzen meine unbehosten Unterschenkel und nackten Arme blutig. Ständig bleibe ich irgendwo hängen. Ist das hier der Ernst der Olavsweg-Betreuer? Meinen die das wirklich? Ich hätte mir Jettes Telefonnummer geben lassen sollen. Da könnte ich jetzt mit Leichtigkeit ein paar Verbesserungsvorschläge anbringen. Entweder fehlen die Markierungen oder ich habe irgendeinen Abzweig übersehen. Zäh arbeite ich mich voran. Jetzt wäre es nicht schlecht, mit Silvie unterwegs zu sein. Da könnten wir uns wenigstens gegenseitig bedauern.

Schließlich habe ich auch das geschafft. Bin raus aus dem Dickicht. Der Weg öffnet sich wieder und ich entdecke eine nächste Markierung. Ich bin also richtig. Das war tatsächlich so gemeint. Ob hier schon mal jemand mit Rucksack gegangen ist? Vielleicht ist es aber auch genau der Streckenabschnitt, den Agnes neu konzipieren will. Ich würde ihr zu dieser Entscheidung gratulieren und wünsche es allen Pilgern nach mir! Mein Wanderführer tröstet mich mit dem Versprechen, dass ich bald am Pilgerzentrum des Gudbrandstales bin. Nicht mehr weit bis dahin. Auch dort werde ich meine Irritation anbringen können, denn es soll freundlich-kompetente Beratung geben und Kaffee gratis. Mir ist nach Pause!

Vielleicht ist auch Silvie schon da – sie will ja heute dort übernachten. Habe richtig Sehnsucht nach ihr. Da bin ich auch schon. Doch meine Enttäuschung ist groß: Alles verriegelt und verrammelt. Die Türen sämtlich verschlossen. Da hilft kein Klopfen, Rufen oder Rütteln. Es ist niemand hier. Keine Menschenseele. Das kommt davon! Ich wollte ja allein sein auf meinem Weg. Also ziehe ich schnell weiter.

Der nächste Ort ist Hundorp. Im Markt kaufe ich mir frische Lebensmittel für die nächste Strecke und gönne mir einen Kaffee. Der tut jetzt gut. Wie zur Versöhnung bricht die Sonne durch. Die Sör-Fronkirche, mit beeindruckendem Oktavgrundriss, ist zu meinem Bedauern zwar wieder geschlossen, aber so laufe ich schnell weiter. Ich will heute einfach ankommen. Und weit ist es auch nicht mehr, nur noch 4 km. Als ich den Hof mit Mühe und Not erreiche, bin ich zutiefst versöhnt mit diesem Tag: Sygard Grytting ist ein Traum! Malerisch liegt dieses wunderschöne Gehöft in einer tiefgrünen Hügellandschaft mit Blick auf den breiten Fluss. Hier kann ich auftanken. Was für ein Trost!

Die freundliche Hilde kommt mir entgegen und hat meine Hütte für heute Nacht schon vorbereitet. Sie dachte, wenn ich allein bin, ist es hier für mich gemütlicher als in der großen Pilgerunterkunft. Ich werfe einen Blick in mein Quartier: Es ist wunderschön! Frische Feldblumen stehen auf dem Tisch. Extra für mich. „Hier ist es richtig *hyggelig*“, fällt mir als Kompliment ein. Hilde strahlt vor Freude. Damit habe ich es offenbar getroffen. Dieses Wort ist hier in Norwegen wohl geläufig. Sie wünscht mir lachend einen schönen Abend und eine angenehme Nacht.

Ich genieße die Unterkunft. Romantik pur. Der Hof beherbergt seit dem 13. Jahrhundert Pilger und wirkt sehr gepflegt. Ein wahres Schmuckstück. Dazu ist er mit modernen Annehmlichkeiten ausgestattet. In meiner alten Holzhütte mit traditionellem kleinen Troll über der Tür gibt es ein modernes Bad und eine gut ausgestattete Küche mit grünen Holzmöbeln. Alles ist über Generationen mit erstaunlichem Gespür und handwerklichem Können bewahrt. Stig und Hilde Grytting haben ihren Hof mit all seinen großen und kleinen Gebäuden mit behutsamer Hand erhalten, ohne dass etwas künstlich renoviert oder „auf alt gemacht" wirkt. Ich erinnere mich, dass hier die Menschen heißen wie ihre Höfe, was sie vielleicht in besonderer Weise an das von Vätern und Müttern Ererbte bindet.

Hier heute bleiben zu dürfen ist ein Privileg des Weges. Versöhnt mich vollends. Das Deck eines Kreuzfahrtschiffes wäre keine Alternative. Nie im Leben möchte ich jetzt tauschen.

So richtig zu nörgeln und zu jammern – tröstet ungemein.

Ist das paradox? Irgendwie schon.

TAG 13: Krisenzeichen

Von Sygard Grytting nach Kvam bis Kirketeigen Camping, (12.6.)

Tröste dich, die Stunden eilen.
Und was all dich drücken mag,
Auch das Schlimmste kann nicht weilen,
und es kommt ein neuer Tag.
In dem ew'gen Kommen, Schwinden
Wie der Schmerz liegt auch das Glück,
Und auch heitre Bilder finden
Ihren Weg zu dir zurück.
Harre. Hoffe. Nicht vergebens
Zählest du der Stunden Schlag:
Wechsel ist das Los des Lebens
Und – es kommt ein neuer Tag.

Theodor Fontane

Heute habe ich geschlafen wie ein Stein und bin erst durch den Wecker aufgewacht, den ich mir sicherheitshalber gestellt hatte. Denn in der fensterlosen Schlafkammer meiner Hütte ist es tatsächlich finstere Nacht – ungewöhnlich für die kurzen lichthellen Nächte des nordischen Sommers. Jetzt leuchtet die Morgensonne schon kraftvoll. Vollkommen benommen schleppe ich mich ins Bad und dusche kalt. Dann mache ich Frühstück – Bleigewichte scheinen an meinem Körper zu hängen.

Was ist das denn jetzt? Schon gestern hat's mir an Leichtigkeit gefehlt – ist das die vielbeschriebene Pilgerkrise? Ich hatte von diesem Phänomen gelesen. Irgendwann käme sie für jeden Pilger am Anfang, in der Mitte, am Schluss – das wäre für jede und jeden anders. Nur eins sei sicher: *Dass sie* kommt. Wie gut, dass ich mit meinem Pilgertagebuch ausgerüstet bin, denn Schreiben hilft mir meistens, mich zu klären:

Was ist los mit mir?

Ok, mein Körper ist ungewöhnlichster Belastung ausgesetzt. Er lässt nicht nur Pfunde, sondern offenbar auch jede Menge Kräfte. Ich bräuchte eigentlich einen richtigen Pausentag. Jetzt hier in Sygard Grytting wäre das toll – aber ich kann und will mir das nicht leisten. Das Fjell liegt noch groß und mächtig vor mir. Ich muss den Flieger am 29.6. in Trondheim erwischen. Das ist die Deadline. Ich muss also weiter.

Was habe ich denn erwartet? Dass auf meinem Weg nur die Sonne scheint? Gerate ich schon bei den ersten Regentropfen aus der Fassung? Der Zauber und die Euphorie des Anfangs sind unbemerkt verflogen. Das Laufen wird zur Routine. So außergewöhnlich das alles hier ist – ich habe mich an diese Form des Lebens und unterwegs Seins gewöhnt, und damit taucht die Frage auf: Reicht das? Was mache ich? Was will ich hier? Wozu das Ganze? Vor allem: Ich habe genug vom Alleinsein. Das hat mir die Begegnung mit Silvie gezeigt. Ich will nicht zugetextet werden, sondern einen vertrauten Menschen neben mir haben, mit dem ich mich verstehe – auch ohne viele Worte. Ich sehne mich nach Einklang, Wärme, Nähe. – Ich glaube, ich habe Heimweh.

Nun bin ich 14 Tage unterwegs – das zeitliche Maß normaler Urlaube oder Reisen. Etwas tief Verborgenes signalisiert jetzt in mir: Du musst zurück. Es reicht. Ich will nach Hause!

Ich stehe an einem Scheideweg. Entweder weiter. Oder zurück. Oder anders weiter? Krisenzeiten sind Entscheidungszeiten, Zeiten der Veränderung, auch eine Chance zur Neuausrichtung.

Was hilft in Krisen?

1. Ressourcenorientierung
2. Mobilisierung des sozialen Umfelds
3. Abschied und Neuausrichtung

Das habe ich in meiner beruflichen Tätigkeit mit anderen oft erarbeitet. Jetzt also versuche ich mir selbst eine gute Krisenbegleiterin zu sein.

Erstens also *Ressourcenorientierung.* Offenbar bin ich meiner Sache sicherer geworden. Gewöhnung ist doch gut! Routinen schonen Kräfte.

Die Zweifel vor dem Aufbruch und die gespannte Ungewissheit der Anfangstage gehören der Geschichte an. Ich weiß, wie weit ich laufen kann. Ich habe die Erfahrung gemacht, dass mein Körper immer wieder Ressourcen mobilisiert – auch wenn ich ihm das nicht zutraue. So oft habe ich schon gedacht: Ich kann nicht mehr – dann war es Stunden her und ich lief immer noch. Oder ich war abends ins Bett gefallen mit der Überzeugung: Morgen läufst du keinen Schritt, und am nächsten Morgen war alles gut. Das stärkt mich auch Jetzt! ES WIRD WEITERGEHEN! So wie ich mir meiner Hochstimmung nicht sicher sein kann, sie schlägt manchmal von einem Moment zum anderen um, muss ich mir auch der Krise nicht sicher sein. Im nächsten Moment werde ich fragen: War was?

Schließlich eine wichtige Ressource: Ich habe schon viel geschafft. Darauf will ich jetzt einfach stolz sein. Ich bin aufgebrochen gegen innere und äußere Widerstände, bin gut unterwegs, bin schon weit gekommen. Einen wirklichen Grund, auf halber Strecke umzukehren, gibt's nicht. Meine Hüfte ist wieder ok, die Füße schmerzen – aber vielleicht wird das besser, wenn die Straßenkilometer aufhören und es richtig in die Natur geht.

Nächster Schritt: *Mobilisierung des sozialen Umfelds.* Heute Abend werde ich ausgiebig und in Ruhe telefonieren. Zusätzlich noch eine gute Freundin anrufen. Ja, das brauche ich jetzt. Und ich werde *alle* Begegnungen, die mir der Weg ab jetzt bietet, wie ein Schwamm aufsaugen. Nicht mehr sortieren, ob ich gerade Gesellschaft brauche oder nicht, einfach annehmen, was sich bietet. Ab Mitte Juni werden vielleicht mehr Pilger unterwegs sein? Ich hoffe es. Das Alleinsein hat gutgetan, eine ganze Zeit. Aber ich kann und will jetzt Gemeinschaft. Miteinander. Da bin ich schon beim nächsten Schritt: *Abschied und Neuausrichtung.*

Ich muss mit meinem Ehrgeiz klarkommen ... höre ich Jochen sagen. Wie geht es mir damit? Ich verabschiede mich ebenfalls von meinem

Ehrgeiz. Lasse ihn fahren und übe ich mich in Gelassenheit: Wenn es wirklich nicht mehr geht, kann ich immer noch aufgeben. Nichts und niemand zwingt mich. Ich gebe mir die Erlaubnis, das Ganze immer noch lassen zu können. Und dennoch ist es auch mein Wille, der mich auf diesem Weg hält. Ja, diese Art Ehrgeiz ist eine wichtige Ressource.

Aufgeben ist keine Option, jedenfalls keine schnelle.

Und ich habe die Vermutung, dass mir der Weg noch viel zu schenken hat, Vieles, von dem ich heute noch nichts weiß. Das würde ich verpassen. Die Sinnfrage verbiete ich mir für den Rest des Weges, vertraue, dass jemand den Sinn weiß. Ich werde mich überraschen lassen.

Hat nicht jemand gesagt: *Ich bin der Weg (Joh 14,6).* Also weiter. Anders weiter. Schon geht's mir besser. Ohne länger nachzudenken, packe ich, drehe eine Abschiedsrunde über den Hof und verabschiede mich von Hilde. Ich laufe weiter. Mein Wanderführer verspricht mir: Wenn du diese Etappe mit ihren 1200 Höhenmetern schaffst, kommst du übers Fjell. Ok, ich nehme die Herausforderung an. Heute Abend werde ich es wissen.

Die Sonne scheint wieder und meine Stimmung hat sich mit dem Himmel aufgehellt. Es geht mitten in die Natur und ich genieße dieses Wandern auf herrlichen Wegen. Auch wenn der Aufstieg schweißtreibend ist, den Füßen tut es gut. Ich laufe bergan über Wiesen und Zauntreppen, an einem Bach entlang über eine Holzbrücke und wieder hinein in den Wald. Der Gudbrandsdalslägen grüßt wie ein vertrauter Weggefährte himmelblau aus der Tiefe.

Nach einiger Zeit erreiche ich einen Baum mit Pilgerwegweiser. Zur Motivation wandermüder Pilger haben findige Menschen hier die Entfernungen zu anderen Pilgerzielen aufgelistet: Bis Jerusalem 3473 km, bis Santiago de Compostela 3420 – was sind da die verbleibenden 286 nach Nidaros? Ein Klacks! Hat hier irgendwer ans Aufgeben gedacht?

Mein Weg führt auf Gebirgspfaden weiter, schmal an Felswänden entlang. An einem Felsvorsprung mit schönster Aussicht ins Gudbrandstal gönne ich mir eine kurze Pause, trinke Wasser und esse einen Apfel. Genieße den Moment. Was für ein Geschenk, dass ich hier sein kann!

Dann geht es weiter. Der Pfad öffnet sich auf einen breiteren Weg und ich laufe sanft bergab. Da klingelt plötzlich mein Handy. Mitten am Tag. Unsere Tochter ist dran, will hören, wie es geht und wo ich bin. Im Moment ist sie in unserem Garten unterwegs. Sie fragt, wie dies und das zu ernten und zu verarbeiten ist. Erdbeeren gibt es reichlich.

Olavsweg
NORWEGEN

Trondheim
Sundet gard
Skaun
Gumdal
Segard Hoel
Haslogard
Hoevesstolen
Oppdal
Rypehusan Refugio
Kongsvoll
Dovre national park
Hageseter
Fokstugu
Rondane national park
Dovre
Engelshus
Otta
Kirkateigen Camping
Sygard Grytting
Ringebu
Glomstad
Skajen Gard
Lillehammer
Johannesgarden
Ringsi
Labre
Mjøsa See
Hamar
Gordammen
Sannfredstuen
Eidsvoll
Oslo

© Photo Stangeavisa

TAG 1

Herberge unterwegs. In diesem Glashaus mit Blick in die Landschaft würde ich gern schlafen. Aber es ist erst Mittag und ich will weiter.

Das alte Schulhaus in Sannfredstun. Mein Schlafzimmerfenster ist ganz oben.

TAG 2

Rosen am Olavs Weg

Das ist der Olavsweg-Pfahl, bei dem ich hätte nach links abbiegen müssen. Stattdessen folge ich ahnungslos dem bequemen, breiten Waldweg.

Kirche in Tangen

TAG 3

Blick in die Kulturlandschaft von Stange am frühen Morgen

Eingang zur Herberge von Herkestad Gard

Gehöft bei Herkestad Gard

TAG 4

Gemütliches Schlafzimmer im Skomakerbakken

Kuchenbuffet im Wohnzimmer der neuen Herberge. Ich werde bestens beköstigt und habe einen angenehmen Nachmittag.

Die Domkirche von Hamar im Abendlicht

TAG 5

Meine Unterkunft: Veldre Konfirmandsalen

TAG 6

Friedhof von Ringsaker

Blick auf Ringli – meine museumsreife Herberge für eine Nacht

Mein Schlafplatz in Ringli

TAG 7

Viele lange Schotterstraßen – aber der Blick auf den Mjösasee entschädigt.

TAG 8

Betonritzungen an einer modernen Kirche am Ortseingang von Lillehammer. Was ist heute der eigentliche Auftrag der Kirche?

Historische Stabkirche im Freilichtmuseum

Pfarrgarten von Maihaugen mit barockem Gartenhäuschen. Innen findet sich eine Inschrift, die zu Ruhe und Sammlung gemahnt.

TAG 9

Die rutschigen Brücken zu überqueren ist mit Rucksack schwierig. Doch auch die Brücken zu Fremden überqueren sich leichter allein.

Endlose Weite des Gudbrandstales

In diesem historischen Wohnhaus darf ich übernachten – sehr gemütlich!

TAG 10

Blick in die traumhafte Sommerlandschaft

Wegweiser nach Glomstad – ohne Pilgerherbergszeichen

Hier sitze ich, genieße den Nachmittag und Gratiskaffee satt.

TAG 11

Olavsweg-Zeichen

Blühender Eisenhut am Weg

Immer wieder öffnen sich herrliche Blicke.

TAG 12

Die Kirche von Ringebu im morgendlichen Nieselregen

In der Stabkirche von Ringebu

Der Eingang zu meiner hyggeligen Hütte in Sygard Grytting – eine Nacht gehört sie mir.

TAG 13

Ausblick aus der historischen Pilgerherberge von Sygard Grytting

Gästebuch der historischen Pilgerherberge

Wegweiser mitten in den Bergen – doch Entfernungen sind relativ …

TAG 14

Im Wald vor Varphaugen Gard

Der türkisfarbene Fluss vor Otta

Silvias ausgediente Wanderschuhe zieren den Eingang der Pension Killy.

TAG 15

Mittelalter-center von Jorundgard – die Berge des Fjell kommen schon in Sicht.

TAG 16

Dieser Eingang empfängt die Pilger – mit Zettel an der Tür, falls die Inhaber unterwegs sind. Mein Quartier ist im historischen Wohnhaus.

Das Gehöft Engelshus: links die historischen, rechts die modernen Wirtschafts- und Wohngebäude.

TAG 17

Der Gipfel des Hard-backen. Von hier lassen sich die Ausmaße der riesigen Gebirgszüge ahnen.

Durch die Weite des Dovrefjell: Wolken, Wind, Licht, Steine, Gräser und Flechten.

TAG 18

Die Pilgerherberge von Fokstugu – ein Hof mitten in der Einsamkeit des Dovrefjell

TAG 19

Blick zum Olavsweg-Zeichen – hier treffe ich unvermutet auf Friedmar.

TAG 20

Das wildeste Tier, dem ich auf dem Weg begegnet bin

Der höchste Punkt des Weges ist erreicht.

TAG 21

Ausblick der Kapelle von Oppdal

Heimat zum Auftanken für eine Nacht – meine Hütte am Velvet Hyttetun

TAG 22

Konfetti am
Himmel –
nach dem
Regen klart
es auf und
die Sonne
zaubert
einen
Regenbogen.

TAG 23

Der breite Orkla-Fluss, an dem mein Weg endet.

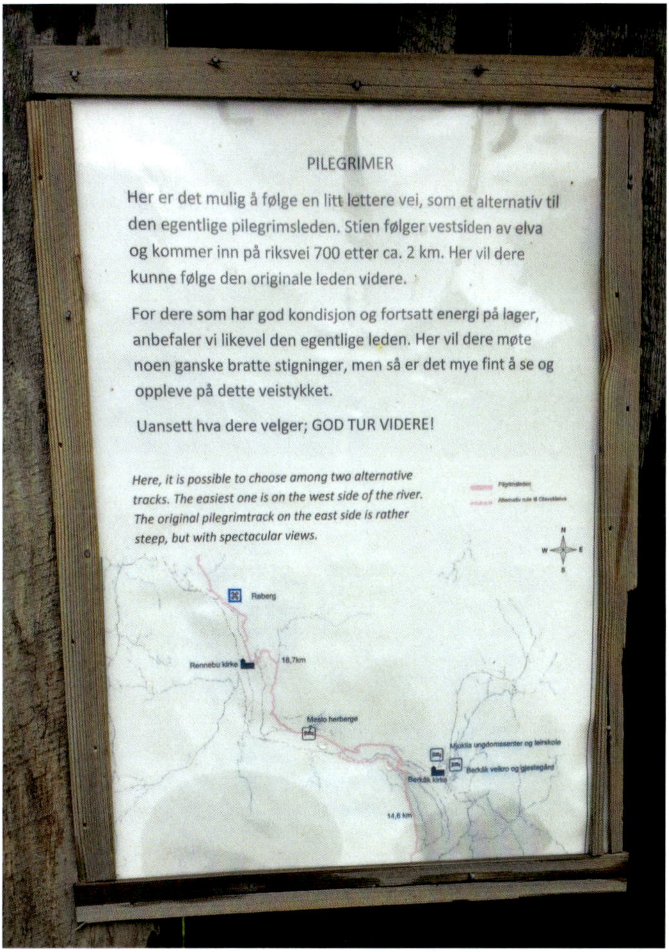

Die Tafel, an der sich der Weg teilt: ein Olavsweg-Zeichen links – eins rechts.

TAG 24

Was für ein Weg!

Ist das schön, wie der Fluss durch die Landschaft fließt!

Das verfallene Gehöft – Einklang von Natur und Kultur. Die Natur holt sich das Ihre zurück.

TAG 25

TAG 26

TAG 27

Der erste Blick auf den Fjord: Wahnsinn!

Wir nähern uns Sundet Gard, das auf der anderen Seite des Fjordes liegt. John Warvik wird uns bald übersetzen – und da kommt er.

Unser gemütliches Quartier in Sundet Gard. Hier wohnen wir abseits vom Hof. Das Trinkwasser schleppt John im Kanister heran.

TAG 28

Verheißungsvoller Wegweiser: Es ist nicht mehr weit, und ich werde heute ankommen.

Auf einer Schotterstraße in der Hitze den Berg hinauf – der Weg ist auch kurz vorm Ziel noch herausfordernd, und die Füße schmerzen in gewohnter Heftigkeit.

Der Weg fasst auf seinem letzten Abschnitt noch mal alle Eindrücke zusammen: Auch die Bohlen durchs Moor dürfen nicht fehlen.

TAG 29

Die Kathedrale von Nidaros

Blick vom Turm auf die Stadt

Die Abendsonne scheint zum Abschied.

PILEGRIMSBENKEN

Ich lasse mich auf einer Waldlichtung am Wegrand nieder und genieße es, mit einem vertrauten Menschen zu sprechen. Mitten in der nordischen Wildnis. Ein Hoch auf die Kommunikationstechnik! Was für eine unverhoffte Verbindung nach Hause. Ich wandere mit ihr durch den heimatlichen Garten. Frage, wie es dieser oder jener Pflanze geht. Sie sagt, dass sie gerade das Gefühl hatte, mich unbedingt anrufen zu wollen, erzählt von dem, was sie bewegt, und fragt nach mir. Auch ich kann jetzt erzählen. Von den Geschenken des Weges und seinen Forderungen. Da ist er, der ersehnte Gleichklang: Wärme, Nähe, Verstehen. Wie schön.

Als wir nach einer guten Stunde auflegen, fühle ich mich gestärkt und sehr getröstet. Ich bin alles andere als allein. Woher wusste sie, wie gut mir das gerade tat? Das habe ich sie am Schluss gefragt. Ich fühle mich, als hätte ich nach längerem Hungern etwas Ordentliches gegessen.

Beschwingt laufe ich weiter. Vorbei an einer riesigen gelben Giraffe, die hier irgendjemand im Wald platziert hat. Ist das Kunst – oder kann das weg? Nicht alles auf dem Weg muss mir gefallen.

Schließlich erreiche ich wohlbehalten Kirketeigen Camping – mein Etappenziel. Der Himmel hat sich erneut bezogen, es wird gleich regnen. Hauptsache, es ist nicht wieder so wie gestern am Pilgerzentrum. Hoffentlich ist hier jemand zu Hause – denn ans Telefon ging wieder keiner!

Doch schon sehe ich drei Menschen bei einer Sitzgruppe vor dem Haus in fröhlichem Gespräch. Ein holländisches Ehepaar und eine weitere mir wohlbekannte Person: „Hey, Silvie!" Diesmal war ich die Erste. Wir begrüßen uns beglückt. Silvie stellt mich den beiden Holländern vor.

Es gibt tatsächlich ein Problem, denn eigentlich ist noch alles geschlossen. Sie öffnen erst kommende Woche. Aber Silvie hat gemeinsam mit den beiden, die mit dem Auto hier Urlaub machen, alles geregelt. Sie haben den Betreiber angerufen. Er wird gleich kommen und extra für uns öffnen. Da ist er schon und zeigt uns, was wir brauchen: Zimmer, Bad, eine riesige Großküche, in der Hunderte von Ferien-Freizeitkindern verpflegt werden können, auch eine Waschmaschine. Die schmeißen Silvie und ich gleich an und suchen uns je eins der vielen Zimmer aus.

Wir haben Platz und Ruhe genug. Silvie hat sich schon mit den Holländern zum Essen verabredet. Ich beschließe, mir heute etwas Gutes zu gönnen, und gehe zur weiter draußen gelegenen Tankstelle des Ortes, wo sich eine Pizzeria befindet. Ich bestelle mir zur Feier der überwundenen Krise eine Pizza, ein riesiges Teil, das ich trotz größtem Pilgerhunger nicht bewältige. Den Rest lasse ich mir einpacken. Kalte Pizza ist eine gute Mahlzeit zwischendurch. Sie reicht die nächsten 2 Tage.

Hier kann ich auch in Ruhe telefonieren, erst mit zu Hause, dann mit Freunden. Das tut gut! Nachdem ich lange hier gesessen habe, kehre ich gesättigt durch den wieder einsetzenden Nieselregen zur Herberge zurück. Bin ich froh, dass ich heute nicht mehr auf Quartiersuche gehen muss.

In der Küche treffe ich Silvie. Wir machen Tee, suchen uns ein gemütliches Plätzchen und reden lange. Auch ich komme zum Zug. Es ist schön, mit Silvie zu erzählen, über den Weg, über unsere Vorhaben und Beweggründe und was uns sonst beschäftigt. Gemeinsam rufen wir in Otta an. Die Pension Killy dort hat 2 Zimmer für uns. Für Silvie wird es die letzte Nacht in Norwegen sein – ich ziehe von dort weiter ins Fjell. Zufrieden gehen wir an diesem Abend ziemlich spät schlafen. Ich habe den Fjell-Test bestanden. Und ich habe mich als soziales Wesen zurückgemeldet.

Krisen kommen und gehen. Das Einzige, was bleibt, ist die Veränderung.

TAG 14: Ballast abwerfen und Auftanken

Von Kirketeigen Camping nach Otta (13.6. / 22 km)

Loslassen: Etwas niederlegen können,
ohne es als Niederlage betrachten zu müssen. *Henriette Hanke*

Meine Krise habe ich erst mal überwunden. Heute Morgen bin ich putzmunter und breche für meine Verhältnisse früh auf. Allerdings kein Grund, übermäßig stolz zu sein: Silvie ist längst über alle Berge.

Aber ich gehe ja *mein* Tempo, *meinen* Rhythmus. Die Sonne scheint wieder. Dieser Moment ist wunderbar: Vögel singen, Insekten summen, Baumwipfel rauschen leicht im Wind. Der Regen gestern hat den Wald vollkommen aufatmen lassen und mich mit ihm. Ich atme die klare, kühle, würzige Waldluft tief ein. Mein Weg führt auf schmalen Pfaden sanft bergan. Ich genieße dieses Gefühl der Frische am Morgen. Ein sehr angenehmes Körpergefühl, energetisch und leicht. Nichts tut weh. Die Bleischwere ist gewichen. Ich fühle mich heute durchaus dynamisch.

Mein Rucksack fühlt sich auch ok an – aber ich habe mich ja auch einer alten Pilgertradition entzogen und keine Steine drin. Die haben die

Pilger früherer Zeiten nämlich immer von zu Hause mitgeschleppt: große und kleine Steine, für jede Sünde einen. Denn das Pilgern diente vor allem der Befreiung von Sünden. Diese Last wurde der Tradition folgend abgelegt beim Übergang über den Fluss bei Varphaugen Gard. An diesem alten Wallfahrtsort komme ich heute vorbei.

Während ich durch nasses Gras und eine moosbewachsene malerische Steinlandschaft kraxele, überlege ich, welche Steine ich ablegen müsste, wenn ich sie im Rucksack hätte. Gibt es eine Schuld, die mich belastet? Etwas, von dem ich das Gefühl habe, dass es grundfalsch war? Etwas, das ich bereue und am liebsten loswerden würde?

Über Sünde oder Schuld denken wir ja in unserer aufgeklärten Gegenwart kaum noch nach. Dabei hätten wir allen Grund – vielleicht viel stärker als Generationen vor uns, die die Angst vor einer göttlichen, ewigen Strafe täglich intensiv beschäftigte. Für Schuldbekenntnisse, für das Ablegen und Überwinden von Schuld gab es in früheren Zeiten institutionelle Angebote. Bestimmt war dies nicht nur Last, sondern auch wohltuende Praxis. Psychohygiene. Heute sind Beichte und Absolution – jedenfalls bei evangelischen Christen – kaum persönliche Praxis.

Was würde also ich gern dem Fluss überlassen, an den ich bald komme? Ich habe niemand umgebracht und stehle auch nicht unbemerkt. Nach außen hin lebe ich einigermaßen ordentlich und versuche, mich in meinen Aussagen und Mitteilungen überwiegend an die Wahrheit zu halten. Also nicht wirklich was zum Loswerden? Hm ...

Beteiligt fühle ich mich vor allem an der kollektiven Schuld unserer Gegenwart. Wir konsumieren, was das Zeug hält, wohlwissend, dass wir etwas grundlegend ändern müssen. Wir häufen die Schuld an den nächsten Generationen auf, verschmutzen die Luft, vermüllen die Meere mit Plastik, holzen Wälder ab, vergiften unser Wasser und heizen das Klima auf. Und nicht nur das. Ich bin auch beteiligt an den aus der Kolonialisierung stammenden ungerechten Wirtschaftsstrukturen, die uns in Europa dazu privilegieren, auf Kosten der weit entfernten Armen zu leben, die mit ihrem Leben und ihrer Arbeitskraft für unseren Wohlstand sorgen.

Ich meine, mich nicht entziehen zu können. Auch wenn ich unseren Garten biologisch bewirtschafte, überwiegend Bioprodukte und fair produzierte Kleidung kaufe, auch wenn ich beim Einkauf die Produkte nach biologisch abbaubaren Material und recyclebarer Verpackung aussuche, bin ich dennoch eine Sünderin. Und was für eine! Ich nehme öfter das

Auto als das Fahrrad, ich steige ins Flugzeug wie just bei dieser Pilgerreise, weil ich denke, es ginge nicht anders. Wie rücksichtlos von mir! Ich nehme die Verschwendung von Ressourcen als gegeben hin, weil es bequem ist und ich angesichts der komplexen Problematik resigniere.

Ich sündige nicht aktiv – aber unaufhörlich passiv. Was nicht unbedingt besser ist, vielleicht sogar schlimmer. Ein bekannter Theologe, Karl Barth, hat Sünde auch als Trägheit definiert, das kommt mir sehr nah. Trägheit, Bequemlichkeit, das Gefühl, es sei eh alles zu spät, wenig bewusste Aufmerksamkeit, mangelnder Einsatz, fehlendes Mitgefühl, nicht nur im großen Ganzen, auch in meinem ganz normalen Alltag ...

Meine Liste ist lang, mein imaginärer Rucksack füllt sich. Reale Steine als Symbol für diese allumfassende Trägheit könnte ich unmöglich schleppen. Was mache ich damit? Ich will diese passive Schuld nicht ablegen – auch nicht symbolisch in Varphaugen Gard. Ich kann es auch nicht! Das würde weder stimmen und noch passen. Diesen imaginär prall gefüllten Rucksack will ich behalten und mit nach Hause schleppen. Er soll mich drücken und immer wieder schmerzen.

Uff, das fühlt sich auch nicht gut an. Schuld muss überwindbar sein – oder? Hier in meiner Gegenwart. Was kann ich tun? Was will ich verändern? Wenn meine Sünde – wie ich erkannt habe – vor allem Trägheit ist, muss ich wohl die Ursache der Trägheit ergründen. Es muss etwas geben, das meine Trägheit nährt. Was macht sie so stark? Was lässt mich ein potenzielles Engagement lieber lassen, es tunlichst *unter*lassen?

Richtig, ich fühle mich *über*fordert. All das ist mir zu groß und zu unübersichtlich. Wie wäre es, wenn ich aufhören würde, mich selbst zu belügen? Das Argument der wahnsinnigen Komplexität ist nützlich, weil ich deshalb alles beim Alten lassen kann und in meinem Alltag nichts wesentlich ändern muss. Wollte ich nicht ausziehen aus meiner „selbstgewählten Unmündigkeit"? Was auch bedeuten kann: Auszug aus der selbstgewählten Bequemlichkeit. Vielleicht unterschätze ich den Beitrag, den ich selbst zur Verbesserung des Ganzen leisten kann?

Nach diesem Schuldeingeständnis rührt sich plötzlich etwas warm in mir: Es gibt tatsächlich Hoffnung. Alles, was dem Guten dient, ist sinnvoll. Du musst nur tun, was du kannst, und dich mit anderen verbinden, die auch Gutes und Notwendiges im Sinn haben.

Während ich auf Varphaugen zulaufe, sammle ich doch drei reale Steine auf, die ich gleich in den Fluss werfen möchte:

Unmündigkeit – Selbstunterschätzung – Resignation.

Das ist die Schuld, die ich loswerden möchte. Unbedingt!

Und da bin ich schon. Ich stehe am rauschenden Fluss, der aus den Bergen des Dovrefjell kommt und hier mit kraftvoll-natürlicher Energie alles mitreißt, was nicht niet- und nagelfest ist. Meine faustgroßen Steine wird er mit Leichtigkeit davontragen, und ich vertraue sie ihm mit kühnem Schwung an: *Weg mit der selbst gewählten Unmündigkeit! Weg mit der ständigen Selbstunterschätzung! Weg mit der lähmenden Resignation!*

Tut das gut! Ich kehre all dem den Rücken und fühle mich erleichtert.

Vor mir liegt ein Gebäude, das zu einer Kaffeepause einlädt: Da, wo einst vielleicht eine Hütte für Pilgernde stand, ist jetzt ein Raftingcenter mit Gastronomie. Ich kann mir zur Mittagszeit einen Kaffee gönnen – ein seltenes Privileg auf diesem Weg. Leichten Fußes trete ich ein. Der Gastraum ist heute ausnahmsweise geschlossen. Fünf junge Frauen vom Team sind dabei, eine Party vorzubereiten, die heute Abend starten soll.

Aber Enttäuschung lassen sie nicht aufkommen. Sie zeigen mir ein bequemes Sofa im Flur, auf dem ich mich in meiner Wanderpause niederlassen kann, und stellen mir eine große Kanne mit frisch gebrühtem Kaffee hin. Sie haben alle Hände voll zu tun, sind dabei aber gut gelaunt. Laut schallt Musik und sie singen aus voller Kehle dazu. Aus ihrer Textsicherheit schließe ich, dass sie das häufig tun. Während sie singen, arbeiten sie fix – alles geht Hand in Hand, begleitet von Humor und Lachen. Schön, hier zu sitzen und dem munteren Treiben zuzusehen. Im Nu ist der Saal geschmückt, sind die Tische gedeckt, und das Fest kann kommen. Was ich hier gerade erleben darf, scheint mir wie eine geheime Botschaft. Die abgeworfenen Steine haben einen Leerraum in mir hinterlassen, der gefüllt werden will. Wie wäre es mit: *Lachen – Leichtigkeit – Singen?* Kombiniert mit einem verlässlichen Zusammenhalt im Team sind das gute Zutaten zum nachhaltigen und effektiven Wandel.

Eigentlich schlägt mein Wanderführer schon hier die Übernachtung vor – aber ich kann noch ein Stück weiterlaufen.

Mein Plan ist, mir auf diese Weise noch etwas Erholungszeit im Engelshus zu erlaufen, einem empfohlenen Quartier vor dem Aufstieg ins Fjell. Zwar wird kein ganzer Pausentag drin sein, vielleicht aber ein halber. Mal sehen. Außerdem wartet die Pension Killy in Otta auf mich.

Gut gestärkt durch etliche Tassen Kaffee mache ich mich auf den Weg dorthin. Allerdings muss ich wieder aus dem Wald raus und auf einem harten asphaltierten Wanderweg neben der vielbefahrenen Hauptstraße gehen, was meine Füße umgehend mit Schmerzen quittieren. Die Strecke ist beschwerlich und scheint lang – doch ich greife zum neuen Proviant in meinem Rucksack und singe ein Lied nach dem anderen zum Rhythmus meiner Schritte.

Nach knapp 2 Stunden ist Otta zu sehen, das malerisch im breiten Flusstal liegt. Am Ortseingang haben regionale Künstler zwei Riesensessel aufgestellt. Aus Holz gefertigt und quietschbunt angestrichen. Auf einem sitzt eine kleine Gestalt, die mir entgegenwinkt: Silvie. Ich werde erwartet, wie schön! Als ich herankomme, springt Silvie herunter. Sie hat schon alles erkundet und zeigt mir den kürzesten Weg zur Pension, der allerdings auch recht lange durch die Stadt führt. Während wir dorthin laufen, schwatzt Silvie munter. Sie war schon auf Shoppingtour. Hier kann man super einkaufen. Es gibt alles zu halbwegs akzeptablen Preisen. Ein paar Urlaubsandenken will sie schließlich unbedingt mitnehmen.

Unter anderem hat sie eine große bunte Tasche gekauft, in die sie alle ihre Schätze packen wird, wenn sie morgen in aller Frühe zum Flughafen aufbricht. Auch ein paar Sportschuhe hat sie erworben, denn ihre Wanderschuhe sind hin. Im nächsten Jahr wird sie sich neue leisten. Was sie mit den alten macht, weiß sie schon. Sie wird sie unserer netten Wirtin vor die Tür stellen, passende Blumentöpfe mit hübschen Hornveilchen als Schmuck hat sie auch erstanden. Auf die Augen der Wirtin freut sie sich schon. Silvie strahlt kindlich verschmitzt. Bevor wir klingeln, verstaut sie die Blumentöpfe schnell in ihrer großen bunten Tasche.

Unsere Wirtin öffnet prompt und zeigt mir mein Zimmer. Es liegt gemütlich unter dem Dach. Mit Blick auf den breiten Fluss. Es gibt ein mit geblümter Bettwäsche bezogenes Bett und jede Menge weicher Kissen – welch ein Luxus! Auf dem Flur ist eine kleine Küchenecke eingerichtet, hier kann ich mir morgen mein Frühstück bereiten.

Unterwegs haben Silvie und ich beschlossen, heute gemeinsam Essen zu gehen. Wir wollen gebührend Abschied feiern und uns zur Feier des Tages etwas richtig Gutes gönnen. Dazu haben wir uns einen netten Italiener ausgeguckt. Während ich dusche, richtet Silvie ihre alten Wanderschuhe her und drapiert sie draußen auf dem Treppenabsatz.

Nun sind wir beide stadtfein und begeben uns zum Italiener. Es gibt gutes und zugleich erschwingliches Essen. Wir genießen mehrere Gänge und haben Spaß beim Erzählen. Mit Silvie ist das überhaupt nicht anstrengend. Wir lachen ausgelassen und viel – haben uns vom Italiener auch etwas Rotwein servieren lassen. Ein Hoch auf den Olavsweg und den neuen Proviant in meinem Gepäck: *Singen – Leichtigkeit – Lachen.*

Als wir angeheitert zu unserer Pension zurückkehren, hat unsere Wirtin schon die Tür geöffnet. Silvie deutet auf ihre Wanderschuhe: „Das ist unser Dankeschön für Sie. Es soll Ihnen Glück bringen!" Die Wirtin ist total überrascht und freut sich ein Loch in den Bauch– wir lachen alle drei. Ich muss Silvie spontan umarmen: Was ist sie doch für ein Herz. Silvie, du wirst mir fehlen! Meine paradoxe Erkenntnis heute:

Wenn du etwas loslässt, was du lange mit dir herumgeschleppt hast, wirst du nicht leerer, sondern reicher: Es ist Platz für Neues.

TAG 15: Gegen den Wind

Von Otta nach Vollheim Camping (14.6.)

Nur, was nicht aufhört, weh zu tun, bleibt im Gedächtnis.

Friedrich Nietzsche

Nun bin ich wieder allein. Ganz mir selbst überlassen. Es tat so gut, eine Gefährtin an der Seite zu haben. Bald werde ich mutterseelenallein die Überquerung des Dovrefjell auf mich nehmen. Denn es wird immer einsamer. Auch die Landschaft ist dünner besiedelt – Ortschaften werden seltener. Andere Pilger sind, soweit ich weiß, nicht auf der Strecke. Jochen hat abgebrochen, Dieter ist mehrere Tagesmärsche voraus. Sollte mich doch ein supersportlicher Pilger einholen, werde ich garantiert nicht mithalten können und bald abgehängt sein. Es hilft nichts. Mein Weg soll weitergehen. In leicht melancholischer Stimmung packe ich, zahle, bedanke mich bei der freundlichen Wirtin und breche auf.

Silvies Begeisterung darüber, dass es hier in Otta „einfach alles" gibt, hat mich auf die Idee gebracht, mich vor dem Aufstieg ins Fjell um meine Trekkingstöcke zu kümmern. Denen fehlt eine Schraube, und die Höhenverstellung ist permanent locker, sodass sie unter Belastung regelmäßig nachgeben. Doch wo in dieser Stadt werden Trekkingstöcke repariert?

Ich betrete den ersten Handwerkerladen. Der Inhaber hat nichts Passendes und schickt mich zur nächsten Adresse. Auch da gibt es nichts, was meinen Stöcken und mir helfen könnte. Also doch unverrichteter Dinge weiterziehen? Ewig aufhalten kann ich mich jetzt nicht. Der freundliche Verkäufer, den ich wohl leicht resigniert angesehen habe, überlegt angestrengt. Ihm fällt ein Sportladen ein, den es hier gibt. Sofort ruft er dort an. Ja, da können sie helfen! Das Geschäft liegt auf meinem Weg aus der Stadt hinaus. Ich soll gleich vorbeikommen.

Der Laden ist ein Trekkingparadies. Ich werde schon erwartet. Sofort beschäftigen sich zwei junge Männer mit meinen Stöcken, suchen das Richtige heraus, bauen neue Klickverschlüsse an, passen die Stöcke meiner Größe an und ziehen alles ordentlich fest. Sogar einen Ersatzverschluss geben sie mir mit, falls unterwegs noch mal was verloren geht.

Während die beiden eifrig schrauben, blicke ich mich um. Gibt es hier noch etwas, das ich gebrauchen kann? Ich erstehe eine Profi-Wasserflasche, die 0,75 l fasst, das richtige Volumen: nicht zu wenig – nicht zu viel. Dabei ist sie leicht und zusammenknauschbar, wenn ich sie platzsparend im Rucksack verstauen will. Auch zwei paar Trekkingsocken packe ich ein. So bin ich für die Fjell-Überquerung gut ausgerüstet. Es geht nichts über vernünftiges Material. Ich fühle mich getröstet.

In gehobener Stimmung verlasse ich den Ort und laufe in den Tag. Heute ist es bedeckt. Der Weg wieder asphaltiert – auch wenn er malerisch durchs breite Flusstal führt. Ich laufe auf gerader offener Strecke. Der Wind pfeift ordentlich. Ich muss ihm entgegenlaufen. Wie gut, dass meine heutige Etappe nicht lang ist, denn das hier ist hammeranstrengend! Der Weg dehnt sich und Nieselregen schlägt mir entgegen.

Bei der Sel kirke steht ein nächster Meilenstein: noch 284 km bis Nidaros. Hatte das nicht schon der hölzerne Wegweiser vor 2 Tagen mitten im Wald vor Verhaugen angekündigt? Eigenartig. Und schade! Ich hatte mich auf ein kleines Zwischenhoch gefreut, eine Minimotivation für den Weg, die mir jetzt vorenthalten bleibt. So bin ich scheinbar überhaupt nicht vorangekommen. Ich sage mir, dass Strecken sowieso von relativer Länge sind, schwer oder leicht, sonnig oder verregnet, bergauf oder bergab – je nach Beschaffenheit des Weges entscheidet sich, wie du vorankommst (und was deine Füße dazu sagen). Heute geht es eher langsam. Doch die erste Lektion halte ich schon mal für mich fest: *Falls du scheinbar nicht vorangekommen bist, bist du schon ein ganzes Stück weiter.*

Jetzt drücke ich die Türklinke zur Kirche und erwarte das gewohnte Signal: Stopp – hier kommst du nicht rein! Aber diesmal gibt die Tür nach.

Die Kirche ist offen! Im Garten bin ich schon einem Gemeindemitarbeiter begegnet, der gerade Rasen mäht. Da habe ich Glück. Jemand lädt mich fürsorglich zur Rast im Trockenen ein. Wie wohltuend. DANKE!

Ich sitze ein Weilchen im warmen hölzernen Kirchenraum, in dem es einen riesigen historischen Ofen gibt, ruhe mich aus, genieße diesen windgeschützten Ort und die Stille. Draußen rüttelt der Sturm, der noch stärker werden soll. Und ich will heute bis ins Mittelalterzentrum Jorundgard kommen. Wie passend! Hoffentlich wird das nicht gruselig – so allein. Deshalb muss ich jetzt unbedingt weiter, falls es dort zu unwirtlich ist und ich mir noch eine Alternative für die Nacht suchen muss.

So geht's wieder los durch das langgestreckte Tal des Lägen. Rechts. Links. Rechts. Links. – Im Vierfüßler-Gang. Arme und Beine je versetzt. Ich komme wieder in meinen vertrauten Laufrhythmus. Meine perfekt eingestellten Stöcke helfen mir besonders, denn ich kann mit den Armen ordentlich Kraft einsetzen – gegen Wind und Wetter. Weiter, weiter ...

Mein Kopf ist leer. Ich denke nichts mehr, bin befreit von allem, was mich im Alltag normalerweise beschäftigt und beansprucht. Für mich zu sein ist heilsam. Der nächste Schritt ist der wichtigste. Nur die basalen Bedürfnisse spielen eine Rolle: Trinken, Essen, Waschen und ein Bett für die Nacht. Nach so vielen Tagen unterwegs bin ich außen völlig reduziert. Und je weniger unterwegs passiert, umso mehr arbeitet es innen.

Heute Nacht habe ich intensiv geträumt. Drastisch. Bunt. Klar. Es ist, als hätte meine Seele inzwischen die Lebenszimmer der Beletage aufgeräumt und wagt sich nun in den Keller. Hier blickt sie sich um. Und nimmt Sachen in die Hand, die sie lange nicht betrachtet hat. Vielleicht muss entstaubt und sortiert werden! Sonst erinnere ich Träume kaum. Jetzt beschäftigt mich das Geträumte – auch unterwegs. Einen Teil habe ich heute Morgen aufgeschrieben, falls ich das mal genauer anschauen will. Ein Psychoanalytiker hätte seine Freude daran.

Die Schotterwege, auf denen ich jetzt laufe, ziehen sich in die Länge. Das hier ist echt herausfordernd! Die Kilometer wollen nicht schmelzen. Ich habe das Gefühl, im Schneckentempo voranzukriechen. Gefühlt bin ich jetzt schon eine halbe Ewigkeit unterwegs, und vom Mittelaltercenter ist noch immer nichts zu sehen. Ich müsste nach meinen Berechnungen längst da sein. Meine Füße tun inzwischen wieder heftig weh.

Ich nehme mir vor, heute in Jorundgard zu bleiben, sollte es möglich sein. Ich bin ziemlich fertig.

Nachdem ich noch ein ganzes Ende gelaufen bin und einen kleinen Fluss überquert habe, bin ich endlich da. Die Realität bestätigt leider meine Befürchtungen: Hier ist es einsam und abgelegen. Kein Mensch zu sehen. Alles sieht echt „mittelalterlich" aus – von Romantik keine Spur. Moderner Komfort scheint völlig zu fehlen. Etwas weiter abseits entdecke ich ein Plumpsklo und einen Wasserhahn – immerhin! Aber ich kann weder eine Dusche noch eine Kochgelegenheit finden. Vielleicht verbergen sie sich in einem der abgeschlossenen Nebengebäude? Wahrscheinlich müsste ich ein Lagerfeuer entfachen, um mir wenigstens einen heißen Tee zu kochen. Und den brauche ich an diesem Tag.

Ich steige die Treppen der historischen Herberge hinauf. Mich überkommt ein Gruseln. Hier ist es echt finster: Einfache Kojen, statt Fenstern nur offene Luken, durch die der Sturm pfeift. Wahrscheinlich haben auch Mücken leichten Zugang. Kein elektrisches Licht – nur abgebrannte Teelichter stehen herum. Meine Bauchentscheidung ist klar: Hier möchte ich nicht schlafen! Auf eine Dusche könnte ich verzichten – aber etwas Warmes zu essen oder wenigstens zu trinken ist unverzichtbar. Wenn wenigstens Silvie hier wäre, könnte es ganz lustig sein. Aber so allein geht es gar nicht. Dazu dieses finstere Wetter, das einem schon beim Gedanken, hier allein zu schlafen, Schauer über den Rücken jagt.

Ich konsultiere mein Wanderbuch. Bis zur nächsten Übernachtungsmöglichkeit sind es 13 km. Auf abenteuerlichen Pfaden, so wird versprochen. Es ist 15:30 Uhr – spätestens in 3 Stunden müsste ich ankommen. Das ist schaffbar. Hoffentlich. Dann leiste ich mir heute eben eine Hütte mit Kochgelegenheit und warmer Dusche. Das muss sein. Ich rufe an, eine Hütte ist frei und wird für mich reserviert. Der Preis ist verkraftbar.

Also weiter. Ich ziehe durch das verlassene Mittelaltercenter. Hier wurde Kristin Lavranstochter verfilmt – die Roman-Trilogie, die mir Rigmor wärmstens empfohlen hat. Jorundgard dient noch immer als Filmset und Freilichttheater. Doch ich bin hier eindeutig im falschen Film!

Ich komme in den nächsten Ort und mache noch einen Umweg zum Tante-Emma-Laden. Wenigstens bin ich nun mit Proviant versorgt und kann mir heute Abend was Vernünftiges kochen. Hunger habe ich jetzt schon nach der Anstrengung des bisherigen Weges.

Das Einkaufen hat auch wertvolle Zeit gekostet. Schnell weiter.

Mein Wanderbuch hat nicht zu viel versprochen. Die schmalen Pfade, die ich laufe, sind abenteuerlich! Anstrengung pur. Auf steinigem und teilweise aufgeweichtem Untergrund muss ich mich steil bergauf hieven und wieder hinab steigen. Der Weg ist mit glitschigen bemoosten Steinen übersät. Jetzt nicht danebentreten. Wenn ich hier umknicke und mir was breche, findet mich heute niemand mehr. Wer geht bei diesem Wetter schon raus? Der Sturm tobt heftig in den Baumwipfeln.

Zack! Da liege ich schon. Schneller, als ich denken kann, rutschen meine Beine weg und ich liege lang. Autsch! Ich rutsche ein paar Meter in die Tiefe – ich bin ja an einem Steilhang unterwegs – und lande auf dem Rücken, zapple wie ein Käfer mit den Beinen. Trotz des Schrecks muss ich lachen. Das war klar! Es musste irgendwann passieren. Wenn ich mir was gebrochen habe, kann ich kaum nach Jorundgard zurücklaufen, und nach Vollheim ist es noch weit. Gratulation, Brita!

Vorsichtig probiere ich, ob ich noch alles bewegen kann. Geht. Mit Hilfe meiner zum Glück funktionsfähigen Stöcke richte ich mich auf. Erstaunlich. Füße und Rücken, Hinterkopf und Arme sind in Ordnung – auch alles andere, jedenfalls, soweit ich es überprüfen kann. Auch wenn mein Rucksack mich mit seiner Schwerkraft nach unten gezogen hat, hat er doch wie ein Airbag funktioniert und verhindert, dass ich zu hart aufgeschlagen bin. Ich hab Glück gehabt!

Mit erhöhter Wachsamkeit geht es weiter. Ich muss einen Zugtunnel von oben überqueren, über lange wacklige Stahltreppen steigen, durch nasses hohes Gras laufen und über einige umgestürzte Bäume steigen. Auf diese Art Entfernungen zu überwinden zehrt an den Kräften und geht extrem langsam. Ich fühle mich schon seit Stunden erschöpft. Ich kann nicht mehr! Dazu der Sturm in den Baumwipfeln. Ich hoffe, dass keine Äste runterkrachen oder ein Baum auf mich stürzt. Wie gesagt – das ist inzwischen auch bei abwesender Sonne sonnenklar: Es würde mich niemand finden! Ich bin hier „abgrundtief" allein. Unwillkürlich muss ich daran denken, was meine Freunde und Familie sagen würden, wenn sie mich so kraxeln sähen. Verrückt, was ich hier mache!

Habe ich Angst? Nicht wirklich. Mir ist mulmig, und ich habe größten Respekt vor diesem Weg – all meine Aufmerksamkeitsantennen sind auf Hochbetrieb geschaltet. So kämpfe ich mich voran: Stück für Stück. Schritt für Schritt. Heute fühle ich bewusst, wie klein und verletzlich ich bin. Über mir die hohen Bäume, ringsum die Berge. Den riesigen Erhebungen des Dovrefjell bin ich schon ganz nah, das ist zu spüren.

Aber am Ziel bin ich noch lange nicht!

Immerhin habe ich diese schwierige Passage geschafft und kann nun auf einigermaßen gangbaren Forstwegen durch den Wald laufen. Eine Weile geht es zügig voran – trotz extrem schmerzender Füße. Wieder hilft es mir, zu singen und an mein schönes Abendquartier zu denken. Ich werde bald unter der Dusche stehen und mir was Leckeres kochen.

Jetzt bin ich schon 3 Stunden unterwegs und noch immer nicht da. Als ich an einer Farm zwei große Holztore passiere, belehrt mich mein Wanderbuch, dass bis zu meinem Campingplatz noch etwa 6 km vor mir liegen – ich muss also noch mindestens eine ganze Stunde laufen.

Bitte nicht! Ich habe das Gefühl, auf der Stelle umzufallen. Meine Beine versagen mir bestimmt bald endgültig den Dienst. Ich kann nicht weiter – aber ich *muss!* Es hilft nichts. Also laufe ich gegen die Erschöpfung an, mit bewusstem Einsatz der Arme, Schritt für Schritt. Nach etwa einer halben Stunde wird mir schwummrig und ich fürchte, dass mich wieder eine Ohnmacht anspringt. Meine Kraftreserven sind erschöpft. Schnell suche ich mir ein halbwegs grasiges Plätzchen am Wegrand und habe beim Hinlegen Mühe, den zahlreichen Schafkötteln auszuweichen, die den Wegrand zieren.

Schnell den Rucksack runtergenommen! In letzter Sekunde, kurz vorm sicheren Umfallen, liege ich auf dem Rücken, strecke die Beine in die Luft. Diese Haltung hat mir schon einmal geholfen, einer Ohnmacht zu entgehen. Sie wirkt wieder Wunder. Die Schmerzen weichen aus den Füßen. Sie fühlen sich leichter an. Ich atme bewusst ruhig in den Bauch, schaue in den bedeckten grauen Himmel, aus dem es noch immer nieselt. Jeden Moment kannst du genießen, aus jedem Kraft ziehen. Verweile doch ... Aber nein: Ich will weiter. Endlich ankommen.

Das letzte Stück muss ich schaffen. Ich trinke noch einmal ordentlich und esse einen Powerriegel. Dann richte ich mich auf, nehme den Rucksack auf die Schultern und die Stöcke in die Hand. Auf zu meiner Hütte! Die Beine zittern und scheinen nicht mehr so recht zu gehorchen.

So krieche ich mehr recht als schlecht weiter – jetzt auf einem breiten Schotterweg. Zum Glück führt er leicht bergab, sodass die Füße fast von selbst laufen. Da höre ich auch schon das Rauschen der E6, sehe die ersten Häuser von Oppheim und laufe durch eine Bahnunterführung auf die Schnellstraße zu.

Ich sehe schon die Schilder: *Vollheim Campingplatz*. Ich bin da. Ich hab‘s geschafft. Unglaublich – aber wahr!

In der Rezeption händigt mir ein freundlicher Herr den Schlüssel zu meiner Hütte aus und beschreibt mir, wo sie liegt. Ich laufe hin, schließe auf, schmeiße meinen Rucksack hin, springe unter die Dusche und ziehe trockene Sachen an. Wunderbar! Heute gehe ich keinen Schritt mehr.

Jetzt was Ordentliches kochen. Ich schnipple mein Gemüse und will die Pfanne aufheizen. Als ich den Knopf an der Kochplatte drehe, macht es peng – und sämtlicher Strom in der Hütte ist weg. Was nun? Notgedrungen ziehe ich mir die Schuhe wieder an, die Jacke über und schleppe mich zur Rezeption. Hier hat man inzwischen Feierabend gemacht. Den Campingplatzbesitzer will ich zu dieser späten Stunde nicht mehr stören. Also humple ich zurück und komme an einem Sanitär- und Waschgebäude vorbei. Ob es hier auch eine Küche gibt? Richtig. Die gibt es. Nicht weit entfernt von meiner Hütte. Der Herd besteht die Funktionsprobe. Also trage ich all meine Kochutensilien hierher und das fertig gekochte Essen im Topf wieder zurück zu meiner Hütte. Man muss improvisieren können. Ich esse mit Genuss. Das war heute hart, viel härter als der angekündigte Fjell-Test.

Also werde ich auch die Bergtour bestehen. Satt und zufrieden falle ich in tiefen, wohlverdienten Schlaf. Meine Beine laufen unbewusst immer noch weiter. Fazit: ***Auch wenn es nicht mehr geht, geht es noch.***

TAG 16: Überraschung im himmlischen Engelshus

Von Vollheim Camping zum Engelshus Dovre (15.6.)

Musik ist die universelle Sprache der Menschheit. *H. W. Longfellow*

Das war ein anstrengender Wandertag gestern, der härteste, den ich je erlebt habe – ich bin fast zwei volle Tagesetappen gelaufen! Kilometermäßig nicht so lang – aber wandertechnisch höchst anstrengend.

Nach meinem Abendessen in der Hütte bin ich ins Koma gefallen und habe ohne Unterbrechung 10 Stunden durchgeschlafen.

Heute Morgen fühle ich mich zu meinem Erstaunen einigermaßen fit.

Mein Vorteil heute: Ich kann es ruhig angehen lassen. Ich werde einen Erholungstag im Engelshus genießen, das nur knapp 2 Wegstunden von hier entfernt liegt. Es wird für seine wundervolle Atmosphäre gerühmt, die zum „Versinken“ einlädt. Genau das möchte ich mir jetzt gönnen, denn die verbleibende Tagesstrecke ist für meine gut trainierten Pilgerbeine inzwischen ein Klacks. Noch immer habe ich einen Joker-Tag für Trondheim aufgespart, den ich zum Sightseeing nutze, wenn alles nach Plan läuft. Außerdem gilt es, sich für den Aufstieg ins Fjell zu wappnen, noch mal Wäsche zu waschen und sich möglichst gut zu regenerieren.

Mein erster Gang heute Morgen führt zum Platzwart, der den Strom an meiner Hütte mit einiger Mühe wieder in Gang setzt. Gestern hat ihn spät abends ein deutsches Ehepaar herausgeklingelt. Sie haben ihn allen Ernstes gefragt, ob es hier kein deutsches Fernsehprogramm gibt. Das gibt es nicht, sie mussten unverrichteter Dinge wieder abziehen.

Die Definition eines „Problems" ist eben auch relativ.

In der Küche meiner Hütte koche ich mir einen Morgentee und genieße ein ausgiebiges Frühstück auf der Terrasse. Die Sonne scheint warm. Regenschauer und Sturm sind abgezogen, schon sieht die Welt anders aus. Das muss genossen werden. Dennoch breche ich bald auf: Auf zum *Engelshaus* – welches Ziel könnte verlockender sein? Der Weg läuft sich entspannt. Das heitere Wetter hellt auch meine Stimmung auf. Ich wandere auf einem sanft schwingenden Waldweg, der am Hang entlangführt. Immer wieder öffnen sich malerische Ausblicke ins weite Tal und auf die Berge des Dovrefjell, die immer näher heranrücken.

Schon habe ich die Straße erreicht, die mich direkt zum *Engelshus* führt. Auf einem kleinen Parkplatz weist eine große Holztafel mit der Bezeichnung *Bydningshuset* darauf hin, dass hier so was wie ein Freilichtmuseum ist. Ich setze noch mal kurz meinen Rucksack ab, um zu trinken. Es ist schon wieder warm, und für die letzte kurze Etappe muss ich noch etwas Flüssigkeit tanken. Da öffnet sich die Holzpforte und eine schlanke lebendige Frau kommt auf mich zu. Sie ist Lehrerin und Mitarbeiterin in diesem Freilichtprojekt, in dem sich Schüler alten Handwerkstechniken widmen und historische Holzgebäude nach überlieferter Bauart errichten. Ich genieße eine Exklusivführung durchs weitläufige Gelände. Beeindruckend, was die Jugendlichen hier alles eigenhändig und professionell gebaut haben: Scheunen, traditionelle Vorrats- und Wohnhäuser – sogar eine funktionstüchtige Sägemühle gibt es.

Wieder einmal staune ich, mit wieviel Engagement man in Norwegen Kinder und Jugendliche zum Zusammenhalt, zur Verbindung mit der Natur und zum Wissen um eine traditionelle Lebensweise erzieht. Gerade findet hier eine Festwoche statt unter Beteiligung der Schüler, ihrer

Eltern und der lokalen Öffentlichkeit. Abends wird es ein Konzert geben mit einem jungen Liedermacher, der lokale Gesangstraditionen aufleben lässt. Birgitta, so heißt meine freundliche Begleiterin, erkundigt sich nach meinem heutigen Ziel. Als sie hört, dass ich im Engelshus bleiben will, lädt sie mich mit freundlicher Dringlichkeit zum Konzert ein. Auch Abendessen soll es geben. Sie ahnt wohl, dass Pilgernde spätestens, wenn ein gutes Essen in Aussicht steht, kaum Nein sagen. Wir haben stets Hunger, denn unser Energieverbrauch ist enorm. Ich verabschiede mich mit dem Versprechen, es mir ernsthaft zu überlegen. Vielleicht habe ich heute Abend Lust (und Kraft) zu kommen. Es ist ja nicht weit bis hierher.

Doch nun laufe ich zum Engelshus und bin bald da. Ein malerischer Hof mit historischen Häusern sowie modernen Wohn- und Wirtschaftsgebäuden liegt friedlich in der Mittagssonne. Der Ausblick in die umgebenden Berge des Fjells und ins Tal ist atemberaubend. Ich gehe zum Wohnhaus und klingle – keiner da. Aber das beunruhigt mich nicht, denn ich habe gestern mit Hildrun telefoniert und weiß, dass ich willkommen bin. Ich bin ja auch früh dran, so werde ich mir jetzt einfach einen schönen Sitzplatz suchen, von denen es einige auf diesem weitläufigen Hof gibt, und warten. Als ich noch mal an der großen alten Scheune vorbeigehe, entdecke ich einen Zettel:

Herzlich willkommen, lieber Pilger, wir sind gerade unterwegs – aber komm ruhig herein. Im Haus findest du weitere Informationen.

Ich drücke die Klinke der Tür am großen, rot gestrichenen Scheunentor, und tatsächlich: Es ist offen. Mich empfängt ein Untergeschoss, in dem Wäsche trocknet. Auf einem kleinen Tisch finden sich wie angekündigt weitere Informationen, dazu Gästebuch und Pilgerstempel. Rechter Hand liegt ein ausgebauter Sanitärbereich mit Toiletten, Dusche und einer funktionsbereiten Waschmaschine. Auch Waschpulver und ein Wäscheständer erwarten den Pilger, der sich hier zum Aufstieg in die Berge rüsten will. Geradezu geht es in eine kleine Küche, in der Kaffee und Tee bereitstehen – dazu eine große Keksdose mit frischen von Hildrun selbst gebackenen Plätzchen. Der Zettel mit der freundlichen Einladung, sich zu bedienen, fehlt auch nicht. Wie lieb und aufmerksam.

Kein Zweifel: Hier ist ein freundlicher Engel am Werk.

Auch wenn ich heute nur kurz gelaufen bin, dusche ich fix, ziehe frische Sachen an und befülle die Waschmaschine mit allem, was eine Reinigung braucht, einschließlich Schlafsack und Handtüchern.

Die Sonne scheint. Ich werde alles ohne Probleme trocknen können. Mit dem guten Gefühl, dass die Waschmaschine schon mal läuft, setze ich mich mit Kaffeetasse, Hildruns Keksen und meinem Pilgertagebuch in die Nachmittagssonne. Es ist ein himmlischer Ort! Ich bin dankbar, hier angekommen zu sein. Das Gudbrandstal liegt hinter mir, und ich habe einige Herausforderungen bewältigt, innere und äußere. So wie ich hier sitze, bin ich im Moment tief und rundum glücklich. Dazu leicht und entspannt. Das erfährt auch mein Tagebuch – das Aufschreiben hilft mir nicht nur, Erinnerungen festzuhalten und Krisen zu überwinden, es vertieft auch meine Wahrnehmung und Dankbarkeit für das, was ich hier erleben darf.

Nach einiger Zeit fährt ein Auto vor und Hildrun kommt mit fröhlicher Herzlichkeit auf mich zu. Sie hat mich schon entdeckt, wie ich auf der Tischbank der kleinen Terrasse sitze. Hildrun ist mir vom ersten Augenblick an sympathisch. Sie hat so viel Warmherziges und liebevoll Großmütterliches an sich, blickt mich munter und fürsorglich an.

Im Schlepptau hat sie einen großgewachsenen Mann mittleren Alters, der plötzlich mit leicht gebeugten Schultern vor mir steht. „Ich bin Friedmar." Im ersten Moment halte ich ihn für einen Touristen, den Hildrun mit dem Auto vom Bahnhof mitgebracht hat. Er trägt Wanderschuhe, einen Hut und einen ziemlich voluminösen Rucksack – um seinen Hals baumelt eine professionelle Spiegelreflexkamera. Wie ich zu meiner Überraschung erfahre, ist auch er ein Pilger, der von Otta gestartet ist.

Friedmar hat das Engelshus zufällig zeitgleich mit Hildrun erreicht. Er will morgen ins Fjell und von dort bis nach Trondheim laufen. Sein Flieger geht am selben Tag wie meiner. Das ist wirklich eine Überraschung: Das Engelhaus schenkt mir plötzlich und unerwartet einen Pilgergefährten! Das habe ich nicht zu hoffen gewagt. Hildrun offeriert mir schlicht und selbstverständlich einen Begleiter. Friedmar kommt heute schon zu Fuß von Jorundgard, dem Mittelaltercenter, er ist seit dem frühen Morgen unterwegs. Wahrscheinlich ist er gestern, kurz nachdem ich das Gelände schaudernd verlassen hatte, dort eingetroffen – ich wäre also nicht allein gewesen. Hätte ich das gewusst!

Hildrun entschuldigt sich, dass sie kein Essen mehr für Pilger kocht. Sie wird älter und es ist ihr allmählich zu viel. „Aber ich mache euch einen Kaffee." Vorher zeigt sie uns die Unterkunftsmöglichkeiten. In den verschiedenen Häusern des Hofes können wir uns ein Bett unserer Wahl aussuchen. Friedmar bezieht eine kleine Hütte, er möchte für sich allein sein und morgen wieder früh starten. Ich suche mir im jahrhundertealten Wohngebäude ein Schlafzimmer. Alles hier ist uralt und wirkt wie ein echtes Bauernmuseum. Große bunt bemalte Balken, mit Flickenteppichen belegte Holzfußböden, historische Möbel und ein imposanter Kachelofen. Die Decken schief und niedrig – wirklich urgemütlich.

Dass ich hier wohnen darf ... einfach paradiesisch, das Engelshus!

Wir richten uns ein. Ich hänge meine fertig gewaschene Wäsche auf – da ruft uns Hildrun zum Kaffee. Auf der Terrasse ihres eigenen Wohnhauses hat sie uns einen herrlichen Tisch gedeckt. Von wegen schnell einen Kaffee: Es gibt selbstgebackenen Topfkuchen und frische knusprige Waffeln. Dazu hausgemachte Marmelade – und natürlich Kaffee. Wie fürsorglich und wunderbar! Wir bedanken uns vielmals – Hildrun verschwindet bald. Von ihren guten Taten macht sie kein großes Aufheben. Sie freut sich, wenn es uns schmeckt. Und wie es uns schmeckt!

Friedmar hat ordentlichen Appetit. Auch für mich sind es die besten Waffeln überhaupt. Auf dieser Terrasse im Engelshus, mit Blick auf die teils schneebedeckten Berge des Fjells. Das Beste dabei: Ich muss diesen Moment nicht allein genießen. Ich erlebe ihn *gemeinsam* mit einem Menschen, der in vielerlei Hinsicht meine Sprache spricht. Unaufgeregt und ohne viel Umschweife lerne ich meinen neuen Pilgergefährten kennen. Wir sind schnell entspannt im Gespräch und auf ähnlicher Wellenlänge unterwegs. Friedmar ist etwa in meinem Alter. Beide sind wir verheiratet und haben je 3 Kinder, seine etwas jünger als meine, aber auch fast erwachsen. Sie brauchen ihn nicht mehr so dringend.

Friedmar konnte eine längere Auszeit nehmen. Weil er als „Mädchen für alles", wie er es nennt, auch samstags oft einspringt, hat er in dem mittelständischen Unternehmen, das ihn beschäftigt, so viele Überstunden angesammelt, dass er sich einen Extraurlaub nehmen kann. Der Familienurlaub folgt im Anschluss. Friedmar ist mit Leib und Seele Familienvater, dazu „Hausmann" aus Überzeugung. Er arbeitet halbtags als Betriebswirt, um für seine Kinder da zu sein. Die hat er praktisch großgezogen und kümmert sich um alle alltäglichen Familienbelange, während seine Frau als Ärztin mit vielen Schichtdiensten voll arbeitet.

Da die Familiensituation nun entspannter ist, startet er erstmals auf Pilgertour. Er liebt die Natur und besonders den Norden. So ist er auf den Olavsweg gestoßen. Aber er wollte sich nicht gleich mit dem ganzen Weg überfordern. Erst mal „... jaaanz langsam angehen" und sehen, „wie dat so läuft". – Und wie läuft's bei dir? Bist *du* schon mal gepilgert? Wie war es bisher? All das will er von mir wissen. Nun rausche *ich* los wie ein Wasserfall. So lange war ich allein unterwegs. Endlich kann ich mal jemand ausführlich von meinen Abenteuern erzählen. Friedmar hat ja schon Pilgerluft geschnuppert. Er kann sich einfühlen und hat eine Ahnung, wie es mir ergangen ist. Wir sind uns einig, dass die bisherige Strecke von Otta über Jorundgard bis zum Engelshus die Härte war.

Ich erzähle von meinem schwierigen Entschluss, diesen Weg allein zu gehen, von der Einsamkeit der ersten Pilgerwochen, von meinem Start in Eidsvoll, der Hitze, dem Durst, dem Quartier, das plötzlich nicht mehr da war, und dem Statement, das ich unvorbereitet auf Englisch bei der Eröffnung der neuen Herberge im Skomakerbakken abgeben musste – und, und, und ... Friedmar ist ein guter Zuhörer. Er lauscht interessiert und gespannt, wirft hin und wieder trocken-humorvolle Kommentare ein. Wir lachen, plaudern und kommen vom Hundertsten ins Tausendste. Still danke ich dem himmlischen Engelhaus, dass es mir einen so angenehmen Pilgergefährten beschert hat. Nach der langen, oft einsamen Zeit tut das so gut! Und macht Mut, die Besteigung des Fjell anzugehen. Was immer auf mich zukommt – ich werde nicht allein sein!

Während wir unsere Waffeln essen, schaut Hildrun ab und zu heraus. Ob wir noch etwas brauchen? Nein, es fehlt uns an nichts. Selbst als es kurz zu regnen anfängt, bleiben wir sitzen, ins Gespräch vertieft. Wir merken den Regen kaum. Hildrun kurbelt uns schnell die Markise herunter. So sitzen wir geschützt, verputzen Waffeln und auch den Kuchen bis auf den letzten Krümel.

Wir sind in diesen Moment an diesem außergewöhnlichen Ort tatsächlich vollkommen *versunken*. (Mein Wanderbuch hat auch in dieser Hinsicht nicht zu viel versprochen!) Ein Augenblick, den wir bis zum Anschlag auskosten. Nach über 2 Stunden räumen wir das Kaffeegeschirr auf ein Tablett und reichen es Hildrun durch die geöffnete Terrassentür. Bedanken uns nochmals aus tiefstem Herzen. – Ihr tut es leid, dass sie nicht für uns kochen wird. Das muss es nicht! Ich erzähle von der Einladung zum Konzert, bei dem es auch etwas zu essen geben soll. Da wollen Hildrun und ihr Mann heute ebenfalls hin, zum Abend mit dem einheimischen Liedermacher nach Dovre. Nach Dovre? Da habe ich wohl was falsch verstanden? Ich war bisher der Meinung, das Konzert findet im Bydningshyset statt, nicht weit von hier. Nach Dovre müsste ich 3 km laufen.

Hildrun telefoniert sicherheitshalber mit einer guten Freundin. Richtig, das Konzert findet in Dovre statt, das einzige an diesem Abend.

Hildrun hat mich nicht nur vor einem folgenschweren Irrtum bewahrt, sie bietet mir sofort an, mich mit dem Auto dorthin mitzunehmen. Wie nett von ihr. Da komme ich mit. Friedmar möchte lieber früh schlafen gehen und verabschiedet sich. Morgen wird er zeitig starten und ist nach seinem 2. Pilgertag rechtschaffend müde.

Ich habe noch Energie und Lust auf eine Unternehmung. Es geht doch nichts über ein wenig Kultur am Weg. Nachdem ich mich noch etwas ausgeruht, nach Hause telefoniert und geschrieben habe, klopft Magne an meine Tür. Sohn und Schwiegertochter sind überraschend zu Besuch gekommen und möchten nicht mit zum Konzert. So bleiben Hildrun und er jetzt auch hier. Magne wird mich trotzdem hinfahren. Von meinem Vorschlag, dass ich auch laufen könne, will er nichts wissen und lehnt konsequent ab: „Nun steig schon ein!" Also gut.

Der umsichtige Magne fährt mich hinunter nach Dovre und setzt mich pünktlich am richtigen Gebäude ab. Wer weiß, ob ich das ohne Weiteres gefunden hätte? Er verabschiedet sich mit dem Hinweis, dass mich sicher nachher jemand mit zurücknimmt.

Plötzlich bin ich mitten im schlichten Kulturhaus dieser nordischen Kleinstadt umgeben von fröhlichen Menschen. Birgitta freut sich ehrlich, dass ich gekommen bin. Sie stellt mich anderen vor: Hella, der Lehrerin, jener guten Freundin Hildruns, die mich durch ihr Telefonat schon mittelbar kennt, und Mathis, der in der Region für den Olavsweg engagiert ist.

Nachdem wir am Tresen unser Essen bestellt haben, nehmen wir an langen Tischen Platz. Birgitta setzt sich links von mir, Mathis mit seiner Frau rechts, mir gegenüber lassen sich Hella und ihr Mann nieder. Daneben weitere Freunde.

Wie anders ist diese Gemeinschaft im Vergleich zur exklusiven Gottesdienstgemeinde von Hamar. Hier kennen sich alle und begrüßen einander. Dennoch nehmen sie mich, die ich fremd bin, sofort in ihre Mitte, erklären mir alles, was ich wissen muss. Sie erzählen auch etwas über den Musiker des Abends. Er ist hier aufgewachsen. Sie kennen ihn seit Kindertagen. Die beiden Lehrerinnen haben ihn unterrichtet. Jetzt lebt und arbeitet er in Oslo, ist dennoch seiner Heimat eng verbunden und will die traditionellen Lieder der Dovre-Region lebendig halten. Er transformiert sie in heutige Zeit, schreibt auch Eigenes.

Jetzt wird das Essen an die Tische gebracht und wir lassen es uns schmecken. Unsere Tischgemeinschaft ist im angeregten Gespräch: Über die Festwoche und über das Pilgern. Birgitta sorgt sich, ob es die richtige Entscheidung war, mich zu diesem Konzert einzuladen, denn ich werde kein Wort verstehen. Die Lieder werden auf Norwegisch gesungen, im mundsprachlichen Dialekt der Region, sodass auch Menschen, die Hochnorwegisch sprechen, nicht alles verstehen. Ich kann sie beruhigen, es ist schön, hier dieses Miteinander zu erleben, und das Essen schmeckt köstlich – thailändische Küche der Imbissinhaberin des Kulturhauses.

Mathis erzähle ich von meinen Ängsten, diesen Weg allein zu gehen, und er lacht: Es ist überhaupt nicht gefährlich. Bären gibt es nicht in der Region und: „Alle anderen Tiere haben Angst *vor dir!*" Ok. Das beruhigt ungemein und bestätigt meine bisherigen Erfahrungen. Mathis kennt den Weg wie seine Westentasche. Er hat vor ein paar Jahren einen Artikel in der ZEIT veröffentlicht, ist auch mit Bernd Lohse, dem norddeutschen Pilgerpastor, der hier studiert hat, befreundet und pilgert selbst regelmäßig. Demnächst wird er mit einer Gruppe von Otta nach Trondheim starten.

Jetzt kommt der Musiker. Ein junger Mann mit Gitarre setzt sich auf eine warm erleuchtete ebenerdige Bühne mitten ins Publikum, nimmt mit seiner Gitarre auf einem einfachen Hocker Platz. Alle werden still. Er schlägt die ersten Töne an und fängt an zu singen. Auf Norwegisch, in der besonderen Sprache der Region. Alle lauschen ergriffen, gehen spürbar mit, seufzen, lachen – sind offensichtlich berührt. Viele Augen hier glänzen, sind mit Tränen gefüllt.

Die Menschen um mich herum sehen stolz und glücklich aus.

Auch mir teilt sich die Musik mit. Warm und melancholisch. Die Sprache der Musik ist doch universell – denke ich. Zwischen mir, dem Sänger und allen hier im Saal schafft sie eine Verbindung, eine tiefe Resonanz für den Moment. Auch wenn ich den Sinn der Worte nicht verstehe, fühle ich umso eindrücklicher, worum es geht: Um die harten Herausforderungen des Lebens, um Dunkelheit und Licht, um die Natur und ihre Schönheit, um Berge und Täler, Vergänglichkeit, Abschied und Wiedersehen, Gemeinschaft und Liebe ... Ein Augenblick voller Lebenssehnsucht und Lebensintensität. Ich flüstere Birgitta zu, wie sehr mich die schlichte Schönheit des Gesangs berührt. Ich begegne der Gegend und ihren Menschen auf besondere Weise, bin dankbar, das hier erleben zu dürfen. In dieser Musik schlägt das Herz von Dovre und seiner Berge.

Nachdem der Gesang verklungen ist und zwei Zugaben gefolgt sind, verlässt der Musiker seinen Platz und setzt sich an einen der langen Tische. Die Teller werden abgeräumt, die Gespräche wieder aufgenommen, Getränke bestellt. Eine ganze Weile noch wird erzählt und gelacht. Bier, Wein und Kaffee machen die Runde. Irgendwann brechen alle auf. Ich bekomme viele Angebote, mich zum Engelshaus zu bringen. Aber ich möchte gern allein hochlaufen, die Musik in mir nachklingen lassen. Es ist ja noch immer taghell – trotz der späten Stunde.

So gehe ich allein von Dovre zum Engelshus zurück. Die Berge des Fjells leuchten in goldenem Abendlicht. Die Luft ist klar und mild. Ich genieße es, jetzt in Stille zu laufen nach dem intensiven Nachmittag und dem Abend voller Begegnungen. 3 km sind nicht lang. Ich bin in leichten Schuhen und ohne Rucksack unterwegs. So sehe ich schon bald das Engelshus von oben. Meine Hütte nimmt mich auf und ich lege mich glücklich und zufrieden in ein altes von Hildrun weiß bezogenes Bett mit hohen Wänden, schlafe wie in einer Koje voll Wärme und Geborgenheit.

Mein eindrücklichstes Erlebnis heute:

Musik ist die universelle Sprache, die Menschen verbindet, die nicht dieselbe Sprache sprechen.

TAG 17: Das Herz des Olavswegs – die kleinste Kathedrale der Welt

Vom Engelshus nach Fokstugu (16.6.)

Gott ist das Allermitteilsamste. — *Meister Eckhart*

Ich habe wunderbar geschlafen und frühstücke in der kleinen Küche. Hildrun schaut herein und fragt, ob sie mich mit dem Auto nach Dovre mitnehmen können – Magne und sie wollen sowieso einkaufen und würden mich am Markt absetzen. Da muss ich heute unbedingt hin und mich mit frischen Lebensmitteln eindecken, denn es wird im Fjell keine Einkaufsmöglichkeiten geben. Kurz überlege ich: Mit dem Auto fahren, das ist eigentlich gegen die Pilgerehre – andererseits bin ich diesen Weg gestern Abend schon zu Fuß gegangen, wenn auch in umgekehrter Richtung. Ich brauche meine Kräfte für den Aufstieg – also sage ich zu.

Nur nicht päpstlicher sein als der Papst!

Schnell lege ich meine frisch gewaschene saubere Wäsche zusammen und packe meine Sachen. Heute geht es ins Fjell! Auf diese wilden Höhen bin ich schon lange gespannt. Heute werde ich auf dem alten Königsweg etwa 1000 m in die Höhe steigen.

Pünktlich um 9 fahre ich mit Hildrun und Magne los. Die beiden sind die fürsorglichsten Gastgeber, die es gibt. Bevor du nur denken kannst, dass dir etwas gut könnte, haben sie es schon für dich erkannt und handeln prompt mit größter Selbstverständlichkeit. Sie wissen, dass durch die kurze schnelle Autofahrt nach Dovre mein Abstand zu Friedmar geringer wird. Er ist ja schon früh losgewandert. Wir haben uns beide für eine Übernachtung in der Pilgerherberge von Fokstugu angemeldet. Er hat 3 Stunden Vorsprung. Einholen werde ich ihn wohl nicht.

Hildrun, Magne und ich verabschieden uns vorm Einkaufszentrum. Wie hat mir der Aufenthalt im Engelshaus gutgetan! Das sage ich den beiden noch mal und umarme sie zum Abschied. Dann sind sie schon weg. Bloß nicht zu viel Anerkennung – einfach selbstverständlich für andere da sein. So sind sie, diese zwei lieben Menschen. Ich habe sie ins Herz geschlossen.

In Dovre kaufe ich ein: Ein ganzes Brot, ein großes Stück Käse, Frischkäse, Butter in kleinen Packungen, etwas Gemüse und ein paar Bananen für die Rast – mehr passt nicht in den Rucksack. Auch wenn ich ganze 5 Tage in den Bergen unterwegs bin, wird es wohl auf den Campingplätzen Gelegenheit geben, den Proviant aufzustocken.

Nun geht es in die Berge. Ich liebe dieses frische ausgeruhte Laufen am Morgen. Genuss pur! Heute ist ideales Wanderwetter. Die Sonne scheint. Die Luft ist frisch und kühl. So klar, wie sie nur im hohen Norden sein kann. Am Himmel ziehen Schäfchenwolken. Ein Tag wie gemacht fürs Fjell! Da haben Friedmar und ich heute richtig Glück. Ich komme vorbei am nächsten Meilenstein an der Kirche von Dovre – 253 km nach Nidaros. Die Kirche sieht ungewöhnlich aus. Statt mit Holz ist sie mit Granitplatten verkleidet – leider wieder verschlossen. Gleich in der Nähe finde ich die Olavs-Quelle. Hier haben sich Pilger seit Jahrhunderten für den Aufstieg ins Gebirge gestärkt. Auch ich trinke mit Genuss dieses reine klare Wasser, stärke mich in alter Pilgertradition mit dem Segen des Berges und fülle meine Trinkflasche randvoll.

Jetzt geht es richtig nach oben. Durch ein großes eisernes Tor, verziert mit einer blauen Königkrone, führt der alte Königsweg, der Kongsvegen, hinauf ins Dovrefjell. Ich verstehe, warum der alte Petterson immer davon geträumt hat, im Fjell zu wandern. Es ist atemberaubend schön!

Mit jedem Meter, den ich höher steige, tun sich fantastische Perspektiven auf. Bald bin ich über der Baumgrenze. In mir staunt und jubelt es bei jedem Schritt. Das hier ist wahres Glück: Diese Weite, dieses Licht, die verschiedenen Grün- und Brauntöne. Flechten und graulaubige Kleinsträucher. Gräser, die sich im Wind wiegen. Sanft gerundete Bergkuppen. Weder rau noch kantig. Ich bestaune alle denkbaren Nuancen von Grün. Von tief dunkel bis lichthell. Felsbrocken liegen malerisch am Weg oder sind in der Ferne sichtbar, in die Weite der Landschaft eingesprengt. Schneefelder, rauschende Bergbäche und stille, tiefdunkle Seen.

Bei jedem Höhenmeter, den ich aufsteige, werden neue Bergketten sichtbar. Die schnell ziehenden Wolken zaubern Schatten und Sonnenflecken in die Landschaft. Alles wirkt bewegt und lebendig. Ich laufe langsam, jeden Schritt genießend, in diese großartige Weite. Fast feierlich. Das hier ist wirklich ein Fest! Dieser Tag scheint mich für alle Mühen der Ebenen, durch die ich in meinen bisherigen Pilgertagen gewandert bin, tausendfach zu belohnen. Es ist außergewöhnlich schön, einzigartig, harmonisch und doch bizarr und vielfältig.

Immer wieder öffnet sich ein neuer Horizont. Der Blick zurück ins tiefgrüne Dovretal ist wundervoll. Ich freue mich wie ein Kind. Gehe staunend und ergriffen – über Stunden. In mir das Gefühl von Freiheit.

Ich bin losgelöst von allem. Was für ein Flow!

Frieden. Ja, auch das ist es. Aller Streit, alle Auseinandersetzung, alles Ringen und Fragen verstummt. Hier in diesen majestätischen Bergen zählt das nicht. Hier macht niemand irgendjemandem irgendwas streitig. Hier ruhen Ehrgeiz und Konkurrenz. Hoch über allem und mit viel Abstand zu der Welt, aus der ich komme, frage ich mich, warum wir in unseren „normalen" Alltags- und Lebensbezügen diesen Zustand nicht erreichen. Fehlen Respekt, Demut und Bescheidenheit, das Sich-selbst-Zurücknehmen oder die Zufriedenheit mit dem, was ist? All das breitet sich jetzt in mir aus. Ich bin Teil des Ganzen. Ich darf staunen und mich freuen, ohne etwas dafür tun zu müssen. Ich bin frei in einem umfassenden Sinn. Genial. So kann es sein. So sollte es sein. Diesen Zustand möchte ich festhalten und nie vergessen. Ihn mit mir nehmen auf meinem Weg. Frieden will errungen, erlaufen, entdeckt und umsorgt werden. Aber er ist möglich.

Ich komme an den Bönnealter. Das ist ein riesiger Felsbrocken. „Bönnealter" heißt so viel wie „guter Ort des Gebets". Hier knieten Pilger nieder, um den Segen für die Überquerung des Dovre-Gebirges zu erbitten, das die natürliche Grenze zwischen Süd- und Nordnorwegen bildet. Diese Unternehmung war in früheren Zeiten lebensgefährlich, nicht wenige ließen in Sturm und Schnee ihr Leben. Heute legt man kleine Gebetssteine auf den Felsblock. Auch ich suche mir Steine, lege sie ab und denke an Menschen, für die ich etwas erbitte. Sehr konkret.

Getröstet ziehe ich weiter. Der Anstieg ist inzwischen geschafft, und der Weg führt malerisch in sanften Kurven durch die Hochebene. Ich laufe gemächlich durch die friedliche Stille, immer mit dem Blick auf den Hardbakken, den höchsten Berggipfel in dieser Landschaft. Irgendwann sehe ich eine große Steinpyramide. Das muss der Allmannroysa sein, eine wichtige Station am heutigen Weg. Auch hier legen Pilger einen Stein ab, den sie meist von zu Hause bis hierher mitgebracht haben: Entlastung, Bitte, Dank.

Am Fuß der riesigen Pyramide entdecke ich schon aus der Ferne einen kleinen grünen Punkt. Friedmar? Das kann kaum sein – oder? Auch wenn ich etwas abgekürzt habe – er hatte einen riesigen Vorsprung und ich bin langsam gelaufen. Im Näherkommen stellt sich heraus: Er ist es! Friedmar hat seinen Rucksack abgesetzt und macht eine Pause.

Mein Wanderbuch empfiehlt eine Gipfelbesteigung auf den 1339 m hohen Hardbakken, „wenn Sie noch Kraft haben". Zwar bin ich nicht übermäßig abgekämpft – aber entscheide mich trotzdem dagegen. Schließlich habe ich schon einige Höhenmeter hinter und noch eine lange Bergtour vor mir. Nicht allzu spät in Fokstugu anzukommen scheint mir auch ein verheißungsvoller Gedanke. Als ich Friedmar erreiche, begrüßen wir uns freudig. Unglaublich, hier in dieser Abgeschiedenheit jemand zu treffen, den man kennt. Friedmar hat gerade den Hardbakken bestiegen – das erklärt etwas den zusammengeschrumpften Vorsprung. Er schwärmt vom außergewöhnlichen Blick, den man von dort oben hat. Ich erkläre, dass ich mich gerade dagegen entschieden habe. Ich will Kräfte sparen. „Weißt was?", schlägt er vor, „lass deinen Rucksack hier stehen. Ich lieg hier sowieso noch ein bisschen in der Sonne und pass auf. In einer Viertelstunde bist du oben. Es lohnt sich wirklich!"

Eine ausgezeichnete Idee! Ohne Rucksack wird die Besteigung nur halb so anstrengend. Wann, wenn nicht jetzt, kann ich den Hardbakken erklimmen? Das habe ich bisher gelernt: Den Moment ergreifen, wie er sich bietet. Gesagt, getan. Schnell setze ich meinen Rucksack an der Steinpyramide ab, sage Friedmar noch, dass er nicht auf mich warten muss – wer sollte hier einen Rucksack mitnehmen? Leichtfüßig steige ich, befreit von seinem Gewicht, den Berg hinauf. Genieße schon im Aufsteigen die außergewöhnliche Sicht.

Nach 20 Minuten bin ich oben. Fantastisch! Ein 360 Grad-Rundumblick. Im Stillen danke ich Friedmar, dass er mich zum Aufstieg überredet hat. Ich stehe inmitten von Bergen, hinter denen sich weitere und weitere Hügelketten sowie schneebedeckte Gipfel öffnen. Das hier ist viel mehr, als ich von unten ahnen konnte. Bergketten über Bergketten und nach diesen wieder neue. Scheinbar unendlich. Alles ohne Grenze. Weite, die alles überschreitet, sich ausdehnt und ausbreitet. Ich selbst bin ein winziger Punkt in dieser majestätischen Landschaft.

Glücklich sauge ich diese Perspektive in mich ein. Später weiß ich: Das war der eigentliche Höhepunkt des Olavswegs – auch wenn der geografische noch etliche Kilometer und Tagesmärsche voraus liegt. Als ich mich satt geschaut habe, steige ich zügig wieder hinunter. Dieser Augenblick wird mir immer präsent sein. Fast wäre ich daran vorübergegangen.

Den wirklichen Höhepunkten des Weges begegnest du unverhofft.

Ob Friedmar noch da ist? Ja, an der Steinpyramide liegt er – wohl ziemlich ermüdet von der ungewohnten Anstrengung. Als er mich kommen sieht, richtet er sich auf. Schön! Er hat auf mich gewartet und lächelt mich gespannt an: „Na, habe ich zu viel versprochen?“ Das hat er nicht. Es ist wunderbar, jetzt nicht allein weiterzugehen. Wir können uns gemeinsam freuen. Friedmar findet diese Landschaft genauso großartig wie ich, und jetzt bestaunen wir miteinander diese unglaubliche Bergkulisse, diese ergreifende Pracht. So laufen wir nach Fokstugu. Bis dahin sind es nur noch 6 km. Ich habe meine Not, mit Friedmars großen Schritten mitzuhalten, muss mich fast im langsamen Joggingtempo bewegen.

Wir durchqueren Schneefelder und Geröllhalden, balancieren auf Steinen über Bergbäche und auf Brettern durch Hochmoor, bewundern die in die Landschaft eingebetteten stillen Seen. Und mitten auf den Höhen des Dovrefjell liegt der Hof: *Fokstugu.* Wir sehen die hellen Gebäude schon von weitem. Ein kleiner Fleck in wilder Natur. In Stille und Einsamkeit wohnen das ganze Jahr über hier nur zwei Menschen: Christiane und Laurits Fokstugu. Sie bewirtschaften den Hof in 11. Generation, züchten Schafe und betreiben eine kleine Landwirtschaft. Dazu die Pilgerherberge. Oft liegt hier bis weit in den Juni meterhoch Schnee.

Morgens und abends, immer zur selben Zeit, läutet Laurits die Glocke zum Gebet – ob andere Menschen da sind oder nicht.

Auch wenn wir den Hof schon längst sehen, rückt er doch nur langsam heran. Es dauert Stunden, bis wir da sind. Aber jetzt haben wir es geschafft. Christiane hält offenbar Ausschau nach uns und winkt uns von Weitem zu. Als wir die E6 überquert haben und das Hoftor passieren, begrüßt sie uns herzlich. „Hei Brita, hei Friedmar!" Sie redet uns mit unseren Vornamen an und spricht hervorragendes Deutsch. Sie fragt nach unserem Tag. Wir schwärmen, wie herrlich dieser Aufstieg in die Berge war. „Ihr habt wirklich Glück. Das Wetter heute ist fantastisch. Besser könnte es nicht sein, das habt ihr euch wohl verdient!" Mit Christiane verstehen wir uns – nicht nur sprachlich. Sie ist Schwedin und mit Laurits, einem Norweger, verheiratet. Gefragt, warum sie so gut Deutsch spricht, meint sie, dass sie es schon in der Schule gelernt hat und jeden Sommer übt. Denn die meisten Pilger, die hier einkehren, sind aus Deutschland.

Christiane führt uns ins linke Gebäude des Drei-Seiten-Hofs. Hier beherbergen sie in den Sommermonaten die Pilger. Jeden Tag – so erzählt mir Christiane später – beten sie, dass die Richtigen kommen. Wie viele Menschen es sind, ist gleichgültig – und es passt eigentlich immer. Heute sind offenbar *wir* die Richtigen: Friedmar, ich und Celine, die in einer guten Stunde aus Deutschland kommen wird. Sie lässt sich mit dem Taxi nach Fokstugu bringen. Mit ihr werde ich ein Zimmer teilen.

Christiane öffnet uns die Tür und das altehrwürdige Haus nimmt uns auf. Schön ist es hier! Alles atmet einen guten Geist. In jeder Ecke eine kleine Achtsamkeit: Ein Stuhl mit einer Vase, darin Pflanzen aus der Umgebung, alte Möbel und knarrende Holztreppen, an den Wänden Kunst – dabei alles blitzsauber. Und alles da, was das Pilgerherz begehrt: ein modernes Bad, erst vor Kurzem ausgebaut, eine zweckmäßige, gemütliche Küche, ein historisches Wohnzimmer mit bequemen Sesseln und schlichte, freundliche Schlafzimmer. Wir richten uns ein und erwarten Celine.

Als ich frisch geduscht zum Kochen in die Küche komme, ist Celine da. Sie reist für genau 2 Pilgertage aus Deutschland an. „Wieso das denn?" – fragen Friedmar und ich einstimmig, etwas ungläubig. Und Celine, eine junge schlanke Frau mit langen blonden Haaren, erzählt: Schon vor 2 Jahren ist sie den Olavsweg gegangen, von Oslo nach Trondheim. Ganz allein mit ihrem Hund. Als sie damals aufgebrochen ist, wusste sie nicht, ob sie den langen Weg allein bewältigen würde. Aber es war wunderbar, und alles ging gut. Eine der wertvollsten Erfahrungen ihres Lebens. Nur diese Strecke hier durchs Fjell musste sie umfahren, der Weg war damals unpassierbar, denn der Schnee lag selbst im Mai noch Meter hoch.

Nun war es lange ihr Herzenswunsch, noch einmal herzukommen. Friedmar und ich staunen noch immer: „Nur für 2 Tage, den Flug, die Fahrt mit Zug und das Taxi, die ganze Strecke von Deutschland – nur für 2 Tage?"

„Ja", meint Celine schlicht. „Ich hatte die ganze Zeit das Gefühl, es fehlt mir was. Da war was offen, und ich musste diese Lücke füllen. Es fühlt sich klasse an, wieder hier zu sein. Ich möchte das Fjell erleben."

Ihre Augen strahlen vor Glück. Ja, so ist dieser Weg – denke ich: Er lässt dich nicht los und zieht dich immer wieder zu sich. Wenn du eine Rechnung mit ihm offen hast, musst du sie begleichen.

Celine packt aus, während Friedmar und ich das Abendbrot zubereiten – auch Celine steuert etwas bei. Wir essen gemeinsam, und das ist wunderbar an diesem Küchentisch in Fokstugu. Ich bin so froh, jetzt nicht mehr allein unterwegs zu sein. Wir haben uns unglaublich viel zu erzählen. Doch schon ist Zeit für die Andacht. Alle drei möchten wir hier und heute in die Kirche gehen. Die „Kirche" ist, anders als wir anfangs vermutet haben, nicht das hohe geräumige Hofgebäude mit kleinem Glockenturm. Sie ist ein winziges Holzhaus, das etwas abseits steht – man nimmt es auf den ersten Blick gar nicht wahr. Auf dem Giebel entdecken wir ein Kreuz: Richtig, *das* ist das *Guds Huset*. „Die kleinste Kathedrale der Welt"– hatte Christiane lachend gesagt, als sie uns bei der Begrüßung den Ort für die Abendandacht zeigte.

Wir betreten den Vorraum, ziehen die Schuhe aus und schlüpfen in die bereitgestellten Filzschuhe – ein ehrfürchtiges Ritual. Dann gehen wir leise hinein. Warm und still empfängt uns ein besonderer Raum. Der Holzfußboden ist mit Flickenteppichen ausgelegt, Kerzen verbreiten wohlige Wärme. Das kleine *Guds Huset* wirkt von innen erstaunlich groß – viel größer als von außen, doch schlicht und gemütlich. Es ist wie ein Zuhause – nicht nur für G*tt – auch für uns. Eine besondere Atmosphäre ist zu spüren. Wir nehmen auf den einfachen Holzstühlen Platz und fühlen uns sofort geborgen. Heiliger Raum. Der Altar ist eine schlichte Granitplatte – gehalten von Eisenträgern. Davor liegt ein riesiger weißer Stein, mit Flechten bewachsen. Man sieht, dass er aus den umgebenden Bergen stammt. Diese hellen weißen Steine waren mir auf dem Weg hierher schon aufgefallen. Sie ragen wie besondere Edelsteine aus dem Grün der Landschaft mit Flechten und Kleinsträuchern. Sie heben sich wie Kostbarkeiten ab aus dem grauen Granitgestein der Gegend. Dieser Stein wird in diesem Raum zum heiligen Stein, vor dem viele kleinere weiße Steine liegen – auch auf der Granitplatte des Altars liegen etliche flache Steine mit hellgrünen Flechten.

Christiane und Laurits sitzen bereits im Raum. Hier herrscht tiefe Stille. Christiane kommt mit einer geöffneten Bibel auf mich zu. Gerade auf mich? Sie kann ja nicht wissen, dass ich Pastorin bin – doch sie lässt mich lesen. Wir werden gemeinsam Andacht halten nach einer alten Pilgerliturgie, die auch in Trondheim gebetet wird. Für heute haben die beiden Psalm 139 ausgewählt. Die Worte sprechen unmittelbar zu mir– drücken aus, was mich auf meinem Weg durch diesen außergewöhnlichen Tag bewegt hat, und geben Antwort auf eine Frage, die mich bisher nicht losgelassen hat: *Herr, du erforschst mich und kennst mich ... Du weißt meine Gedanken von ferne*. Woher wusste Christiane, was mir gut tun würde?

Wir lesen in drei Sprachen: Schwedisch, Norwegisch, Deutsch. Immer wird hier in den Sprachen *aller* Anwesenden gelesen. Bibeln in 27 Sprachen birgt die kleine Kirche – keine davon ist gekauft. Alle wurden von Pilgern dagelassen oder später zugeschickt. Wir singen gemeinsam – auch die Worte der norwegischen Liturgie scheinen mir vertraut. Dann wieder Stille. Diese Stille atmet. Nach einer Weile steht Laurits behutsam auf und schlägt die Glocke, mehrmals. Der Klang durchdringt uns, hallt durch die Berge, in die Weite ...

Diese kleine Kirche ist tatsächlich eine Kathedrale. *Kleinste Kathedrale der Welt.* Sie ist umgeben von der Weite der Berge. Die geben ihr eine besondere Majestät. Für uns ist sie das eigentliche Herz des Weges, jedenfalls in diesem Moment. Vielleicht ist sie auch so etwas wie das Herz der Welt? Verborgen in der Einsamkeit des Gebirges.

Was macht diese winzige Kirche so einzigartig? Alles ist mit Sorgfalt gestaltet. Pilger haben Steine aus den umgebenen Bergen mitgebracht und sie auf den Altar gelegt. Jeder Stein weist eine individuelle Zeichnung auf. Das sieht sehr schön aus. Die Natur ist eine kreative Künstlerin. Kerzen brennen auf einem großen Leuchter, dem Weltleuchter. Besucher haben ihn von Hand geschmiedet. Als die Liturgie endet, geht Laurits wieder an seine Arbeit. Offenbar ist sein Tagwerk nicht getan.

Christiane bleibt noch ein wenig bei uns. Die kleine Kirche scheint erfüllt von einer großen Sehnsucht. Wird sie hier gestillt? Viele erleben es so, meint Christiane. Erzählt die Geschichten zu dem, was wir hier im Raum entdecken. Im Zentrum des Godhusets, vorn über dem Altar, hängt ein großes modernes Gemälde. Es zeigt einen Hirsch. Darüber sind norwegische Worte in die Balken geritzt. Friedmar fragt Christiane nach der Bedeutung. Es sind Worte aus dem 42. Psalm: *Wie der Hirsch lechzt nach frischem Wasser, so schreit meine Seele, Gott, zu dir.* In mir klingt sofort die Mendelsohn Vertonung auf – ein großer Gesang, der mich in den kommenden Tagen durchs Fjell begleiten wird. Ja, das habe ich erlebt, erinnere ich mich, auf meinem Weg hierher. Riesiger Durst und die Sehnsucht nach Wasser – ein bildlicher Vergleich für die Sehnsucht der Seele nach G*tt.

Was ist hier so besonders? Was hat der Raum, was andere nicht haben?

„Er ist ein-gebetet", meint Christiane. „Ein-gebetet?", fragen wir erstaunt.

„Ja. Jeder, der hierherkommt, bringt etwas mit und lässt etwas hier: nicht nur Steine, Kerzen und Bibeln. Die Menschen kommen und bringen *alles*, was sie bewegt. Ihren Schmerz und ihre Tränen, ihre Fragen und ihre Dankbarkeit. Sie beten und nehmen auch etwas mit, wenn sie gehen: Leichtigkeit, Trost, Frieden. Das macht den Raum einzigartig. So nenne ich das: ein-gebetet."

Schließlich verabschiedet sich Christiane. „Ihr könnt gern noch bleiben", ermuntert sie uns. Und wir bleiben. 2 Stunden. Wieder eine Quality-time auf dem Weg. Es ist ein besonderer Moment. Wir sitzen mit dem Blick auf den Altar. Möchten gar nicht aufbrechen aus diesem Raum, der uns so wohltut. Celine, die Jüngste, sitzt in unserer Mitte. Wir reden und schweigen. Wir sagen einander viel – auch wenn wir wenig sprechen. Geheimnisse und Rätsel dürfen bleiben – doch begegnen wir uns intensiv. Das Gespräch hier ist anders als Gespräche am Küchentisch oder sonstwo. Es ist ein Schwingen, ein Hören, ein wieder neu Anschlagen. Weiterschwingen, sich ausbreiten. Fast folgen wir den Schwingungen der Glocke von vorhin. *Meditatives Gespräch* würde ich es nennen. Ein Satz klingt im Raum, bleibt stehen und schwingt lange nach. Irgendjemand von uns greift behutsam das Gesagte auf, verstärkt es oder setzt einen neuen Impuls. *Vieles* kann ausgesprochen werden mit besonderer Sorgfalt, *manches* klingt zwischen den Sätzen, *alles* ist darf sein. Obwohl wir uns noch nicht lange kennen, sind wir einander nah. Wir sprechen über unser Leben, unsere Sehnsüchte und unsere Fragen, darüber, was sich erfüllt hat, und darüber, was noch offen ist.

Celine möchte bald heiraten und mit ihrem Freund eine Familie gründen, vorher jedoch hat sie sich diesen Weg vorgenommen. Friedmar und mich bewegt die wertvolle Zeit mit unseren Kindern. Jetzt liegt sie fast schon zurück und wir müssen loslassen. Wir reden in Konzentration, Dichte und Stille über unsere unterschiedlichen Lebensentwürfe, die Frage, wie man all das zusammenkriegt: Kinder, Partnerschaft, Beruf, eigene Bedürfnisse und Sehnsüchte ... Vieles sprechen wir aus – anderes bleibt ungesagt. Klingt zwischen den Zeilen. Wir sind ganz da, ruhen bei uns selbst und sind doch – so verschieden unsere Leben sind – miteinander verbunden. Besonderes kann schwingen. Ein heiliger Moment der Begegnung – vertraut und nah.

Als wir gehen, sagt Celine: „Danke. Schon für diesen Abend hat es sich gelohnt herzukommen, den ganzen Weg von Deutschland. Danke!"

In der Pilgerherberge angekommen gehen Friedmar und Celine schlafen. Sie sind müde von diesem Tag. Ich sitze noch ein wenig im gemütlichen Wohnzimmer der Herberge, schreibe und lese in der ausgewählten Bibliothek Christianes. Dann schleiche ich mich leise ins Zimmer, um Celine nicht zu wecken. Sie liegt still. Auch ich schlafe sofort ein.

Das Große ist im Kleinen verborgen.

TAG 18: Im Nebel

Von Fokstugu nach Hageseter (17.6. / 20,1 km)

Zur Summe meines Lebens gehört ... dass es Ausweglosigkeit nicht gibt.
Willy Brandt

Die größte Gefahr für Wanderer im Fjell ist, sich im Nebel zu verirren. Das habe ich in meinen Vorbereitungen auf den Weg gelesen. Und heute *ist* Nebel. Zwar haben wir Sonntag, aber die Sonne hält sich bedeckt. Fokstugu scheint sich mitten in einer riesigen Wolke zu verstecken und etwas ausschlafen zu wollen. Man sieht kaum die Hand vor Augen.

Friedmar ist dennoch in aller Herrgottsfrühe aufgebrochen. Celine und ich haben tief und fest bis 8 Uhr geschlafen. Jetzt bereiten wir uns ein ausgiebiges Sonntagsfrühstück in der gemütlichen Küche. Der Blick aus dem Küchenfenster lässt keine Eile aufkommen. Wir möchten diesen Ort der Geborgenheit so schnell nicht verlassen.

So frühstücken wir lange. Die Vertrautheit aus dem Guds Huset ist auch heute Morgen noch da. Wir setzen unser Gespräch von gestern am Küchentisch fort, wenn auch direkter und munterer. Celine erzählt mir von ihrem Leben und den Fragen, die sie bewegen, den Entscheidungen, die für sie dran sind. Wir haben Zeit und gönnen uns diesen warmen angenehmen Moment, kosten ihn aus, kochen einen Tee nach dem anderen.

Nach etwa 2 Stunden klart es etwas auf. 10 Uhr. Noch regnet es heftig, aber die Sicht ist besser. Celine möchte aufbrechen. Ihr Weg heute ist weit. Sie hat sich viel vorgenommen für ihre 2 Pilgertage, will weit durchs Fjell kommen. Deshalb will sie jetzt los.

Ich wünsche ihr Glück für den Weg und für ihr Leben. Diese schlanke klare Frau wirkt alles andere als zerbrechlich, vielmehr stark, „scheer staag", würde Rigmor sagen. Wenn sie glaubt, etwas tun zu müssen, was andere für „verrückt" oder unvernünftig halten, macht sie es trotzdem – mit größter Selbstverständlichkeit. Sie weiß, dass es für sie stimmt. In dieser Haltung ist sie mir Vorbild. Ich werde öfter an sie denken. Sie wird ihren *eigenen* Weg gehen und es gut machen, für sich und andere – da bin ich mir sicher, voll Vertrauen in ihre Durchsetzungskraft. Wir werden uns wohl nicht wiedersehen und umarmen uns lange zum Abschied.

Dann ist sie weg und ich bin allein in der stillen Herberge. Ruhe. Sammlung. Ein Sonntagsmoment – nur für mich. Sehr schön. Sehr wichtig. Ich genieße die Atmosphäre des Hauses. Mein Weg heute ist nicht weit. Ein Campingplatz, den ich ansteuern kann, liegt etwa 20 km entfernt, 5 km weiter gibt es noch eine Unterkunft. Also nehme ich mir noch eine ruhige Stunde für meine Pilgeraufzeichnungen am Küchentisch.

Doch jetzt muss auch ich los. Der Weg ruft. Länger kann und darf ich nicht bleiben – auch wenn der Aufbruch heute wieder schwer fällt. Ich habe auf dem Weg die täglichen Abschiede ja schon oft geübt, gelernt, die Trägheit des Bleiben-Wollens zu überwinden. Gegen 11 Uhr breche ich auf. Nun ist die Sicht entschieden besser. Der Regen hat nachgelassen. Es nieselt nur noch leicht. Akzeptables Wanderwetter.

Als ich die Herbergstür hinter mir schließe, öffnet sich die Tür des großen Wohnhauses. Christiane. So wie sie jeden Gast persönlich begrüßt, verabschiedet sie jeden persönlich. „Du brichst auf?", fragt sie. – Ich habe mir Zeit gelassen und noch etwas geschrieben. „Ja“, meint Christiane, „diese Herberge ist ein guter Ort zum Schreiben. Sie hat einen guten Geist.“ Stimmt. Die Stille der Bergeinsamkeit, die gefühlte Anwesenheit von Generationen, die hier durchgegangen sind, wirkt inspirierend.

Christiane dankt mir für die Andacht gestern. Es war sehr nah, findet sie – das ging mir genauso. Auch ich danke ihr von Herzen, für ihre aufmerksame Gastlichkeit. Für die Ruhe an diesem klösterlichen Ort.

Wir spüren beide, dass wir uns viel mitgeteilt und viel miteinander geteilt haben in ihrer kleinen Kathedrale. Im winzigen Godhuset war es großartig! „Gott wohnt eben nicht im Großen, sondern meist im Kleinen“, spreche ich meine Gedanken von gestern Abend aus.

Christiane lacht zustimmend. Sie gibt mir den Pilgersegen mit: „Geh, deinen Weg mit Gott.“ Gå med gud! – Wie gut. DANKE.

So wünsche ich mir Kirche, denke ich im Weitergehen: Offen und aufmerksam für jeden, der kommt. Menschen in ihrer Einzigartigkeit und Besonderheit sehen und empfangen, mit Liebe und Sorgfalt, alle ihren Bedürfnissen entsprechend aufnehmen und verabschieden, verlässlich. Raum geben und Raum öffnen. Ort des Gebets sein. Im Kleinen. Unaufgeregt. Im Stillen und Verborgenen. Heilsames geschehen lassen. Segen austeilen. Mit schlichter Selbstverständlichkeit. Menschen gestärkt weiterziehen lassen. Kirche als Herz der Welt.

Wieder wandere ich in die offene Weite, atme die würzige Luft dieser Tundra Landschaft. Die kühle Feuchte ist angenehm. Ich genieße die Ruhe des stetigen Laufens und meinen eigenen Rhythmus. Das tut wohl nach den Begegnungen des gestrigen Tages. Alles kann nachklingen, sich setzen, wird neu gemischt und geordnet. In mir singt es: *Wie der Hirsch schreit, nach frischen Wasser* ... Mein Durst ist gestillt worden – gestern und heute.

Nach einer Weile hört der Regen auf. Ich wandere mit meinem gewichtigen Rucksack durch sumpfiges Gelände. Die Trekkingstöcke sind in dieser Situation besonders hilfreich: Sie verteilen mein Gewicht und ich kann stochernd probieren, ob eine Grasinsel trägt. Mit gesteigerter Aufmerksamkeit muss ich heute auf die Wegmarkierungen achten, die sich auf den Steinen des Bodens befinden. Keine höheren Pfähle mehr, nur ein paar Steinplatten mit dem Wegsymbol, manchmal nur ein roter Farb-Klecks. Der Weg selbst ist nicht leicht auszumachen: ein kleiner Trampelpfad, der sich manchmal in feuchten Niederungen verliert. Plötzlich habe ich beim Hüpfen zwischen den Grasinseln die Markierungen aus dem Blick verloren. Ich musste ja den schlüpfrigen Untergrund im Auge behalten. Nun ist kein Wegzeichen mehr zu sehen. Irritiert blicke ich mich um. Nichts. Ich stehe ohne Plan in dieser endlosen Weite.

Was mache ich bloß? Auf einer breiteren Grasinsel halte ich an – schaue angestrengt ins weite Gelände. Wo könnte der Weg weitergehen? In größerer Entfernung entdecke ich einen schwachen roten Punkt. Ich bin offenbar zu weit nach rechts gedriftet und hüpfe nun nach links. Von Grasinsel zu Grasinsel. Was, wenn ich an irgendeiner Stelle tief einsinke, weil hier eigentlich kein Weg mehr ist? Als ich näher an den roten Punkt herangerückt bin, wird zu meiner Erleichterung klar: Es ist tatsächlich eine Weg-Markierung! Hier ist auch wieder so etwas wie ein Trampelpfad zu erkennen, und ein Stückchen weiter gibt es tatsächlich einen Stein mit Olavsweg-Zeichen. Ich bin wieder richtig und atme erleichtert auf. Wie gut, dass sich der Nebel inzwischen verzogen hat. Ich hätte mich spätestens hier hoffnungslos verirrt.

Die Wolken jagen düster am Himmel, öffnen sich ab und zu und lassen sogar hin und wieder die Sonne durch. Diese Stille und Einsamkeit ist einzigartig. Was für ein Geschenk, hier unterwegs zu sein! Ich kann es wieder genießen. Nun geht es weiter über Holzbohlen, die als lange Wege durchs Gelände führen. Auch über kleine Brücken und Steine. Das läuft sich wesentlich besser. Allerdings gibt es auch hier knifflige Pfade. Ich muss hin und wieder Flächen ohne Bohlen überqueren, muss breite Gebirgsbäche überwinden und dazu über glitschige Steine balancieren. Aber jetzt finde ich den Weg ohne Probleme. Es gibt viele Zeichen und Hinweistafeln. Es wäre echter Horror, wenn ich mich hier verirre.

Ich stapfe mutterseelenallein durch das Moor, bewundere das blühende Sumpfgras, das weiße Wollpüschel trägt, die bizarren Stämme der vom Wind geformten Birken. Die Steine von den Mustern der Flechten einzigartig gestaltet. Ich kann nicht widerstehen und hebe zwei winzige Steine auf, stecke sie ein, um sie als Erinnerung mitzunehmen. Die paar Gramm kann ich noch tragen. Nicht nur ablegen – auch etwas mitnehmen.

Nun erblicke ich einen riesigen See, der groß und majestätisch grau in die Landschaft gebettet ist – darin eine kleine Insel. Das ist ein sehr schöner Eindruck, mit der Handykamera kaum einzufangen.

Nach vielen Stunden erreiche ich den Campingplatz und beschließe zu bleiben, wenn es eine freie Hütte gibt. Schließlich ist Sonntag. Ich kann etwas Ruhe brauchen, bin müde. Die Beschaffenheit des Weges hat die 20 km wieder mal ziemlich lang gemacht. – Eine Hütte ist frei, wie üblich teuer, aber was soll's. Ich ziehe erleichtert ein. Einen geschützten Platz für die Nacht zu haben – wie angenehm. Auch gut, mal wieder allein zu sein. Nachdem ich geduscht bin, telefoniere ich bequem auf dem Sofa ausgestreckt nach Hause, denn hier gibt es ein funktionierendes Netz. Dann koche ich mir mein letztes aus Deutschland mitgebrachtes Tütengericht und ergänze es mit den Resten aus unserer gestrigen Abendmahlzeit. Satt und zufrieden schlafe ich ein.

Wenn du langsam gehst, kommst du schneller voran.

TAG 19: Knappe Nahrung und nächtlicher Besuch

Von Hageseter nach Kongsvold (18.6. / 16,7 km)

Ich küsse die Sonne, umarme den Mond und halte ihn fest: Mir genügt, was sie für mich ersprießen lassen. Was sollte ich noch mehr wünschen, dessen ich gar nicht bedarf? *Hildegard von Bingen*

Gut erholt wache ich auf. Die Füße haben sich in den Bergen vom Schotterstraßenlauf regeneriert und tun kaum noch weh. Sie bekommen ihren täglichen Hirschtalg, dann gehts ans Frühstückmachen.

Doch was ist mit meinen Vorräten? Wie von Geisterhand sind sie geschrumpft. Ich fange an zu rechnen. Bis zur nächsten Einkaufsmöglichkeit werde ich mindestens 3 Tage unterwegs sein. Das hier reicht bei meinem ausgeprägten Pilgerhunger noch knappe 3 Mahlzeiten, also eineinhalb Tage. Das Brot, das ich in Dovre erstanden habe, war ein Leichtgewicht, eins von den fluffigen Weizenbroten, die hier üblich sind und erst in größeren Mengen einigermaßen sättigen. So ist inzwischen nicht mehr viel davon übrig. Auch auf Tütennahrung kann ich nicht mehr zurückgreifen. Alles alle. Wie konnte ich mich nur so verrechnen?

Langsam geht mir auf, dass ich bei meiner Fjell-Überquerung wohl ein echtes Problem habe, denn ein kurzer Blick auf das Verkaufsangebot an der Rezeption gestern hat ergeben: Hier gibt es nichts Nahrhaftes. Ich sah zu meinem Erstaunen ein reichhaltiges Angebot an Sonnenbrillen, Ferngläsern, Handschuhen und Trekkingtüchern. Dazu Schokoriegel, Chips und Cola. Keine weiteren Lebensmittel. Auf Pilger, die Proviant tanken wollen, ist man nicht eingerichtet. Auf dem großen Campingplatz stehen dicke Wohnmobile. Man begibt sich mit Guides auf Tagesexpeditionen zu den Moschusochsen und sitzt abends im angeschlossenen Restaurant oder im eigenen Wohnmobil bei reichlich gebunkerten Vorräten. Pilgernahrung, auch nur Büchsen oder Tütengerichte: Fehlanzeige.

Habe ich nicht gestern an der Rezeption gelesen, dass hier Frühstück angeboten wird? Das werde ich nutzen – auch wenn es teuer sein sollte. So muss ich nur *einen* Tag hungern. Ich laufe also los zur Rezeption. Die ist leider noch zu. Die Cafeteria öffnet erst um 9. Das ist in über einer Stunde. So lange will ich nicht warten. Also frühstücke ich doch von meinen Vorräten – kommt Zeit, kommt Rat. Danach packe ich zügig, reinige die Hütte und will den Schlüssel in den Briefkasten werfen. Das Wetter ist gut, ich möchte zeitig aufbrechen. Wer weiß, was der Tag noch bringt.

An der Rezeption sehe ich, dass mittlerweile geöffnet ist. Weil ich nichts unversucht lassen will, frage ich den freundlichen jungen Mann an der Kasse mit gespielter Ahnungslosigkeit, ob man hier etwas Brot oder Käse kaufen kann. Gegen das Offensichtliche. „Nein, so etwas gibt's hier nicht", meint er, „aber frische Muffins." Er weist auf eine Vitrine. Die sehen lecker aus, besänftigen wahrscheinlich aber nicht wirklich den Hunger. Auch einen Kaffee könne ich erstehen.

Ich muss wohl ziemlich enttäuscht aussehen, denn er überlegt noch mal. – Vielleicht hat er noch eingefrorenes Brot ... Er verschwindet nach hinten und holt ein Kasten-Vollkornbrot aus der Tiefkühltruhe des Personals. Das ist steinhart und wird vielleicht matschen, wenn es aufgetaut ist. Außerdem hat es das Gewicht eines Ziegelsteins. Das zu schleppen wäre sportlich. Ich fasse mir noch mal ein Herz und frage ihn, ob er Knäckebrot hat. Knäckebrot ... das könnte sein. Er überlegt wieder und verschwindet erneut, länger als bei der ersten Suche. Doch dann kommt er freudestrahlend zurück: in der einen Hand eine Packung Knäckebrot, in der anderen eine Packung Schnittkäse. Ich bin gerettet! Mit diesem Proviant werde ich die Wanderung durch die nächsten Tage überleben, wenn es auch kaum zum Sattessen reicht. Ich bedanke mich und erstehe im Überschwang noch zwei Muffins. Warum zwei? Ich bin jetzt schon hungrig. Die Erfahrung von Herkestad hat mich gelehrt, dass ein einziger Muffin nur Hunger auf einen zweiten macht. Auch die beliebte Kvik-Schokolade gibt es hier. Weil ich schon mal dabei bin, sacke ich auch die ein. Weitere Notration. Die Mittagsrast wird fürstlich. Alles, was Energie bringt, ist willkommen.

Nun geht's auf nach Kongsvold. Das liegt ungefähr 17 km von hier, nicht weit – aber es wird etliche Höhenmeter rauf- und runtergehen. Ich laufe zügig vom Platz und will zurück an die Stelle, auf der ich den Olavsweg gestern verlassen habe. Aber hier gibt es eine Menge Pfade und Abzweigungen in unübersichtlichem Gelände. Wo bin ich hergekommen? Ich schlage einen Weg ein und merke, dass er mich nach ein paar Windungen in die falsche Richtung führt, drehe wieder um, probiere den nächsten Pfad, er ist es auch nicht. Und nach einer Viertelstunde drehe ich wieder um. Nirgendwo eine Olavsweg-Beschilderung. Auch die Beschreibung im Wanderbuch ist ein Buch mit 7 Siegeln.

Was mache ich in diesem Gewirr? Ich bin ratlos und könnte mich ärgern, dass ich hier so viel Zeit verplempere. Gleich am Anfang. Ich bin extra zeitig aufgebrochen. Nach diesen fruchtlosen Versuchen, stoppe ich meinen Ärger. Der ist jetzt unproduktiv. Ich muss erst mal tief Luftholen, ehe ich länger konfus herumsuche. Nachdem ich mich halbwegs beruhigt habe, ist mein Entschluss klar: Alles auf Anfang. Es hilft nichts: Ich muss zurück, sonst verlaufe ich mich hoffnungslos. *Lieber langsam, aber sicher. Manchmal musst du zurückkehren, um weiterzukommen.*

Ich folge der Beschilderung zum Campingplatz zurück und entdecke etwas weiter rechts in nicht allzu großer Entfernung einen Pfahl mit Olavsweg-Zeichen. Wer sagt's denn! Warum habe ich den vorhin nicht gesehen? Eine geschlagene Stunde habe ich gebraucht, ehe ich den Olavsweg wiedergefunden habe. Doch was soll's. Nun bin ich wieder eingefädelt und schreite erleichtert aus.

Ich gehe über eine Holzbrücke. Auf gut gangbarem Wanderweg bis zur Mittelalterfarm Vesle herkinn. Vorbei an Mauerresten wandere ich durch die von der Eiszeit geprägte Landschaft – sehr malerisch. Durch ein kleines Wäldchen geht es steil bergauf. Dann habe ich die Eysteinkirke erreicht. Zeit für einen kleinen Schluck Wasser auf einer Bank an der Kirche, denn jetzt wird es lange nach oben gehen. Ich arbeite mich kräftig pustend aufwärts. Zwischendurch muss ich einen Abzweig verpasst haben, denn der Weg führt plötzlich nach unten. Was ist heute los mit mir? Ich hatte doch meinen Orientierungssinn schon gut entwickelt. Das hier kann nicht richtig sein – also laufe ich zurück zur letzten Weggablung. Immerhin habe ich es schnell gemerkt. Richtig, hier geht der Weg bergauf, und da ist wieder ein Zeichen. Der alte Kongvegen führt mich nach oben.

Immer fantastischer wird die Aussicht in das unten liegende Tal und die hochgelegenen Berge. Bald müsste ich den Meilenstein auf dem Herkinnshoe erreichen. Von dort sind es noch 208 km bis Nidaros. Hört sich schon richtig gut an: Beim nächsten Mal steht vorn eine 1.

Der Weg verläuft wieder durch karge Landschaft. Ich genieße die weite Sicht. Da entdecke in der Ferne einen Menschen – blau gekleidet. Wer rastet dort am Meilenstein? Ich traue meinen Augen kaum: Friedmar! Diesmal im T-Shirt, seine grüne Jacke ist auf seinen Rucksack geschnallt – ihm ist wohl warm geworden beim Anstieg.

„Was machst du denn hier?" Ich bin total verblüfft „Ich denke, du bist weit vor mir!" – Ja, das hätte er auch gedacht, gesteht er. Aber er hat sich gestern im Nebel verirrt. „Was? Erzähl, was war los!" Mir fällt mein Proviant aus Hageseter ein. Darauf erstmal einen Muffin! Intuitiv habe ich heute Morgen zwei gekauft, und Friedmar sieht aus, als könne er eine Stärkung gebrauchen. Wir suchen uns einen großen Stein, auf dem wir uns niederlassen. Während wir essen und auch einen Kvik-Riegel teilen, erzählt er von seiner Odyssee:

Statt auf dem Olavsweg zu bleiben, ist Friedmar gestern im Nebel weit abgekommen und lange durch unwegsames Gelände gelaufen. Ohne erkennbaren Weg und ohne zu wissen, wo er war. Durch Moor, über Felsen und Abhänge. Als er sich fast verloren glaubte, hat er einen Weg gefunden, von dem er wusste, dass es nicht der Olavsweg sein konnte, denn er war gelb markiert. Er ist ihm aber gefolgt. Es war wenigstens ein Weg, der irgendwohin führte. So ist er irgendwann zu einer Siedlung gekommen, ein Ferienpark, der im Rondane Gebirge neu eröffnet wird. Ein paar Bauarbeiter waren mit letzten Arbeiten beschäftigt und hatten zum Glück noch nicht Feierabend gemacht. Als sie von seinem Schicksal hörten, durfte er für wenig Geld in einer der Hütten übernachten. Gemeinsam hatten sie einige Mühe herauszufinden, wo er hergekommen war und wo er hinmusste, um wieder auf den Pilgerweg zu kommen. Er war 18 km abgedriftet. So hat er heute schon 28 km Fußmarsch hinter sich. Bis nach Kongsvold sind es von hier aus noch 6.

Der Arme! Er tut mir leid. Die paar Schleifen, die ich auf meinen Umwegen heute gedreht habe, sind dagegen zu vernachlässigen.

Friedmar nimmt es gelassen. Er hat heute Nacht für wenig Geld in einer angenehmen und nagelneuen Unterkunft geschlafen. Heute Morgen ist er früh aufgebrochen, bei bester Sicht und durch die herrliche

Landschaft des Nationalparks gelaufen. So konnte er wesentlich mehr vom Gebirge sehen als ursprünglich geplant. Da, wo er herkommt, war es wild und zauberhaft. Was will man mehr. Es ist ja gut gegangen, hätte schlimmer kommen können. Die letzten Kilometer nach Kongsvold wird er auch schaffen. Seine Fähigkeit, sich nicht mit unproduktivem Ärger aufzuhalten, ist vorbildlich, denke ich. Das muss ich noch trainieren.

Jetzt nehmen wir gemeinsam die letzte Etappe in Angriff. Laufen auf dem breiten Königsweg entspannt nebeneinander – diesmal sind Friedmars Schritte wesentlich langsamer, was wohl seiner Müdigkeit geschuldet ist. Genau mein Tempo! Als der Weg etwas schmaler wird und wir hintereinander gehen müssen, laufe ich sogar voran. Friedmar schleppt sich mühsam hinterher. Ich habe das Gefühl, ihn ein wenig „ziehen" zu müssen. Hin- und wieder sage ich ihm was Aufmunterndes.

Er lächelt gequält, klagt aber mit keinem Wort. Offenbar ist er heute am Limit. Immer wieder muss ich mein Tempo verlangsamen und versuche, ihn mit irgendeinem Thema abzulenken. – Ein wenig erzählen wir von unserem Abend in Fokstugu und von Celine. Ob sie gestern gut durch Nebel und Regen gekommen ist? Anscheinend, denn wir haben sie nicht wieder getroffen. Sie sah fit aus und ist sicher über alle Berge. Ob wir noch andere Pilger treffen? Wir glauben es beide nicht. Wir scheinen die Einzigen zu sein, die um diese Zeit hier unterwegs sind.

Endlich sind wir in Kongsvold. Ein schickes Hotel, das auch eine Pilgerunterkunft führt. Diese liegt etwas abseits in einem Extra Bungalow. Wir bekommen die Schlüssel. Essen könnten wir hier: Heute Abend wird ein 5-Gänge-Menü aus exzellenter Küche geboten – zu exorbitantem Preis. Am Frühstückbuffet können wir auch teilnehmen. Das ist erschwinglicher. Ich entscheide mich sofort dafür. Die Aussicht auf „Frühstück satt" lässt mir das Wasser im Mund zusammenlaufen. Das Hungern ist auf einen halben Tag reduziert. Auch Friedmar meldet sich an. Die Option mit dem Abendessen halte ich mir offen. Das will in Ruhe überlegt sein.

Wir beziehen die Pilgerunterkunft. Es gibt eine kleine funktionale Küche, ein geräumiges Bad und vier Schlafzimmer für Pilger. Für zwei davon haben wir je einen Schlüssel bekommen. In jedem Zimmer gibt es zwei Doppelstockbetten. Alles ist sauber und angenehm. Ich lasse Friedmar den Vortritt beim Duschen. Er hatte schließlich den längeren Weg.

Als ich aus der Dusche komme, ist Friedmar schon in der Küche beschäftigt. Er kocht von seinen reichlich vorhandenen Tütengerichten und lädt mich zum Essen ein. Das Geld fürs Menü muss ich nicht ausgeben. Er ist froh über jedes Gramm, das aus seinem Rucksack schwindet. Nett von ihm! Ich nehme sein Angebot gern an! Wir essen mit großem Appetit eine reichliche Pilgermahlzeit. Besser kann ein 5-Gänge-Menü auch nicht schmecken. Und so satt macht es vielleicht auch nicht wie das, womit wir uns jetzt die Bäuche vollschlagen. Ich kann etwas Käse und Knäckebrot zum gemeinsamen Mahl beisteuern. Das Brot schmeckt muffig und ich schaue aufs Mindesthaltbarkeitsdatum. Das ist 2 Jahre abgelaufen. Aber wen interessiert das, wenns ums Überleben geht?

Wir kochen noch viel Tee an diesem Abend und erzählen ein Weilchen. Dann kriechen wir müde in unsere Schlafsäcke. Bald bin ich tief und fest eingeschlafen.

RUMMS! Ich schrecke hoch – bin hellwach. Was war das? RUMMS! Noch mal. Das Herz schlägt mir bis zum Hals. Wer dringt mitten in der Nacht in unser friedliches Pilgerquartier ein? Da steht zwar kein Pferd, aber vielleicht ein Elch auf dem Flur! Oder ein Moschusochse? Oder ein Bär? Vor meiner Abreise hatte ich einen Dokumentarfilm über einen Bären gesehen, der Türen menschlicher Behausungen aufklinkte, um sich Zugang zu verschaffen. Die können das also. Ich liege starr und rühre mich nicht. Da höre ich leise Stimmen, unterdrücktes Flüstern. Es handelt sich folglich um menschliche Wesen, allem Anschein nach sowohl männlich als auch weiblich. Entwarnung! Ich versuche, meinen stockenden Atem wieder zu normalisieren. Aber: Wer kommt hier mitten in der Nacht? Ich löse mich aus meiner Erstarrung und angle nach meinem Handy, das am Bett liegt: 23:20 Uhr.

Da sich das Gerappel auch nach einiger Zeit nicht legt, beschließe ich, aufzustehen und nachzusehen. Ich will wissen, was los ist, und bin sowieso wach. Verschlafen und zerknauscht trete ich auf den Flur. Da stehen eine junge Frau und ein junger Mann, beide Mitte/Ende 20, und schmettern mir ein fröhliches „Hallo!“ entgegen – als wäre es das Normalste in der Welt, sich zu nachtschlafender Zeit auf Fluren zu treffen. Beide sind offenbar auch Pilger, ihren riesigen Rucksäcken nach zu urteilen: Die stehen auf dem Boden. Ich schlussfolgere haarscharf: RUMMS Nummer 1 und RUMMS Nummer 2.

Wir begrüßen uns. Felix und Lara. „Haben wir dich geweckt?“, fragt Lara mit Unschuldsmiene. „Nein, überhaupt nicht!“ Ich kann mir einen ironischen Unterton nicht verkneifen. „Ich wollte sowieso aufstehen.“

Diese Botschaft ist offenbar deutlich. Lara meint entschuldigend, sie wären heute über 30 km gelaufen und hätten die Zeit falsch eingeschätzt. Naja, offenbar sind sie auch zu spät gestartet. Aber das ist ja kein Problem, denn es ist lange hell und die Hotelrezeption bis 23 Uhr auf. – Nein, überhaupt kein Problem, solange man nicht andere müde Mitpilger aus dem Schlaf reißt, denke ich im Stillen. – Lara scheint meine Gedanken zu lesen. Sie hätten nicht vermutet, dass hier noch andere Pilger seien. „Stimmt.", nicke ich halbwegs besänftigt. Wir hätten auch nicht gedacht, dass hier noch irgendjemand auftaucht.

Und nun? Warum sind sie nicht in eins der freien Zimmer geschlichen und rumoren auf dem Flur rum? „Wir sollen zu einem von euch und wussten nicht, wer wo schläft", erklärt mir Lara die Situation. „Eigentlich sollten wir zu dem Mann ins Zimmer – aber jetzt können wir auch zu dir kommen, du bist sowieso wach." – „Ja klar, aber ... Es sind noch zwei Zimmer frei, warum schlaft ihr nicht da?", versuche ich mein Schicksal abzuwenden. „Das habe ich den Wirt auch gefragt", meint Lara, „wir würden doch jemand aufwecken. Er war ziemlich unfreundlich und meinte, Pilger müssten sich eben ein Zimmer teilen – bei euch hätte er schon eine Ausnahme gemacht." Aha, das war Friedmar und mir gar nicht bewusst. Den scheint heute Nacht nichts aufzuwecken. Er schläft den Schlaf des zu Tode Erschöpften. Wenigstens ermögliche ich ihm nach seinen heutigen Strapazen einen ungestörten Pilgerschlaf. Das tröstet mich und gibt ein halbwegs gutes Gefühl.

Die beiden freien Zimmer sind und bleiben also verschlossen. Der Wirt war offensichtlich mächtig angesäuert, weil die beiden so spät eintrudelten. Als Lara erneut insistieren wollte, hätte er nur mit den Schultern gezuckt und gemeint: „That's the game!" Nichts zu machen.

Die Einigkeit darüber, dass wir das unmöglich finden, verbindet uns. So ergebe ich mich und öffne den beiden die Tür in mein Schlafzimmer. „Hier ist noch ein freies Doppelstockbett", ich weise auf das Bett gegenüber, „eins oben, eins unten." Wenigstens soll niemand direkt über mir herumrappeln. „Ich denke, wir nehmen beide das untere", meint Lara lächelnd. Auch ok. „Wir machen uns nur noch ein bisschen menschlich." Damit verschwinden sie für eine halbe Ewigkeit im Bad, während ich wieder in meinen Schlafsack krieche. Anscheinend haben sie noch immer keine Eile. Wer soll da schlafen? Ich liege wach und finde keine Ruhe, solange es noch immer draußen wuselt. Dabei bin ich doch hundemüde.

Endlich sind sie fertig und kriechen frisch geduscht ins untere Bett. Doch auch jetzt kann ich nicht einschlafen, denn ich höre 2 m Luftlinie von mir entfernt eindeutige Kuschelgeräusche. Wie im Film! Da lobe ich mir die anfängliche Pilgereinsamkeit. So was habe ich seit Internatszeiten nicht erlebt. Wer soll da weghören? Hat keiner die Regel ausgegeben, dass ein Pilgerweg ein Pfad der Enthaltsamkeit ist? Etwas davon wäre angemessen, wenn ich ihnen nächtliches Asyl gewähre. Ich bräuchte eine Packung *Ohropax*, habe ich aber nicht im Gepäck. Ich wühle meinen Kopf ins Kissen und ziehe mir den Schlafsack über die Ohren. Schließlich wird es nebenan ruhig, die Erschöpfung scheint zu siegen. Irgendwann schlafe auch ich. Im Traum höre ich von fern: „That's the game!"

Meine paradoxe Erkenntnis heute habe ich von Friedmar:

Wenn du langsam gehst, kommst du schneller voran. Auch der falsche Weg ist manchmal goldrichtig.

TAG 20: Wilde Tiere und raue Bergwelt

Von Kongsvold nach Ryphusan Refugium (19.6. / 21,2 km)

Vergesset nicht, Freunde, wir reisen gemeinsam. *Rose Ausländer*

Ich wache früh auf und schleiche mich mit meinen Sachen leise aus dem Zimmer. Meine neuen Zimmergenossen will ich nicht wecken. Auch Friedmar ist wach. Ich berichte ihm, dass unsere Pilgergemeinschaft über Nacht unerwartet Zuwachs bekommen hat. Wie ich vermutet habe, hat er heute Nacht nichts gehört und sich beim Aufstehen nur über die Zahnbürsten im Bad und die Rucksäcke auf dem Flur gewundert.

Auch wenn ich mich von der Unruhe der Nacht leicht verkatert fühle, weckt die Aussicht aufs Frühstücksbuffet von Kongsvold alle Lebensgeister. Friedmar und ich gehen gemeinsam ins Hotel nebenan: Das Buffett erfüllt in jeder Hinsicht unsere Erwartungen. Wir schwelgen im Pilgerfrühstücksglück. Das Buffet ist mit ausgewählten Köstlichkeiten bestückt: frische Rühreier, brauner norwegischer Karamelkäse aus dem Gudbrandstal, den ich hier zum ersten Mal probiere, Moschusochsen-Salami, frisches Obst, guter Kaffee, frische Brötchen und, und, und: ein Genuss! Wir essen, bis nichts mehr reinpasst, erheben uns mit Mühe und rollen in die Pilgerunterkunft zurück. Gegen einen kleinen Aufpreis haben wir uns jeder sogar noch zwei große Brötchen als Proviant für die Mittagsrast geschmiert und stopfen sie gut gelaunt in unsere Rucksäcke.

Auf dem Flur der Pilgerunterkunft begegnen uns Felix und Lara. Jetzt sind wir die Munteren und stehen zwei verschlafenen Gestalten gegenüber. Wir schwärmen vom Kongsvold-Frühstück und empfehlen es wärmstens. Sofort fangen die Augen der beiden an zu leuchten: Für gutes Essen sind sie zu haben. Sie werden gleich frühstücken und sich dann noch etwas hinlegen. Sie laufen ja wesentlich schneller als wir. Wir werden uns heute im Refugio von Ryphusan treffen, der einzigen Pilgerunterkunft im Umkreis von 36 km. Hoffentlich nicht wieder mitten in der Nacht, verkneife ich mir gerade noch zu sagen. Also auf in den Tag!

Friedmar bricht ziemlich umgehend auf, während ich mir noch etwas Zeit nehme, mich zu sortieren und meine Pilgernotizen zu schreiben. Dazu nutze ich einen ruhigen Moment, nachdem Felix und Lara zum Frühstück gegangen sind. Friedmar und ich sind uns einig, dass wir unser eigenes Pilgertempo brauchen und lieber allein laufen. Unsere Erfahrungen bisher beweisen ja, dass wir uns mit an Sicherheit grenzender Wahrscheinlichkeit sowieso irgendwo wieder treffen.

Ziemlich bald breche auch ich auf und genieße mein eigenes Tempo, *meinen* Rhythmus. Ich laufe eher langsam – so wie ich auch allgemein nicht gerade fix bin. Ich *kann* einfach nicht schnell, jedenfalls nicht auf Dauer. Um schnell zu sein – oder ein Tempo vorzulegen, das sich für andere normal anfühlt, muss ich mich meist sehr anstrengen und werde flatterig. Wenn ich dann hektisch werde, kommt nichts Gutes dabei heraus. Als Kind habe ich unter meiner Langsamkeit gelitten, denn in unserer quirligen Gegenwart ist es anerkannt, wenn Dinge zügig erledigt werden. Der oder die Langsame wird kaum akzeptiert.

Was macht mich langsam? Ich glaube, ich *bin* es einfach. Mein Naturell. Das kann ich nicht wegtrainieren. Mittlerweile will ich es auch nicht mehr. Bei Sten Nadolny, der den wunderbaren Roman *Die Entdeckung der Langsamkeit* geschrieben hat, habe ich gelesen, dass Langsamkeit eine besondere Form der Wahrnehmung ist. Diese Erkenntnis war für mich, als ich das Buch mit Mitte 20 las, eine Revolution. Der Langsame sieht mehr. Er schaut gründlicher. Er verweilt und hat meist ein ausgeprägtes Beharrungsvermögen. Die Tugenden der Ausdauer, der Geduld und der genauen Einfühlung sind bei den Langsamen hoch entwickelt. Als Erwachsene habe ich es natürlich trainiert, bei den alltäglichen Anforderungen einigermaßen im geforderten Tempo zu bleiben. Aber es ist und bleibt ein Muss. Wenn irgend möglich, genieße ich es, in meinen natürlichen Langsamkeitsmodus zu sinken. Und auch in meinem Beruf kann ich die Langsamkeit, das Zeit-haben und Zeit-schenken, das genaue Hinsehen gut brauchen.

Auch jetzt kann ich wohltuend entschleunigt unterwegs sein und freue mich, frisch und gut gesättigt in diesen Tag zu laufen. Der Weg verläuft nicht mehr durch karge Tundra-Landschaft, sondern schlängelt sich durch niedrigen Wald. Die Bäume haben durch den rauen Wind der Berge bizarre Formen angenommen und wachsen mehr in die Breite als in die Höhe. Der Weg ist stellenweise fast zugewachsen.

Ich klettere auf den abenteuerlichen und historischen Pfaden des Privdalen. Es geht an steilen Abhängen entlang, über rutschige Felsen. Immer wieder öffnen sich traumhafte Aussichten auf die Berge und das tief unten gelegene Tal. Einfach zum Genießen! Ich sehe beeindruckende Felsschluchten und rauschende Wasserfälle, die offenbar aus gewaltigen Höhen kommen. Mein schmaler Pfad führt mal heftig nach unten – dann steil nach oben. Auf Holzbrücken überquere ich breitere Gebirgsbäche und Schluchten. Der anfangs bewölkte Himmel klart allmählich auf. Die Höhenzüge, die sich auf der anderen Seite des Tales vor mir auftun, sind sonnenbeschienen und strahlen golden. Es ist grandios!

Mein Wanderführer warnt vor Moschusochsen, die in dieser Gegend dem Wanderer begegnen können. Auch an Elchen reich ist das unübersichtliche Terrain. Immer wieder sehe ich ihre beeindruckenden Hinterlassenschaften auf dem Weg, manche recht frisch. Etwas abenteuerlich mutet das an, denn mein Pfad ist schmal und nicht zu überblicken. Weil er sich in engen Kurven durch die Landschaft windet, weiß ich nicht, wer oder was sich hinter der nächsten Wegbiegung verbirgt.

Meine Nerven sind gespannt. Ich lausche angestrengt auf alle Geräusche. Was, wenn plötzlich ein ausgewachsener Elch oder ein Moschusochse vor mir steht oder aus dem Wald hervorbricht? Ich würde vor Schreck den Abhang runterkullern. Ich muss sowieso darauf achten, nicht daneben zu treten, denn der Weg fällt zum Teil steil ab. Bloß nicht abrutschen und vom Gewicht des Rucksacks in den Abgrund gezogen werden.

Plötzlich sehe ich etwas kleines Graues, das sich auf dem Pfad zu meinen Füßen bewegt. Ein Vogelküken, das noch nicht flügge ist. Es hüpft aufgeregt, denn für das bedauernswerte Wesen bin ich so etwas wie ein ausgewachsener Moschusochse oder ein Riesenelch. Es ist wohl ein kleiner Kuckuck, der sein Nest verlassen musste. Jetzt sitzt er still, und ich muss ihn unbedingt aus der Nähe fotografieren. Ich sage ihm, dass er vor mir keine Angst haben muss – keine Ahnung, ob er es glaubt. Dann lasse ich ihn vogelseelenallein zurück und wünsche ihm, dass er sich irgendwie durchschlägt in dieser gefährlichen Welt. Oles Ausspruch „Die Tiere haben Angst vor dir" fällt mir ein. Deshalb bin ich jetzt wieder etwas gelassener unterwegs.

Nach 2 Stunden komme ich an einen Abzweig. Von hier aus führt der Weg rechterhand steil nach oben, wieder hinein in die hohe Bergwelt. Die Kilometerangaben belehren mich, dass ich wieder mal besonders langsam unterwegs bin. In 2 Stunden habe ich nur 6 km des 21 km langen Weges geschafft. Es war aber auch ein Gekraxel! Nun geht es zur Krönung steilst bergauf. Ich bemühe mich um zügiges Tempo, vorbei am wunderschönen Aussichtspunkt Värstigen, an dem ich mir ein tiefes Luftholen gönne. Der steile Anstieg führt mich bald wieder hinaus über die Baumgrenze in die karge Hochgebirgslandschaft mit weiter Sicht. Immerhin kann ich hier die potenziellen Moschusochsenherden schon auf weite Entfernung ausmachen.

Ein kräftiger Wind pfeift und kalt ist es auch. Ich zerre meine Wetterjacke aus dem Rucksack, ziehe mir mein Wolltuch über die Ohren und stülpe die Kapuze drüber. So geht's. Ich verschließe die Jacke bis ans Kinn, nachdem ich meinen wärmsten Pullover drunter gezogen habe. Das ist wie am Nordpol hier, richtig eisig! Ich könnte Handschuhe brauchen. Die hab ich aber – entgegen der Empfehlungen – nicht in meine Packliste aufgenommen. Immerhin bin ich im Hochsommer unterwegs und habe meinen Rucksack bei 30 Grad Außentemperatur gepackt. Wer konnte ahnen, dass man mitten im Sommer Handschuhe braucht.

Wenigstens muss ich mich jetzt nicht mehr grämen, meine Badesachen zu Hause gelassen zu haben. Die Ärmel meines Pullovers ziehe ich unter der Jacke hervor über meine Hände, denn die müssen ja meine Stöcke fassen und können deshalb nicht in die Taschen gestopft werden. Die Trekkingstöcke muss ich zur Unterstützung unbedingt einsetzen, weil der Wind mir heftig entgegen bläst, sodass ich mich kraftvoll dagegenstemmen muss. So krieche ich langsam voran.

Schnelle Kilometer werde ich so bestimmt nicht machen.

Immerhin habe ich Glück mit dem Wetter. Auch wenn hin und wieder eine dunkle Wolke vorbeikommt und mit ein paar eisigen Tropfen grüßt, klart doch zwischendurch immer wieder der Himmel auf und die Sonne kommt heraus. Dann ist es wunderbar, hier oben zu laufen. Weite, Felsen, karger Bewuchs, Moore und flache Seen. Der Weg ist gut gekennzeichnet und die Sicht ist hervorragend – ich mag mir nicht ausmalen, wie es hier bei Nebel oder Schneesturm ist.

Nach 2 Stunden erreiche ich ein paar Steinhütten. Von Weitem sehe ich bereits den grünen Punkt. Friedmar hält Mittagsrast. Auch er hat mich entdeckt und winkt. Schon bin ich da – erstaunlich, dass sein Abstand zu mir gar nicht so groß ist. Er macht längere Pausen und scheint das zu genießen.

An einer windabgewandten und sonnenbeschienenen Seite der Hütte gibt es eine Steinstufe, auf der wir sitzen und gemeinschaftlich unsere Gourmetbrötchen aus Kongsvold verzehren. Die Stärkung ist hochwillkommen, denn die Etappe ist sportlich: Erst die anspruchsvollen Wege am Hang, dann der steile Aufstieg, jetzt der heftige Wind. Doch beide fanden wir den Weg fantastisch. Elch oder Ochse sind auch Friedmar nicht begegnet, obwohl er hoffnungsvoll Ausschau gehalten hat, um sie vor die Kamera zu bekommen. Der hat Nerven! Echt mutig.

Nachdem unsere Brötchen verputzt sind und wir noch mal kräftig Wasser getrunken haben, bricht Friedmar auf – mit dem augenzwinkernden Versprechen, schon mal Teewasser aufzusetzen, sollte er eher in Ryphusan sein – was nicht unwahrscheinlich ist. Ich halte noch für ein paar Augenblicke mein Gesicht in die wärmende Mittagssonne. Aber dann laufe ich zügig weiter. Die Strecke, die vor mir liegt, wird anstrengend.

Das wird sie – und wie! Ich kämpfe mich gegen den Wind voran, oder sollte ich Sturm sagen? Der eisige Wind wird mit jedem Schritt stärker. Ich laufe im Schneckentempo, schräg nach vorne geneigt. Gefühlt auf allen Vieren krieche ich auf den höchsten Punkt des Olavswegs zu. Gerade aufgerichtet würde ich nach hinten umgeworfen, das würde mit Rucksackgewicht schnell passieren. Ich mache mich klein, um dem Sturm wenig Angriffsfläche zu bieten. Bei jedem Schritt muss ich viel Kraft aufwenden. Trotzdem: Ich genieße dieses Sein, diese Bewegung mit und in den Elementen, denn es ist spektakulär und außergewöhnlich: Sonne, Sturm und die traumhaft Weite des Hochgebirges. Spiel der Kräfte, Urgewalten – und ich mittendrin. Einfach herrlich! Gigantisch!

Ich fühle mich lebendig und energievoll wie nie. Wie gut, dass der lange Weg bis hierher meinen Körper kräftig trainiert hat, sonst würde ich auf halber Strecke schlapp machen und irgendwo in dieser Einsamkeit liegen bleiben. Aber so werfe ich mich übermütig und kraftvoll den umwerfenden Elementen entgegen. Bei jeder kräftigen Böe muss ich lachen, so unglaublich ist das hier. Umpusten lasse ich mich nicht, das wollen wir doch mal sehen! Schließlich bin ich „scher schdaag".

Bei diesem mächtigen Wehen ist überhaupt nicht auszumachen, aus welcher Richtung der Wind kommt. Scheinbar habe ich ihn permanent gegen mich oder um mich herum, von allen Seiten greift er an. Ich bin völlig ungeschützt in dieser Weite ohne Bäume und Sträucher. Die höchste Erhebung auf weiter Flur, die auf dem Weg zur höchsten Erhebung des Olavswegs ist. Deshalb hat der Wind leichtes Spiel. Aber ich kann und will ihm was entgegensetzen!

Schließlich habe ich es geschafft. Ich bin ich da. Hier ist der höchste Punkt des Olavswegs: 1321 m über dem Meeresspiegel. 15,5 km meiner heutigen Tagesetappe. Bis hierher bin ich also gekommen. Ich bin glücklich und stolz. Befreit von allem. Wie weit liegt der Punkt zurück, von dem aus ich gestartet bin? Jeden Moment des Weges habe ich ausgekostet – auch die harten Augenblicke. Wie herrlich, das erleben zu können! Und von hier geht es nur noch bergab – zumindest heute. Noch 6 km bis Ryphusan. Wäre doch gelacht, wenn ich nicht bald ankomme.

Der Wind bläst nicht weniger heftig, während ich mich auf der Höhe in Schräglage über den Bergkamm kämpfe. Langsam fängt es durch die ungewohnte Anstrengung heftig an, in meinen Oberschenkeln, Armen und im Rücken zu ziehen. Ich muss die Zähne zusammenbeißen und rede mir innerlich gut zu: Jetzt nicht schlapp machen, bald geht es nach unten! Und dann habe ich die Stelle erreicht, wo der Weg sich ins Tal senkt. Ab jetzt hilft die Schwerkraft mit. Ich laufe sanft, aber stetig bergab. Das beschleunigt den Schritt, tut Armen, Beinen und Rücken wohl. Ich kann jetzt locker lassen und wieder einen Blick in die herrliche Landschaft riskieren: Felsen, Flechten und Kleinsträucher, in den Mulden Wasser, Schneefelder. Schafherden ziehen mir malerisch entgegen – ein Gruß von der nicht allzu weit entfernten Zivilisation. Gegen das Pfeifen des Windes klingt ihr entspanntes Gebimmel an, wird weit davongetragen.

Doch was ist das? Inmitten des Grüns entdecke ich rechts des Weges in einer Niederung etwas Himmelblaues. Ein Müllsack? Nein. Hier in der norwegischen Landschaft liegt so etwas nicht rum, schon gar nicht im Nationalpark. Als ich näherkomme, sehe ich, dass es ein Schlafsack ist, darin liegt offensichtlich jemand. Um Himmels willen – ist das ein Wanderer, der sich bei Nebel verlaufen und die Kraft endgültig verloren hat? Das würde mich bei dieser Expedition inmitten der Gewalten der Natur keinesfalls wundern. Hoffentlich finde ich keine Leiche! Oder einen Schwerkranken. Wo soll ich in dieser Einöde schnell Hilfe holen?

Nun bin ich da und rufe dem einige Meter vom Weg entfernt in einer Mulde liegenden Schlafsack zu: „Hallo! Brauchen Sie Hilfe? Hallo!"

Nach einigen Momenten bewegt er sich. Ein Glück, mit einer Leiche habe ich es nicht zu tun. Langsam erhebt sich ein Kopf. Ein bärtiger junger Mann schaut aus dem Schlafsack heraus, in den er sich verkrochen hat. „Hallo", meint er verschlafen auf Englisch mit norwegischem Akzent. „Nein, es ist alles ok, ich ruhe mich nur ein wenig aus!" Ich wünsche ihm noch einen schönen Tag und laufe leicht beschämt weiter. Ich habe ihn mit meiner Überbesorgtheit geweckt. Dabei finden norwegische Wanderer offenbar nichts dabei, sich mitten im Sturm mit warmem Schlafsack in die Landschaft zu legen. Wie könnte man schöner schlafen? Sind eben echte Naturburschen. Vielleicht wird er heute auch nach Ryphusan kommen? Oder er läuft in die andere Richtung nach Kongsvold.

Mein Weg verbreitert sich und führt langsam, aber stetig nach unten, inzwischen begleitet von einem rauschenden Gebirgsbach. Schließlich entdecke ich in der Ferne zwei einsame Gebäude. Das muss Ryphusan sein. Während ich näherkomme, sehe ich, dass da mindestens drei Menschen umherlaufen. Sollten dort noch mehr Pilger sein? Erstaunlich, wo die plötzlich herkommen.

Jetzt bin ich nahe dran und sehe, dass die drei offensichtlich keine Pilger sind, sondern Arbeiter, die an ein historisches Wohnhaus eine Holzterrasse bauen. Sie winken mir freundlich zu, identifizieren mich sofort als Pilgerin und deuten auf ein zweites scheunenähnliches Gebäude, das etwas entfernt liegt. Das ist das *Refugio*. Ich überquere den rauschenden Gebirgsbach über eine kleine Holzbrücke und stapfe auf den Unterschlupf für Pilger zu – so viel bedeutet Refugio: Schutzhütte. Schutzraum.

Gut, dass es den hier gibt! Ich bin doch ganz schön fertig und froh, jetzt hier zu sein. Ob Friedmar auch schon da ist? Klar. Vor der Hütte stehen seine Wanderstiefel. Ich steige ein paar Stufen hoch und klinke die Tür auf. Fast reißt sie mir der noch immer stürmische Wind aus der Hand, und ich muss schnell hineinschlüpfen. An einem großen Holztisch unmittelbar vor mir sitzt ein lächelnder Friedmar: „Na, hast du's auch geschafft? Komm schnell rein, der Tee ist fertig." – Wunderbar! Es fühlt sich an wie nach Hause kommen. Friedmar hat Wort gehalten und tatsächlich schon Tee gekocht. Ich setze meinen Rucksack ab, ziehe die Wanderschuhe aus und stelle sie nach Friedmars Vorbild zum Lüften nach draußen auf den Treppenabsatz. Dann lasse ich mich erschöpft auf eine Holzbank sinken. Auf jeder Seite des mittig im Raum stehenden Tisches gibt es lange Bänke. In U-Form, an den Wänden der Hütte entlang, sind Podeste mit Matratzen angeordnet– etwa 10 Schlafplätze für müde Pilger gibt es. Wie schön, für heute dem Sturm entkommen zu sein!

Vor mir dampft der Tee und mir ist wirklich nach Aufwärmen – außerdem stehen leckere Kekse auf dem Tisch. Ich bin schon wieder hungrig. „Nimm dir welche", lädt mich Friedmar ein, „die spendiere ich zur Feier des Tages! Schließlich sind wir heute über den höchsten Punkt des Weges gekommen."

Dann zeigt er mir die Vorräte der Hütte. Hier ist für das Pilgerwohl gesorgt und reichlich Nahrung vorhanden. Ich werde nicht Hungers sterben müssen. Meine Bedenken waren unbegründet. Man kann hier alles Lebensnotwendige erwerben und das Geld dafür in eine Kasse des Vertrauens legen. Ich kaufe eine große Tafel Milchschokolade und lege sie zu den Keksen auf den Tisch.

Jetzt wird es gemütlich. Gut, nicht mehr allein zu sein. Ähnlich wie im Engelshaus erzählen wir uns von den Eindrücken des Tages und schlürfen eine Tasse Tee nach der anderen. Wir haben Zeit und sind froh, einigermaßen geschützt zu sitzen. Allerdings dringt der Wind auch durch die dünnen Bretterwände der Hütte, und hier drinnen ist es, wenn man eine Weile sitzt, ziemlich frisch. Da hilft auch der heiße Tee nicht, ich beginne zu frösteln. Friedmar deutet auf einen kleinen Gasofen. Er hat schon versucht, den in Gang zu setzen, weiß aber nicht, wie er funktioniert. Ich muss mich jetzt bewegen. Ich beschließe, mich erst mal zu säubern und meine Feierabendklamotten anzuziehen, dann wollen wir Essen kochen.

Ich gehe mit Waschsachen, Handtüchern und meiner Abendgarderobentüte nach draußen in den eiskalten Wind. Die Arbeiter haben zum Glück Feierabend und sind mit ihrem Jeep weggefahren. Auf der Rückseite der Hütte gibt es Wasser und eine Waschschüssel, auch ein Plumpsklo. Duschen ist heute unmöglich, dafür wasche ich mich klassisch mit

Waschlappen sowie eiskaltem Wasser und schlüpfe in meine frischen warmen Sachen. Das prickelt ordentlich hier an der frischen Luft. Als ich wieder in die Hütte komme, ist mir wunderbar warm geworden.

Wir inspizieren das Angebot von Ryphusan und entscheiden uns, Spaghetti zu kochen, dazu Sauce aus frischer Zwiebel, Knoblauch und einer Büchse eingelegter Tomaten, einer Büchse Mais und Kidneybohnen. Fast ein *Chili sin Carne*, denn scharfe Gewürze stehen auch bereit. Unsere Begeisterung darüber, wie man hier fürs Pilgerwohl sorgt, kennt keine Grenzen. Hier wissen Menschen, was man nach einer Bergetappe braucht.

„Wird uns das nicht zu viel?" –will Friedmar wissen, umsichtig, wie er ist. Ich bin dafür, alles zu kochen, der Pilgerhunger ist erfahrungsgemäß riesig. Falls Reste übrig bleiben, werden sich Lara und Felix vielleicht über ein spätes Pilgermahl freuen. Oder der Norweger. Es wird schon Abnehmer geben. Zur Not packen wir die Reste morgen ein.

So kochen wir gemeinsam, mit Freude und viel Spaß. Erstaunlich, wie Friedmar und ich harmonieren. Er ist auch zu Hause der Koch. Ich arbeite ihm zu. Schnipple, öffne Büchsen, decke schon mal den Tisch. Es macht Spaß, hat was Familiäres, und warm wird uns auch. Es dauert nicht lange und das dampfende Essen steht auf dem Tisch. Wir setzen uns, häufen uns die Teller voll, während uns das Wasser im Mund zusammenläuft. Als wir „Guten Appetit!" gesagt haben und die erste Gabel zum Mund führen wollen, rumpelt es auf dem Treppenabsatz. Irgendwer kommt. Der Norweger? Nein, die Tür geht auf: Lara und Felix wehen herein. Punktlandung! „Kommt rein", meint Rüdiger in seiner liebevoll väterlichen Art, „das Essen ist fertig. Macht schnell!"

„Nein, das glaube ich nicht!" Lara ist begeistert. Felix lächelt beglückt. Auch für die beiden ist es wohl wie ein Nach-Hause-Kommen. Ich hole noch zwei Teller und Besteck, Friedmar verteilt den Rest des Essens auf beide Teller. Es werden noch zwei ordentliche Portionen. Wir werden ohne Nachschlag auskommen, denn es gibt auch noch Knäckebrot und Käse, Kekse und Schokolade. Zur Not können wir uns aus weiteren Vorräten bedienen. Niemand wird hungrig schlafen gehen.

Wir essen mit großem Genuss am Familientisch. Während wir essen, erzählen wir. Selbst Lara und Felix fanden es hammeranstrengend. „Dieser Wind", meint Lara, „ich bin total fertig!" Felix nickt zustimmend.

Friedmar und ich sehen uns lächelnd an: Wenn das die Jugend schon sagt, sind wir Alten doch gar nicht so schlecht. Einen riesigen Elch haben die beiden gesehen, was Friedmar vor Neid erblassen lässt. Ich bin eher erleichtert, dass mir dieser Anblick erspart geblieben ist.

Viel schneller als wir waren Felix und Lara auch nicht unterwegs, denn sie sind bald nach dem Kongsvoldfrühstück aufgebrochen. Der freundlichste aller Wirte hat ihnen gesagt, dass sie bis 10 Uhr das Quartier zu verlassen haben, sonst kostet es extra. Da haben sie sich – entgegen ihrer Gewohnheit – gesputet. Aber das Frühstück war hervorragend. Ein guter Tipp, für den sie sich aus tiefstem Pilgerherzen bedanken.

Lara und Felix sind ein Paar. Noch nicht lange. Erst kurz nach Oslo haben sie sich kennengelernt. Am Anfang des Weges. Sie sind seitdem gemeinsam unterwegs und kaum jemand anderem begegnet. Sie tun sich offenbar gut: die eine temperamentvoll, der andere bedächtig, gelassen, ausgleichend. Lara ist Konditorin aus Leidenschaft, kommt aus Berlin. Felix ist ein Weltenbummler, der schon in vielen Ländern gearbeitet hat. Von Beruf Tischler, aber weil er schon so viel Unterschiedliches gemacht hat, kennt er sich mit allem aus. „Auch mit Gasöfen?", fragt Friedmar hoffnungsvoll und deutet auf das Gerät, das unsere Hütte wärmen könnte. Es wird immer kälter. „Ja, mach mal an, Felix", drängt auch Lara mit einem Blick zum Steine Erweichen. „Es ist kalt hier!"

Felix springt auf, und es dauert keine Minute, da bullert der Ofen los. Herrlich! Da können wir gemütlich zum 2. Gang übergehen, denn die Spaghetti sind vertilgt. Felix holt eine teure Moschusochsensalami aus seinem Rucksack, ich kann Knäcke und Käse beisteuern, und auch Tee, Kekse sowie Schokolade gibt es reichlich. Wir erzählen und erzählen, wobei die hauptsächlichen Redeanteile bei Lara liegen.

Auch sie ist eine Pilgerexpertin, ganz Profi, schon auf mindestens vier Pilgerwegen unterwegs. Nachdem sie Frankreich, Spanien und Portugal pilgernd erkundet hat, ist sie auf den Olavsweg gestoßen. Mit 10 Kilo leichtem Gepäck unterwegs. Gewichtsreduzierung ist für sie eine sportliche Herausforderung. Das habe ich schon am Umfang ihrer Waschtasche bemerkt, die ungefähr ein Drittel der Ausmaße meiner eigenen hat. Alles in kleinen Döschen und Tiegelchen – dabei mangelt es ihr offenbar an nichts. Begeisterte Köchin ist sie auch. Für den Pilgerweg hat sie ihre Spezialgewürzmischungen dabei und trägt sich mit dem Gedanken, ein Pilgerkochbuch zu schreiben. Felix bestätigt, dass sie auf dem gesamten Weg bisher hervorragend gegessen haben – Lara kocht sehr lecker.

Liebe geht eben durch den Magen.

Beide haben riesige Rucksäcke, viel größer als die von Friedmar und mir, dabei nicht prall gefüllt und leichter. Die großen Kraxen tragen sich nach ihrer Erfahrung besser, weil sie für mehr Gewicht ausgelegt sind. Überdies hat man Spielraum für Proviant ... Wieder was dazugelernt.

Wir kochen noch eine Kanne Tee, und je später der Abend, umso vertrauter die Gespräche. Felix und Friedmar sprechen den Bierbüchsen zu, die man hier auch erwerben kann. Wir lachen viel, bewegen aber auch ernste Themen. Lara fragt sich, wie es mit ihr weitergehen soll, welche Ziele sie als nächste hat. Offenbar sehnt sich auch Felix danach, irgendwo anzukommen. Inmitten der Bergeinsamkeit schweißt uns die Tischgemeinschaft zusammen, lässt uns offen sein, zuhören und aufnehmen.

Schließlich, sind wir müde und kriechen in unsere Schlafsäcke. Morgen ist auch noch ein Tag. Felix und ich haben jeweils einen dünnen Schlafsack. Meiner hat das Packmaß einer kleinen Mehltüte und reichte bisher völlig aus – aber in diesen rauen Bergen bietet er zu wenig Schutz.

Ich ziehe mir alles über, was sich an wärmenden Sachen in meinem Rucksack findet. Auch zwei Wolldecken gibt es hier, die Felix und ich uns jeweils überlegen. Ich liege an der Wand und nehme alle Kissen, die in meiner Nähe liegen, um mir einen Wind- und Kälteschutz zu bauen, denn nachdem der Gasofen aus ist, wird es schnell empfindlich kühl.

Dann schlafe ich erschöpft ein. Mitten in der Nacht werde ich wach. Es ist eiskalt. Der Wind pfeift um die Hütte und gefühlt durch sie hindurch. Die anderen rühren sich nicht. Wie können die schlafen in dieser Kälte? Ein Königreich für einen warmen Schlafsack. Ich hole noch mehr Sachen aus meinem Rucksack. Zwiebelschalenprinzip. Ich ziehe eine Hülle nach der anderen über. Dieses Refugio ist nur ein dünner Bretterverschlag und speichert keine Wärme. Ich häufe sämtliche Kissen meiner Umgebung auf meinen Schlafsack und um mich herum. So geht es leidlich und ich schlafe noch mal ein, träume aber unruhig von Expeditionen durchs ewige Eis.

TAG 21: Zurück in der Zivilisation

Von Ryphusan nach Oppdal (20.6. / 28,2 km)

Ich will alles Nutzlose, Abgestorbene, Überflüssige eliminieren: dem Augenblick ganz geben, was immer er enthält. *Virginia Wolf*

Ist das ka-halt hier! Ich wache früh heftig bibbernd auf – an Schlafen ist nicht mehr zu denken. Ich werde nicht mehr warm. Friedmar ist auch wach und fängt an, so leise, wie nur er es fertig bringt, Frühstück zu machen, für mich mit. Die Jugend rührt sich nicht, schläft süß und selig.

Ich springe schnell auf. Gegen die Kälte hilft nur Bewegung. Ich renne raus zum reißenden Gebirgsbach und tauche kurz in die kalten Fluten. In dieser frühen Morgenstunde sieht mich hier keiner. Ich weiß von gestern, dass mich dieser Kälteschock auf der Stelle aufwärmen wird. Ich rubbele mich ab und steige schnell in meine Wandersachen – dann sprinte ich wieder hoch zur Hütte. Mein Körper: ein einziges Prickeln.

Drinnen fühlt es sich mollig warm an. Friedmar hat den Propangasofen in Gang gesetzt – auch der Frühstückstisch ist schon fertig. Was für ein Luxus, so einen fürsorglichen Pilgergefährten zu haben. Ich ziehe noch einen warmen Pullover über und mummle mich bis zur Hüfte in eine warme Wolldecke. Dazu gibt es heißen Tee. Jetzt wird mir endlich wärmer. Das Zähneklappern legt sich. Tut das gut!

Friedmar und ich frühstücken in aller Stille. Wir genießen frisches Knäckebrot, meine muffigen Reserven vom Campingplatz haben wir gestern gemeinschaftlich vertilgt – außerdem Butter, Honig und Marmelade aus den Hüttenvorräten. Von draußen hört man schon morgendliches Vogelzwitschern (so dünn sind die Wände der Hütte), und die Sonne wagt sich auch heraus aus ihrem Wolkenbett.

Als wir uns für den Wandertag gestärkt haben, legen wir Geld in die Kasse, schreiben ins Gästebuch ein, waschen unser Geschirr leise ab, packen und brechen auf. Wir öffnen die Tür nach draußen – da schauen Lara und Felix verschlafen aus ihren Kojen. Sie bleiben noch etwas und brechen in gewohnter Weise später auf. Wir sehen uns bestimmt in Oppdal, unserem heutigen Etappenziel. Na dann, auf in den Tag!

Friedmar und ich wandern gemeinsam in den herrlichen Morgen. Alles fühlt sich leicht und wunderbar an. Die Sonne scheint inzwischen warm, das rauschende Wasser des Gebirgsbachs begleitet unseren Weg, der sanft in breiten Kurven nach unten führt. Die Luft ist glasklar und der Wind hat sich gelegt. In der Ferne hört man das Klingeln der Schafherden und vielstimmiges Vogelgezwitscher ringsum. Es ist ungewöhnlich schön, Leben pur, das ich mit allen Poren spüre. Ich atme dieses Glück tief ein.

Die Fjell-Überquerung liegt hinter uns. Wir steigen hinab ins Opptal und kehren in die Zivilisation zurück. Fast macht es mich ein wenig melancholisch, dass es schon vorbei ist. Es war nicht so hyperanstrengend, wie ich angenommen hatte, wenn auch nicht ohne sportliche Herausforderung. Das Gefühl, es geschafft zu haben, erfüllt mich mit tiefer Zufriedenheit. Mir ist klar: *Die meisten Berge, die vor dir liegen, erweisen sich als gar nicht so hoch, wenn du sie besteigst!*

Ich fühle mich wie neugeboren. Das mag an meinem morgendlichen Gebirgsbach-Bad liegen. Aber es ist auch dieser lange Weg, den ich bewältigt habe. Er hat mich verwandelt. Ich spüre, dass ich mich leicht und frei fühle – wie schon lange nicht mehr. Dabei lebendig und auf überraschende Weise verjüngt. Alle Anspannung, Ärger und Sorgen, dazu Selbstzweifel, Ängste und manches allzu Vernünftige sind während dieses langen Unterwegsseins unmerklich von mir abgefallen. Langsam aber sicher. In unauffälliger Stetigkeit. Die *unglaubliche Leichtigkeit des Seins* – ich genieße sie still. Ich setze diesen Moment auf meine innere Hit-Liste der schönsten Augenblicke meines Lebens.

Wie gut, dass ich jetzt nicht allein laufe. Friedmar und ich können miteinander schweigen. Und manches Belangvolle miteinander reden – ohne großen Anspruch. Seine Gegenwart tut mir gut. Immer wieder halten wir an und bestaunen die Schönheiten der Natur um uns. Sein zügiges Tempo hat mich endgültig warm werden lassen. Ich schwitze und muss den warmen Pullover ausziehen. So laufe ich wieder im T-Shirt, als wir die Baumgrenze erreichen und in einen tiefen Fichtenwald eintauchen. Wir kommen gut voran – heute liegt eine lange Etappe vor uns: 28,2 km. Wir laufen auf schmalen Pfaden am schroff abfallenden Fjell-Hang entlang durch den malerischen Wald und treffen nach gut 12 km auf die Kapelle St. Mikael. Dieser schlichte Holzbau, vor dem ein Glockenstuhl steht, wurde 2012 für Pilger errichtet und ist immer offen!

Wir öffnen behutsam die Tür und stehen in einem wunderbar schlichten, lichtdurchfluteten Kirchenraum. Die kleine Kirche ist in den Hang mit Blick ins Tal gebaut. Sie hat keinen ebenen Fußboden, sondern folgt der Neigung des Hanges in mehreren schlichten Steinstufen. So scheint der Kirchenraum hinabzusteigen ins Tal. Auf den Stufen kann man sich niederlassen wie auf Podesten. Es fühlt sich sehr meditativ an, hier auf schlichten Kissen auf den Stufen zu sitzen. Der Chor der kleinen Kapelle ist eine riesige Glasfront, durch die man weit in die Landschaft sehen kann. Ein besonderes Altarbild. Zu sehen ist Oppdal, auf das man aus der Höhe schaut. Ein bewegtes Schau-Fenster. Davor hängt ein blaues Kreuz aus Glas.

Im Altarraum stehen drei schlichte Holzklötze. Darauf: eine Bibel, ein Strauß mit Blumen, eine dicke weiße Kerze. Mehr ist nicht nötig.

Diese Kirche öffnet eine völlig andere Perspektive als ihre historischen innerstädtischen Schwestern. Die kleine Kapelle – hoch gelegen auf dem Berg – lässt den andächtigen Blick in die Welt schweifen, aufs menschliche Treiben dort unten. Wie weit waren wir davon entfernt! Auch jetzt können wir alles mit wohltuendem Abstand betrachten. Wie klein sind wir mit unseren scheinbaren Wichtigkeiten. Was hat tatsächlich Bedeutung? Wer diesen Ort aufsucht, stellt sich unweigerlich diese Fragen:

Was ist gerade jetzt für mich bedeutsam? Was bleibt und hat Bestand?

Hier bin ich mit meinem Fragen und der Suche nach dem, was meinem Leben Sinn gibt, nach neuen Aufgaben und neuer Erfüllung. An der Schwelle in eine andere Lebensphase. *Ich suche das, was mich auf neue Weise reich macht, und bin in dieser Sehnsucht nicht verloren.*

Dafür steht diese Kapelle. Mit ihrem offenen Blick in die Welt draußen gibt sie dem Unbegrenzten einen Rahmen, einen Halt. Sie ist mir Schutzraum. Sie zeigt, dass ich geborgen bin, aufgehoben, vielleicht sogar getragen. Es gibt etwas, das meine Grenzen begrenzt und mich bis hierher gebracht hat. Etwas, das mir den Blick öffnet.

Friedmar hat sich leise hinausgeschlichen und schlägt von draußen – nach dem Vorbild Laurits aus Fokstugu – die Glocke an. Sie klingt weit in das vor uns liegende Tal. Das berührt mich und löst etwas in mir. Alles, was lastet, wird davongetragen mit der Schwingung der Glocke in diese Weite. Ich fange an zu singen. *Laudato omnes Gentes – alle, die ihr lebt, lobt die gute Schöpfermacht!* Friedmar kommt und stimmt ein, dann verklingt unser Gesang in der Stille. Ein langer, fast unendlicher Augenblick.

In der Kapelle liegen ein Pilgerstempel und ein Gästebuch. Bevor ich etwas hineinschreibe, fällt mein Blick auf den letzten Eintrag. Dieter war hier. Seine Worte klingen dankbar und begeistert. Ich freue mich mit ihm, dass auch er es geschafft hat. Vor uns. Er ist 2 Tage voraus, wir werden ihn nicht einholen. Jetzt gehen wir hinaus. Wir schauen von draußen noch etwas ins Tal: Der Ort, den wir heute erreichen möchten, scheint ganz nah. Doch wir werden noch viele Stunden unterwegs sein, bis wir ihn erreicht haben. So gehen wir weiter: immer nach unten.

Nach 2 Pilgerstunden sind wir fast im Tal und kommen an ein kleines historisches Häuschen, das als Pilgerherberge dient. Alles ist praktisch eingerichtet. Es gibt einen funktionstüchtigen Herd.

Wir beschließen, hier eine Mittagsrast einzulegen, obwohl das für uns beide ungewöhnlich ist. Die Hütte ist einfach zu gemütlich, lädt uns ein. Wir haben ja noch immer einen langen Weg vor uns.

So kochen wir Kaffee. Das Wasser holen wir aus einem nahegelegenen Bach und verzehren unsere letzten Vorräte, die wir aus dem Fjell hier heruntergeschleppt haben: Das letzte Brot, einen Rest Käse. Dazu genehmigen wir uns jeder ein Tassen-Tüten-Gericht aus Friedmars schwerem Rucksack. Nachher werden wir in Oppdal frisch einkaufen. Diese Pause tut gut. Wir sammeln Kräfte für das letzte Drittel des heutigen Weges.

Jetzt wandern wir nach Oppdal hinein und es geht – wider Erwarten – nochmals kräftig nach oben. So erreichen wir bald die verschlossene Kirche von Oppdal – macht nichts, heute bin ich „kirchengesättigt". Dafür stoßen wir wieder auf einen Meilenstein: Noch verheißungsvolle 153 km nach Nidaros. Das wird langsam übersichtlich. Wieder müssen wir auf asphaltierten Straßen wandern – und prompt melden sich meine Fußschmerzen zurück. Die hatte ich beinahe vergessen. Die Hoffnung, meine Füße würden sich irgendwann ans Pflastertreten gewöhnen, war wohl unbegründet. Da hilft nur: Zähne zusammenbeißen.

Nach einer guten Stunde finden wir uns mitten in einem trubeligen Stadtzentrum wieder und schmeißen uns ins Getümmel eines riesigen Einkaufszentrums. Ein echter Kulturschock!

Immerhin liegt hier alles, was wir brauchen, eng beieinander: Geldautomat, ein Supermarkt und eine Post. Die ist besonders für Friedmar wichtig. In den vergangenen Tagen hat er deutlich gemerkt, dass er sich mit seinen 20 Kilo Gepäck zu viel zugemutet hat. Vieles von dem, was er mit sich schleppt, ist überflüssig: Pilgeranfänger-Erfahrung! Nachdem ich ihm von meinen Schweizer Erlebnissen und den jungen Mädchen aus Hamar erzählt habe, hat er sich vorgenommen, von Oppdal aus ein großes Paket nach Hause zu schicken. Es gibt eine Menge, was ihm entbehrlich scheint. Er wirkt erleichtert, als er das schwere Paket aufgegeben hat. Es tritt schon mal die Rückreise nach Deutschland an. Er selbst wird bis zum Ende seiner Pilgertour um Vieles leichter unterwegs sein.

Jetzt kaufen wir üppig ein, hungrig, wie wir sind. Die Überquerung des Fjells muss gefeiert werden! Wir werden reichlich kochen. Mit gefüllten Rucksäcken laufen wir zum nicht weit entfernten Velve Hyttetun und beziehen je eine eigene Hütte. Diese Hütten sind wohnlich, haben sogar eine funktionierende Heizung gegen die immer noch erstaunliche Kälte.

Ich genieße die Segnungen der Zivilisation erleichtert, gönne mir Ruhe und Stille. Nach einem ausgiebigen Abendessen kann ich mit funktionierendem Internet mal wieder elektronische Post lesen und verschicken. Dann gehört der Abend dem Telefonieren und Aufschreiben der vielen Eindrücke. Doch bald falle ich ins bequeme Bett und schlafe tief und fest.

TAG 22: Mühen der Ebene

Von Oppdal nach Haeverstolen (21.6.)

Meine Seele braucht Konfetti. Sie braucht Lust, die alles aufwirbelt, die meinen Blick in die Höhe zieht, und es ist an mir, den Kopf zu heben, damit ich den Moment nicht verpasse. *Susanne Niemeyer*

Was soll noch kommen? Soll es das jetzt gewesen sein? Ist das Eigentliche nicht vorbei? – Mit diesen Fragen wache ich leicht verkatert auf. Der höchste Punkt des Weges liegt hinter mir. Das letzte Viertel des Pilgerwegs ist noch zu bewältigen. Irgendwie habe ich nur bis zum Fjell gedacht. Über diese Berge zu kommen schien mir das höchste und wichtigste Ziel, eine große Aufgabe und eine besondere Erfahrung. Das war aus meiner Sicht das Entscheidende. Was danach kommt ... darüber habe ich mir keine Gedanken gemacht. Bis jetzt.

Denn jetzt ist DANACH. Die Euphorie von gestern ist verflogen. Mein Körper ist eine einzige Müdigkeit. Nichts prickelt mehr. So muss es sich anfühlen, richtig alt zu sein. Ich lasse dieser Müdigkeit Zeit, gebe ihr nach. Einfach aufzustehen und das normale Programm des Tages zu beginnen will mir heute nicht gelingen. Ich tue mir das auch nicht an.

So halte ich jetzt einfach mal die Füße still und bleibe noch eine Weile liegen. Umso intensiver arbeitet es in meinem Kopf. Mir fällt eine Sequenz aus dem Dokumentarfilm ein, den ich vor meinem Aufbruch über den Olavsweg gesehen habe: John Wanvik, der Bauer und Fährmann von Sundet Gard, sagt da in die Kamera, dass ein Pilgerweg auch ein Bild für das Leben eines Menschen ist. Alle Stationen wären ähnlich einem Menschenleben zu durchlaufen: geboren werden und wachsen, Gemeinschaft und Einsamkeit, Aufstiege und Abstiege ... schließlich das Übersetzen am Ende des Weges, für das er als Fährmann zuständig sei.

Ja, denke ich, dieses letzte Viertel meines Weges entspricht vielleicht der Lebensphase, in die ich jetzt eintrete: Die Ängste und Unsicherheiten des Aufbruchs und der ersten Wegstrecken liegen hinter mir, auch die großen Anstrengungen des Familien- und Arbeitslebens, von denen du gar nicht mehr weißt, wie du sie eigentlich bewältigt hast. Das riesige Glück, der Spaß und das Lachen, der Erfolg ebenso wie Streit, Rückschläge, Prüfungen und Auseinandersetzungen. Du hast die großen Berge erklommen und steigst jetzt langsam herab. *Was soll noch kommen?*

Das habe ich mich häufig gefragt vor meinem Aufbruch auf diesen Weg. *Wie* will ich alt werden, wie die letzte Strecke meines Lebenspilgerweges unterwegs sein? Sie nur halbwegs in Ruhe hinter mich bringen, genießen, was noch geht, und scheibchenweise Abschied nehmen?

Das ist mir zu wenig – aber was will ich stattdessen? Ich will *Konfetti,* schießt es mir ein, auch und gerade im Altwerden! Mit Konfetti meine ich die eigentlich verzichtbaren Verrücktheiten, ein bisschen Chaos und Überraschung, Spannung und Ausgelassenheit. Nicht nur Ordnung, Vernunft, Struktur, sondern das Bunte und Ungewöhnliche! Ich weiß, Demut muss sein. Und Vernunft. Auch ich werde nicht ewig strahlend und kraftvoll sein, voller Überschwang, Energie und neuer Ideen. Ich will und werde nicht albern so tun, als ob ich nicht älter oder alt würde. Ich bin ein Teil der großen Kreisläufe des Lebens. Leben ist nicht nur Wachsen, es ist auch Welken. Absterben und zu Erde werden. Eigentlich ein schönes Bild. Dünger für nächste Generationen sein. Das Aufwachsen anderer möglich machen. Abschied davon nehmen, sich selbst als Mittelpunkt der Welt zu fühlen. Und doch immer mehr Teil der Welt werden.

Vielleicht liegt gerade hier der Schlüssel zum „guten" Altwerden. *Dünger* für die nächste Generation sein. *Teilhaben* will ich. Gerade im Altsein. Mich interessieren für das Leben anderer, jüngerer. Für die Herausforderungen, in denen sie stehen. Mich nicht zurückziehen, sondern drin sein. Mitten dabei. Es wäre schön, wenn das gelänge. Der Kontakt zu Jüngeren wird Konfetti in mein Leben bringen. Toll, dass mir mein beruflicher Neustart das ermöglichen wird: Kontakt zur jungen Generation.

Ich wünsche mir ein Altwerden, in dem ich weitergeben kann, was ich gelernt und erfahren habe. Mit Gelassenheit. Ohne aufdringlich zu sein. Mehr fragend als antwortend. Dabei möchte ich meine Fähigkeit beibehalten, mich vom Leben überraschen zu lassen, auch wenn es auf den ersten Blick grau und trist wirken sollte.

Es wird vielleicht auch noch die Todesstunde uns neuen Räumen jung entgegen senden ... heißt es in einem meiner Lieblingsgedichte von Hermann Hesse. Eine weitere Schwester der Demut ist das Staunen über alles, was ich erleben durfte, was mir geschenkt ist, was noch immer neu auf mich zukommt. Schwebende Vielfalt – buntes Konfetti!

So springe ich aus dem Bett. Draußen ist es grau und trist – passend zu meinen Gedanken. Auch wenn das Wetter trüb aussieht, ist meine Energie zurück. Ich stärke mich mit einem kräftigen Frühstück und breche auf. Friedmar ist schon über alle Berge. Vor einer der Hütten sehe ich die Wanderschuhe von Felix und Lara – sie sind also auch angekommen und schlafen noch. Obwohl ich dachte, dass sie uns in Oppdal endgültig überholen würden, sind sie gestern kaum weitergekommen als wir Alten. Dabei müssen sie 2 volle Tage früher als wir in Trondheim sein. Doch: Sie werden das schon schaffen und heute ordentlich vorankommen. Es ist unwahrscheinlich, dass wir uns noch mal begegnen.

Dieser Weg hat so gar nichts von Konfetti. Nach den spektakulären Ausblicken des Fjells bietet sich hier wenig Spektakuläres. Keine Weitsicht in die Landschaft mehr. Überwiegend Eintönigkeit. Kaum Auf oder Ab. Außerdem nieselt es. Ich weiche langsam, aber sicher durch, laufe stetig geradeaus auf dem alten Kongsvegen, mal durch den Wald, dann wieder auf Asphaltstraßen. Um Oppdal herum scheint in den Wintermonaten der große Ski-Zirkus zu toben, die menschlichen Eingriffe in die Natur sind unübersehbar: Pisten und Seilbahnen, neu aus dem Boden gestampfte Feriensiedlungen und touristische Infrastruktur. Hier wird richtig Geld verdient – das ist offensichtlich und es schmerzt! Lässt mich den verlorenen Paradiesen hinterhertrauern, die der Vergnügungssucht der Touristen weichen mussten. Die Kehrseite der Sehnsucht nach Konfetti.

Meine Füße laufen mechanisch. Es geht heute nur ums Weiterkommen. Nicht stehen bleiben. Zum Glück gibt es eine Hütte für eine geschützte Mittagsrast im Trocknen. Der Regen verebbt und die Sonne zeigt sich. Wer sagts denn? Am Ende des Tages wartet außerdem eine Unterkunft, die besonders gepriesen wird: die historische Hütte des Ökophilosophen Björge Dahle in Häverstolen. Die Familie gewährt Pilgern Quartier.

Ökophilosophie – wie passend zu meinen Morgengedanken, zu dieser Gegend und diesem Tag. Die Begriffe *Ökophilosophie* oder *Tiefenökologie* waren mir bisher unbekannt. Ich muss erst mal googlen, was sich dahinter verbirgt. Eine liebe- und achtungsvolle Einstellung der Norweger zu ihrer Kultur und Natur sowie das Bemühen, diese Haltung an die nächste Generation weiterzugeben, ist mir auf dem Weg oft begegnet.

Die Ökophilosophie geht davon aus, dass die Menschheit in der Vergangenheit viele Entscheidungen getroffen hat, die falsch waren, ihr nun jede Menge Probleme bescheren. Die Ökophilosophie tritt vor allem für eine veränderte *Haltung* ein. Weniger geht es um einzelne ökologische Prinzipien. Aus Sicht der Ökophilosophie sollten wir erkennen, dass wir *Teil* der Evolution (nicht deren Krönung) sind, und der Natur deshalb mit Liebe und Respekt begegnen. *Wir überleben nur in der Natur – nicht gegen sie.* Sie sollte uns daher wieder und auf besondere Art heilig sein – kein Gegenstand von Ausschlachtung und wirtschaftlichem Gewinn.

Wie weit haben wir uns von der respektvollen Wertschätzung unserer natürlichen Mitwelt entfernt, wie sehr empfinden wir uns noch immer als *über* ihr stehend, statt zu verstehen, dass wir nur Teilhaber*innen sind! Das zu begreifen und handelnd umzusetzen käme einer kopernikanischen Wende gleich, die wir dringend brauchen. In Norwegen versucht man, dies gemeinsam mit Kindern und Jugendlichen zu leben: Freude und Staunen. Lust am einfachen Leben. Spielerisches Einüben von Toleranz und Gewaltfreiheit. Achtung vor Traditionen.

Während ich mechanisch und in Gedanken versunken vor mich hinlaufe, fährt ein junger Mann langsam und rücksichtsvoll an mir vorüber, grüßt mich, als wären wir Freunde. Er hat in mir die Pilgerin erkannt. Als ich die Unterkunft in Häverstolen erreiche, sehe ich ihn wieder: Der Sohn von Björge Dahle, unserem Gastgeber. Er ist Lehrer und versammelt gerade eine Schulklasse um sich, um zu einer Nachtwanderung mit Hüttenübernachtung zu aufzubrechen. Am Ende dieses trüben Tages beginnt es zu regnen. Die Kinder sind trotzdem aufgekratzt, freuen sich, dass sie jetzt ins Abenteuer starten, ein Moment, den sie nicht vergessen werden. Sie werden die Natur ihr Leben lang lieben, vermute ich. Sie wachsen hinein in diese Liebe und Achtung, die wir so dringend brauchen.

Vielleicht werden diese Kinder ihre natürliche Mitwelt zu bewahren helfen. Sicher werden sie auch später gern so unterwegs sein – ohne überflüssige „Spaßzutaten“, sich vielleicht im Schlafsack auf ein Nickerchen in die Berge legen und es herrlich finden.

Menschen wie Björge und seinem Sohn ist es zu verdanken, dass man in Norwegens Wäldern keine Cola-Büchsen oder Saftkartons, nicht mal Papierschnitzel findet. Erst recht keine wilden Müllhalden mit ausrangierten Fernsehern, kaputten Dachrinnen oder Teppichrollen – auf die wir in unseren deutschen Wäldern oft stoßen.

Nun habe ich die Pilgerunterkunft erreicht. Durchweicht vom stetigen Nieselregen betrete ich die außergewöhnliche Herberge. Drinnen ist es mollig warm. Herrlich. Friedmar ist schon da, begrüßt mich mit dem vertrauten: „Na, hast du' s auch geschafft?" Er hat angeheizt und Wäsche gewaschen, die auf einem Ständer zum Trocknen hängt. Wieder zu Hause. Ich pelle mich erst mal aus meinen feuchten Wanderklamotten und trinke mit Friedmar einen Tee. Wie gut, angekommen zu sein und nach diesem tristen Tag nicht allein sein zu müssen!

Während wir erzählen, bewundere ich das Inventar der Hütte. Björge ist offenbar nicht nur Natur-, sondern auch Kunstliebhaber. Es gibt hier neben gemütlichen Schlafkojen lange Tische und Holzbänke, die mit Fellen belegt sind. An den Wänden hängt zeitgenössische Kunst – auch philosophische Texte sind zu lesen, und es gibt eine interessante Bibliothek, die wunderschöne Naturbildbände und Veröffentlichungen von Björge, dem ehemaligen Hochschulprofessor, enthält.

Doch nun will ich mich erst mal „menschlich machen". Ich gehe zum Duschen ins Nebengebäude und versuche sofort, die Waschmaschine in Gang zu setzen. Wäschewaschen ist nach den Tagen im Fjell dringend dran und zum Glück gibt es hier Gelegenheit. Doch ich bekomme diese Waschmaschine nicht in Gang. Irgendwas geht nicht. Ich schlucke den Ärger runter und dusche erst mal, muss nachher Friedmar fragen.

Als ich in meine Abendklamotten geschlüpft bin, klopft es. Vorsichtig öffnet sich die Tür und ein verschmitzter Felix schaut herein. Lara und er sind grade angekommen. Unverhofftes Wiedersehen. Sie hatten keine Lust, noch länger durch den Regen zu laufen. Felix' überraschendes Auftauchen gibt mir Gelegenheit, ihn um Hilfe zu bitten. Zack hat er den entsprechenden Schalter gefunden und die Wäsche läuft los. Es geht doch nichts über praktisches Geschick! Und nichts über unsere familiäre Pilgergemeinschaft. Wir sind schon ein eingespieltes Team.

Diesmal kocht die Jugend und wir Alten dürfen uns entspannt an den gedeckten Tisch setzen. Die professionelle Lara hat eine kulinarisch hervorragende Avocadocreme gezaubert, zu der sie in einer Pfanne Baguette-Scheiben röstet. Alles ist auch ein optischer Hochgenuss und wird für das Pilgerkochbuch in spe fotografiert. Auch schnell gepostet. Als 2. Gang gibt es Nudeln mit sehr geschmackvoll gewürztem Gemüse.

Lara bringt ihre Spezial-Pilgergewürzmischung aus getrockneten Pilzen und Tomaten zum Einsatz. Zum Nachtisch offeriert sie Weintrauben, Käse, Moschusochsensalami. Dazu Kaffee und Erdnüsse aus den Vorräten der Hütte. Wir essen und essen – haben einen lustigen Abend. Das Vertrauen, das zwischen uns gewachsen ist, lässt Themen anklingen, die uns bewegen, Fragen, auf die wir Antwort suchen – auch Wünsche, die wir für die Zukunft haben. Zwischendrin ist immer wieder Platz für Pilgererlebnisse und Running Gags, die uns Tränen lachen lassen. Eine bunte Mischung, mehr Konfetti geht nicht! Ich bin sehr zufrieden, als ich in meine Koje krieche. Diesmal ist schnell Ruhe in der gemütlichen Hütte.

Es kommt nicht darauf an, wie alt du bist, sondern wieviel Konfetti du in dein Leben holst.

TAG 23: Die Qual der Wahl

Von Haeverstolen nach Meslogard (22.6.)

Ich freue mich, wenn es regnet.
Denn wenn ich mich nicht freue, regnet es auch. *Karl Valentin*

Heute regnet es. Der Nieselregen von gestern hat sich in kräftigen und, wie es das ausgeprägte Dunkelgrau vermuten lässt, *ausdauernden* Regen verwandelt. Ich freue mich, hier erst mal gemütlich im Trockenen zu sitzen. Meine Wäsche von gestern Abend ist noch klamm – ein Grund mehr, den Aufbruch etwas hinauszuzögern. Felix macht den Ofen an. Es wird warm in der Hütte. *Verweile doch ...*

Friedmar ist tapfer wie immer früh aufgebrochen. Ich frühstücke in Ruhe mit Lara und Felix, die ich heute wohl endgültig zum letzten Mal sehe. Sie wollen heute *richtig weit* laufen, denn Lara muss schon 2 Tage vor uns den Flieger in Trondheim erwischen. Also wollen sie sich jetzt wirklich „beeilen". Aber erst mal nehmen wir uns Zeit – für Lara und Felix ist es ja noch früh am Tag. Sie haben bestimmt ein höheres Schritttempo als ich.

Es ist schön, mit den beiden beim Frühstück zu sitzen, vertraut und angenehm. Die quirlige Lara hat bisher viel von sich erzählt, doch plötzlich beginnt sie mich auszufragen über meine Arbeit als Seelsorgerin.

Sie, die immer so fröhlich ist, wird plötzlich ernst. Sie erzählt unvermittelt, was sie während der Zeit vor ihrem Aufbruch bewegt hat. Ihre Schwester hat vor ein paar Monaten ihr erstes Kind geboren und die Geburt als traumatisch erlebt. Danach ist sie in eine tiefe Depression gerutscht und traut sich kein zweites Kind mehr zu, obwohl sie immer eine größere Familie wollte. Sie hatte niemand, der sie in diesem Moment begleitet hat – auch danach nicht. Keiner der professionellen Behandler hat sich darum gekümmert, wie sie ihr Erleben seelisch bewältigen kann. Lara scheint die Erfahrung ihrer Schwester zu beeinflussen. Zwar wünscht sie sich ein Kind, gleichzeitig hat sie Angst, dass ihr Ähnliches passiert.

Da ist es wieder. Ein Thema meiner zukünftigen Arbeit begegnet mir plötzlich und unerwartet. Es kommt auf mich zu, als ob mir jemand etwas damit sagen wollte. Sollte ich jemals gezweifelt haben, dass es wichtig ist, für Mütter und auch für Väter in dieser Situation da zu sein, sie bei der Bewältigung traumatischen Erlebens um die Geburt zu unterstützen, wird es mir hier drastisch vor Augen geführt. Auch die Breitenwirkung ins familiäre und soziale Umfeld wird mir bewusst.

Das hatte ich bisher nicht im Blick.

Wir überlegen, was notwendig wäre – für Laras Schwester und für sie selbst. Das Ganze ist ein gesellschaftliches Tabuthema, obwohl es viele Frauen betrifft. Das Erlebnis einer Geburt ist selten ausschließlich mit romantisch-rosaroten Gefühlen verbunden. Es ist eine Grenzerfahrung, erfüllt mit riesigem Glück, verbunden aber zugleich mit heftiger Anstrengung, Schmerzen, Übelkeit, Druck und deswegen auch fast immer sehr hart. Ganz besonders für Erstgebärende. Eine Geburt ist und bleibt eine existenzielle Herausforderung auch in unserer modernen und aufgeklärten Zeit. Darauf sind Erstgebärende kaum vorbereitet. Alles ist und bleibt mit Risiken verbunden. Nie weiß man, was wirklich passiert. Die Unverfügbarkeit des Lebens wird beim Gebären unmittelbar spürbar.

Nicht selten gebären Frauen zu früh oder verlieren ihr Kind in der Schwangerschaft, unter der Geburt oder kurz danach. Das ist auch mit modernster medizinischer Behandlung und pränataler Diagnostik nicht immer zu verhindern. Frauen, bei denen Schwangerschaft und Geburt mit Komplikationen verbunden sind, empfinden sich oft als „Versagerinnen" oder entwickeln irrationale Schuldgefühle, wenn sie nicht ohne Weiteres ein Kind gebären können. Dabei hat unsere Gesellschaft einen entscheidenden Einfluss. Frauen sollen alles gleichzeitig hinbekommen:

Beruf, Partnerschaft, Kinder. Es lastet ein riesiger Druck, der einer entspannten Schwangerschaft entgegen wirkt. Wenn irgendwann der Zeitpunkt erreicht ist, dass Frauen an eine sichere Familiengründung denken können, ist die biologische Uhr längst weitergelaufen und erschwert unkomplizierte Erstschwangerschaften und Entbindungen.

Lara scheint erleichtert, über dieses Thema einmal ausführlich reden zu können. Sie wirkt entspannter – auch klarer für sich selbst. Jünger als ihre Schwester, wünscht sie sich eher früher als später Kinder und eine Familie. Ich erzähle ihr von den wunderbaren Erfahrungen einer Geburt: Es ist nicht nur hart, sondern auch sehr schön! Sie weint und umarmt mich erleichtert. Dieser mütterliche Zuspruch hat ihr gutgetan.

Plötzlich geht die Tür auf. Björge Dahle schaut herein. Er will uns neben Übernachtungsbezahlung, Gästebuch und Pilgerstempel ein wenig kennenlernen, nimmt sich Zeit für eine Tasse Tee. Der inzwischen pensionierte Professor war Hochschullehrer in Oslo, hat etliche Bücher verfasst und reist mit Vorträgen rund um die Welt. Auch jetzt im Ruhestand. Die sympathischen Olympischen Spiele in Lillehammer, die auch die ersten *ökologischen* Spiele genannt werden, sind unter anderem seinem maßgeblichen Engagement zu verdanken. Die Eingriffe in die Natur wurden so gering wie möglich gehalten.

Björge hat etliche Initiativen ins Leben gerufen, die Kindern unvergessliche Naturerlebnisse vermitteln, und engagiert sich in verschiedenen Projekten. Kein Wunder, dass sein Sohn als Lehrer mit Schülern in der Natur unterwegs ist. Wir sind uns einig, dass wir diesen Ansatz richtig gut finden. Hier werden Beziehungen fürs Leben geknüpft. Die zukünftige Generation wird starke Naturverbundenheit brauchen, um Weichen neu zu stellen, wirksame Veränderungen herbeizuführen und eine ökologische Wende zu schaffen. Die Begegnung mit Björge schenkt mir – entgegen dem lähmenden Pessimismus, der mich oft befällt – die Hoffnung, dass das gelingen kann. Die Zeit ist reif dafür. Er selbst handelt ganz konkret.

Nach einer Weile verabschiedet sich Björge. Ich rüste zum Aufbruch. Meine Regenausstattung kommt erstmalig zum vollen Einsatz. Da habe ich sie doch nicht umsonst mitgeschleppt. Mit Gamaschen über den Wanderschuhen und dem Poncho über dem Rucksack breche ich auf. Leider rutscht der Poncho beim Laufen hoch und gibt meine Hosenbeine frei. So sind meine Oberschenkel bald klatschnass. Ich hätte mir doch ein vernünftiges Teil gönnen sollen. Aber was hilfts, da muss ich durch.

So laufe ich tapfer im strömenden Regen. Das fühlt sich sogar ganz gut an. Die Natur atmet auf. Die Luft riecht würzig. Ich laufe zügig. Kalt ist mir überhaupt nicht. Bei aller Nässe ringsum sind wenigstens meine Füße trocken. Die Wanderschuhe scheinen einigermaßen wasserdicht zu sein. Auch die Regengamaschen halten einiges ab.

Bei diesem Dauerregen ist es allerdings schwierig, wie gewohnt mein Wanderbuch zur Streckenführung zu befragen – so orientiere ich mich heute ausschließlich an der Wegmarkierung. Läuft. Allerdings auch das Wasser. Es rinnt durch die Kapuze, durch die Ärmel der Jacke. Meine Hände müssen die Stöcke fassen, meine Oberschenkel und Knie sind sowieso schon klatschnass. Da sehe ich einen Bauwagen – mitten im Wald. Er trägt eine Herbergsmarkierung. Also ein Platz zum Rasten für Pilger. Zwar bin ich noch nicht lange unterwegs – erst anderthalb Stunden, aber ein kurzer Stopp im Trocknen ist hochwillkommen. Da kann ich wenigstens in Ruhe mein Wanderbuch vorstudieren.

Ich steige die kleine Treppe hoch, drücke die Klinke und betrete den Bauwagen. Hier ist es nicht nur trocken, sondern sogar wohlig warm! Im Ofen ist tatsächlich Glut. Irgendein guter Geist hat hier Feuer gemacht – wunderbar! Sollten das Waldarbeiter gewesen sein, die hier gefrühstückt haben, oder war es Friedmar, der wieder für unser Pilgerwohl an diesem grauen Tag sorgt? Hauptsache, es ist warm.

Ich schäle mich aus meinen Klamotten, hänge die Jacke zum Trocknen an den Ofen, breite auch den Poncho aus und setze mich in einen der bequemen Sessel, die hier stehen. Zur Rast gibt es Wasser aus der Trinkflasche, denn Wasser *von innen* ist auch bei Wasser von außen und niedrigen Temperaturen wichtig. Dazu gibts ein paar Nüsse und einen Apfel. Tut das gut! Meine Outdoorhosen trocknen in der Wärme schnell, während ich mich mittels Wegbeschreibung auf die nächste Strecke vorbereite.

Heute habe ich die Qual der Wahl. In meinem Wanderbuch sind für den Weg zwei Varianten vorgeschlagen, die eine am Ostufer des breiten Flusses Orkla ist länger und führt über steile, bei schlechtem Wetter schwer begehbare Wege – die andere Strecke geht am Westufer entlang und verläuft ziemlich eben. Welchen Weg soll ich gehen? Ich versuche gut zu mir zu sein. Das Wetter kann man heute nicht als „schön“ bezeichnen. Auch wenn die Gesamtstrecke nicht länger als 18 km sein wird, sind diese in der Nässe kein Vergnügen. Also kein falscher Ehrgeiz!

Ich wähle die einfache und sichere Variante.

Jetzt rüste ich zum Weiterlaufen, pelle mich wieder an. Den Poncho anzuziehen braucht eine besondere Technik: Zuerst lege ich ihn passgerecht über den Rucksack, dann setze ich den Rucksack mitsamt dem Poncho auf, ziehe noch mal alles halbwegs zurecht. Er ist und bleibt aber zu kurz. Der Regen hat noch immer nicht nachgelassen. Jammern hilft nicht. Also gehe ich tapfer hinaus in die schüttende Nässe.

Je schneller ich aufbreche, desto eher werde ich ankommen.

Ein wenig geht der Weg noch durch den Wald, dann erreiche ich nach 10 km die Stelle, an der er sich teilt. Hier ist noch mal eine Tafel mit den zwei Wegvarianten aufgestellt. Ich biege nach links zum Westufer auf die leichtere Alternativroute ab. Der Weg führt bequem am Flussufer entlang, und ich gratuliere mir still zu meiner grandiosen Entscheidung. Wenn ich etwas auf diesem langen Weg gelernt habe, dann, mich nicht zu überfordern, Kräfte einzuteilen. Dieser Weg läuft sich wirklich gut. Ein breiter Schotterweg führt bequem am Flussufer entlang, hin und wieder ist ein Olavsweg-Zeichen zu sehen.

Nach etwa einer halben Stunde stehe ich plötzlich an einer Gabelung. Links macht der Schotterweg eine 180-Grad-Wende und führt an einem Hang steil nach oben. Vor mir liegt ein Parkplatz, über den ein etwas zugewachsener Weg geradeaus führt. Nirgendwo ist eine Markierung zu entdecken. Was nun? Ich entscheide mich, geradeaus zu gehen, denn die Alternative führt eindeutig in die falsche Richtung, und der Weg sollte ja gerade am Flussufer entlang führen. Ich laufe auf dem zugewachsenen Weg, der kaum mehr ist als ein Trampelpfad. Von einer Markierung keine Spur. Er endet an einem einfachen Holzschuppen direkt am Flussufer. Hier führt kein Weg weiter. Alles dicht zugewachsen. Ende im Gelände.

Also zurück zur Gabelung. Nicht ärgern. Vielleicht führt der Weg nach oben nur kurz über einen Berg und wendet sich dann in die richtige Richtung. Er war ja auch breiter. Ich rede mir gut zu. Schließlich weiß ich jetzt sicher, wo es langgeht, denn die Alternative habe ich ja bereits geprüft.

Ich stapfe also durch den Regen schweißtreibend in Serpentinen nach oben. Immerhin schlägt der Weg ab und zu wieder die richtige Richtung ein. Aber auch hier gibt es keine Markierung. Schließlich endet auch dieser Schotterweg an einem unbewohnten Gehöft. Was soll das? Ich stehe mitten auf einer Wiese mit mannshohem ungemähten Gras. Es schüttet noch immer. Eine Runde übers Gelände, bei der auch meine Schuhe allmählich durchweichen, macht deutlich, dass auch an dieser Stelle die

Welt zu Ende ist. Kein Weg – kein Steg. Beide Wege enden von der Gabelung ab im Nirgendwo.

Was ist mit dieser tollen und angeblich einfachen Westroute? Jetzt werde ich wütend. Welcher Spaßvogel preist hier eine Alternative an, die keine ist? Wer stellt am Anfang eine Karte auf und lässt die Markierungen unterwegs einfach enden? Auch mein Blick ins Wanderbuch, das gehörig durchweicht ist, hilft nicht weiter. Eine vernünftige Wegbeschreibung findet sich nur für die anstrengende Ost-Route, die ist Hanna Engler wohl gegangen. Ich stehe auf dieser einsamen Wiese mitten im Regen und schreie laut ein unschönes Wort heraus: „Sch..."

Das musste sein – hilft aber nicht. Was hilft? Tief durchatmen. Sammeln. Überlegen. Ob ich will oder nicht: Ich muss zurück an die Stelle, an der sich Ost- und Westroute teilen. Wohl oder übel die anstrengende und längere Ost Route nehmen. Ich wollte Zeit und Kräfte sparen, früher im Trockenen ankommen, und nun das! Alles auf Anfang.

Ich habe mehrere Umwege auf mich genommen und bin eine lange Strecke umsonst gelaufen.

Ich gehe in hohem Tempo, wütend auf meine Blödheit schimpfend, den ganzen Weg zurück. Es ist ein Gefühl, als ob man beim *Mensch ärger dich nicht* schon drei Figuren kurz vorm sicheren Ziel hat und dann erbarmungslos rausgeschmissen wird. Ich ärgere mich!

Der scheinbar leichtere Weg ist nicht immer der bessere.

Da siehst du's! Das sollte ich wohl gerade lernen: *Wenn du meinst, etwas verstanden zu haben, hast du es noch lange nicht kapiert.*

Ich will jetzt aber ganz und gar nicht lernen. Ich will einfach zufrieden meine Bahn ziehen. Es ist alles sinnlos und ärgerlich! Wozu das Ganze? Was für eine blöde Idee, hier im Regen herumzuirren! Wer weiß, was mich auf der anstrengenden Strecke erwartet? Werde ich heute überhaupt ankommen oder irgendwo stecken bleiben und vor Erschöpfung umfallen? Ich kann nicht mehr, ich will nicht mehr! Ich könnte jetzt wunderbar in unserem schönen Garten sitzen und in Ruhe eine Tasse Tee trinken. Überhaupt dieses Leben! Es geht mir ja immer so. Ich strample mich ab, und was ist? Es wird nicht besser. Überhaupt nicht! Immer diese Misserfolge. Sich irren und zurückgepfiffen werden. So viel vergebliche Liebesmüh – immer wieder. Alles umsonst!

Jetzt steigt es in mir hoch, das große Heulen. Meine inneren Schleusentore gehen auf. Der absolute Weltschmerz. Traurigkeit, die tief in mir verborgen war und jetzt heftig an die Oberfläche gespült wird. Es tut alles so weh! Die Kinder, von deren Geburt und Aufwachsen ich heute Morgen noch mit warmer Freude erzählt habe, sie fehlen mir. Sie sind nicht mehr da. Das, wofür ich mich beruflich so lange eingesetzt habe, war auch vergebens. Andere profitieren von meinem Einsatz. Immerhin. Ich selber musste frustriert das Feld räumen, um in meinem ewigen Idealismus nicht noch mehr Kräfte zu lassen.

Nicht nur auf diesem Weg, auch im richtigen Leben muss ich immer wieder zurück auf Anfang. Doch die Strecke wird nicht leichter. Die Kräfte lassen nach. Das ist ganz und gar nicht zauberhaft, sondern macht mich tieftraurig. Ich weine laut und leise – wieder laut und lange – und immer noch. Ich laufe durch den Regen, weine und weine. Der Regen auf meinem Gesicht mischt sich mit meinen salzigen Tränen. *Es* weint aus mir heraus. Alles. Das ganze schlimme Leben. Alle gefühlte Vergeblichkeit. Immer mehr Trauriges fällt mir ein. Ich zweifle an allem – wirklich allem.

Mechanisch folge ich inzwischen dem schwierigen Ost-Weg. Nicht ohne, dass ich dem Pfahl mit der „Alternativroute" einen Tritt verpasst habe. Der bleibt ungerührt stehen. Was er mir angetan hat, interessiert ihn nicht. Der Ost-Weg ist immerhin gut markiert und läuft sich einigermaßen – auch wenn es stetig bergauf geht. Mich auszupowern tut mir in meiner heftigen Gefühlüberflutung gut. Ich arbeite dieses Gemisch aus Wut und Trauer laufend, stampfend und stapfend aus mir heraus.

Irgendwann wird es leichter. Ich fühle mich erschöpft, immer noch traurig, aber besser. Mein Inneres ist durchgespült. Etwas hat sich tief in mir gelöst. Mir war gar nicht klar, was sich alles im tiefsten Seelengrund abgelagert hatte. Nach dem langen Unterwegssein hat sich wahrscheinlich ein Kanal geöffnet. Die Trauer durfte endlich heraus. Auch meine runtergeschluckte Wut. Ich musste hier weit weg von meinem Alltag nicht so vernünftig sein wie im „normalen" Leben. Das war wohltuend! Hier in dieser Wald- und Regeneinsamkeit hat mein Weinen und Schimpfen niemanden gestört.

Nach einiger Zeit komme ich heraus aus dem Wald. Das letzte Stück der Etappe ist wieder mal eine lange Straßenstrecke. Ich laufe neben der stark befahrenen Piste – im nassen Gras, denn meine Füße tun inzwischen wieder mächtig weh und es ist viel Verkehr. Wer weiß, ob mich hier alle Autos im trüben Nass erkennen. Auch LKWs überholen mich rauschend. So kriege ich ab und zu eine Extradusche ab. Ich bin ja noch nicht nass genug! Aber schimpfen kann ich nicht mehr, dazu bin ich zu erschöpft. *Mensch ärger dich nicht!*

Als ich einen Moment unter einem großen Baum neben der Straße anhalte, um halbwegs geschützt meine Wegbeschreibung lesen zu können, schaue ich noch mal in die Richtung, aus der ich gerade komme. Da sehe ich in einiger Entfernung forschen Schrittes eine dunkle Gestalt nahen, vermummt in einen langen grünen Regenponcho. Sieht fast aus wie Lara – aber das kann nicht sein, oder? Sie ist sicher mit Felix längst über alle Berge. Bestimmt sind die beiden schon viel weitergekommen als ich mit meinen zahlreichen Umwegen.

Es *ist* Lara. Sie erkennt mich im Näherkommen, winkt schon aus der Ferne fröhlich und vergnügt. Der Regen scheint sie nicht zu stören. Schnell wische ich mir mit einem Taschentuch das Gesicht trocken und putze meine Nase. Bestimmt sehe ich total verheult aus. Es kann aber auch der Regen sein, der mich komisch aussehen lässt, die Anstrengung des Weges.

Lara begrüßt mich in bester Stimmung. Felix ist schon vorausgegangen und will sich bald wieder mit ihr treffen. Wir laufen miteinander, erzählen von den Erlebnissen des Tages. Das heißt, Lara erzählt. Tut mir gerade sehr gut, ihrer munteren Erzählung einfach nur zuhören zu können und von ihrer Energie mitgezogen zu werden.

Lara weiß nicht genau, ob Felix vor- oder hinter ihr ist. Sie haben sich unterwegs getrennt. Ob sie ein bisschen Abstand und Für-sich-Sein brauchen, bleibt offen. Lara erzählt von ihren Fragen: Was wird aus Felix und ihr nach dem Weg? Werden sie sich aus den Augen verlieren oder weiter zusammen sein? Sie weiß es nicht, scheint dem aber mit Neugier und Offenheit zu begegnen. So, wie es wird, wird es richtig sein.

Da ist schon Meslogard. Das heutige Etappenziel von Friedmar und mir. Lara und Felix müssen noch ein Stück weiter. Beide hätten wir den Wegweiser zur heutigen Pilgerunterkunft fast übersehen, weil wir so ins Gespräch vertieft waren. Eine kurze Rast will Lara sich gönnen, vielleicht ist Felix da? Wir laufen durch ein großes Tor auf den Hof. Ein Milchbetrieb mit Kühen sowie historischen und modernen Stall- und Wohngebäuden.

Aus dem Schornstein der urigen Pilgerunterkunft raucht es verheißungsvoll. Friedmar ist schon da, hat den Ofen angeheizt. Drinnen ist es angenehm warm. Er begrüßt uns wie immer, vertraut und warmherzig: „Kommt rein! Hier gibt's heißen Tee und Kuchen."

Wie gut! Friedmar ist der fürsorglichste Pilgergefährte überhaupt.

Das wirkt gerade jetzt wie ein wohltuender Verband auf meine inneren Wunden. Wir entledigen uns unserer nassen Jacken und Schuhe. Ich gehe nach oben in die Kammer, in der ich heute schlafen werde, und ziehe mir trockene Sachen an. Als ich runterkomme, stehen meine Schuhe schon am Ofen, Poncho und Regenjacke sind zum Trocknen aufgehängt. Auch Laras Sachen trocknen bereits.

Friedmar sorgt für uns wie ein guter Vater, gießt den Tee ein und legt Kuchen auf unsere Teller. Wie schön, angekommen zu sein.

Und herrlich, einfach in der Wärme zu sitzen, heißen Tee zu schlürfen und zu plaudern. Friedmar war natürlich der gute Geist des Bauwagens, der für unsere Rast den Ofen angeheizt hat. Auch für Lara und Felix war noch warme Glut im Ofen – sie haben ein Holzscheit aufgelegt und sich über die wohltuende Wärme an diesem tristen Regentag gefreut.

Sonst war der Weg heute hart. Da sind wir uns einig. Selbst der gelassene Friedmar, den so schnell nichts aus der Fassung bringt, wirkt heute niedergedrückt. Er ärgert sich, die Ost-Route genommen zu haben, fand es mächtig anstrengend und hat sich kurz verlaufen. Die ganze Zeit hat er sich vorgeworfen, nicht die simple West-Route genommen zu haben.

Da kann ich ihn trösten: „Sei froh, dass du das nicht gemacht hast!"

Ich erzähle von meiner Odyssee und dem Ärger über die Wege, die am breiten Fluss oder im Nirgendwo eines verlassenen Gehöfts enden. Meinen folgenden Weltschmerz führe ich nicht näher aus – aber es tut gut, dass die beiden mich jetzt für meine Strapazen bedauern.

Friedmars Gesicht hellt sich auf. Nun ist er froh, sich die „leichte" West-Route nicht angetan zu haben. Da hatte mein „Leiden" doch einen Sinn. Nicht ganz umsonst, dass ich *diesen* Weg gegangen bin.

„Warum sind wir eigentlich so schnell überzeugt, uns für das Schlechtere entschieden zu haben, wenn wir wählen können? Besonders dann, wenn es schwierig wird", überlege ich laut. Wir lachen über uns selbst. Ist irgendwie irre. „Das gilt vielleicht auch für Menschen und Partnerschaften", überlegt Lara in Fortsetzung ihrer Weggedanken von vorhin. „Keiner ist perfekt. Immer denken wir, noch einen Besseren finden zu können."

Stimmt. Laras Sätze sind von geradezu philosophischer Qualität.

Dieser Moment ist einfach nur gut – das finden wir alle drei.

Was braucht es mehr als Wärme, ein Dach über den Kopf, während es draußen schüttet, und liebe Menschen, mit denen man sich versteht? Dazu heißer Tee und leckerer Kuchen. Wie gut das tut ...

Auch der größte Weltschmerz ist nicht so schrecklich, wie er sich im ersten Moment anfühlt.

Schnell ist alles wieder besser geworden. Es brauchte nur ein bisschen Trost und Wärme. Meine Schlussfolgerung heute: Wirklich schlimm sind nur die eigenen Zweifel, die Schuldzuweisungen an andere oder an mich selbst – und das Ausblenden dessen, was uns an Wohltuendem geschenkt ist. Das genieße ich jetzt sehr bewusst. Dankbar.

Die Pilgergefährten, die dir begegnen, sind immer die Richtigen.

Auch wenn du sie nicht gewählt hast. Oder vielleicht gerade deshalb?

Nun muss Lara los. Sie hat Felix telefonisch erreicht. Er ist über 1 Stunde vor ihr. Sie ist froh über die wärmende Pause mit uns. Wir drücken uns zum Abschied. Jetzt werden wir uns wohl endgültig nicht wiedersehen.

Ein letztes Lebewohl. Felix und Lara werden uns schnell davonlaufen.

Nun sind Friedmar und ich allein in der Hütte. Wir können uns heute bei Ingrid Meslogard ein Abendessen bestellen und müssen nicht kochen. Ein Pilgerverwöhnprogramm, das uns beide nach diesem anstrengenden Tag entspannt. Nachdem ich in Ruhe duschen war, klopft es an die Tür. Eine freundliche junge Frau bringt das Essen, Ingrids Stieftochter, die im Sommer auf dem Hof hilft. Wir müssen unser Abendessen nur warm machen. Die Bäuerin hat frischen Salat bereitet, Nudeln, Hähnchen und eine Käsesauce für uns gekocht. Wir essen mit großem Appetit. Es schmeckt hervorragend. Wie gut ist es, bekocht zu werden!

Auch diese Unterkunft ist schön, sauber und gemütlich, der Ofen bullert. Wir plaudern und sind nicht allein. Nach dem Essen räumen wir auf und telefonieren mit zu Hause. Dann verschwindet Friedmar in sein Zimmer. Er ist geschafft. Das gute, reichhaltige Essen macht zusätzlich müde.

Ich schreibe noch ein bisschen. Nicht lange, dann lasse auch ich mich ins angenehme frisch bezogene Bett in meiner gemütlichen Schlafkammer fallen. Ein versöhnlicher Ausklang dieses harten Pilgertages.

TAG 24: Neue Gelassenheit

Von Meslogard nach Segard Hoel (23.6. / 23,2 km)

Ich sage euch: Man muss noch Chaos in sich haben,
um einen tanzenden Stern gebären zu können. — *Friedrich Nietzsche*

Ich habe tief und fest geschlafen, fühle mich wie neugeboren. Sehr gelöst und gelassen, nachdem ich gestern so hemmungslos getrauert habe. Ich habe mich gründlich verabschiedet von dem, was hinter mir liegt. Gelassen sein hat wohl etwas mit Lassen zu tun.

Nun geht es mir besser. Endlich konnte ich loslassen. Gründlich. Meine ehemaligen Arbeitsbereiche, Erfolg, Scheitern, Grenzerfahrungen. Meine erwachsenen Kinder. Ich weiß, dass ich nichts festhalten kann. Ich will es auch nicht – schon gar nicht unsere Kinder, von denen ich mir ja wünsche, dass sie ihr *eigenes* Leben leben – ohne Rücksichten auf mich.

Heute Morgen fühle ich mich verwandelt. Frei. Leicht. Der Weg hat einen Unterschied gemacht. Schon lange wusste ich, dass ich los lassen muss, ich habe es wirklich eingesehen. Es dann aber tatsächlich zu tun ist eine andere Nummer. Auf diesem Weg konnte es passieren. Es ist geschehen. Nach über 3 Wochen Unterwegssein.

Friedmar klappert schon in der Küche und ich springe schnell aus dem Bett. Als ich unten bin, kann ich mich (wieder mal – das macht mir fast ein schlechtes Gewissen) an den gedeckten Frühstückstisch setzen. Wir frühstücken gemeinsam. Auch Friedmar sieht erholt aus. All unsere Sachen sind getrocknet, der Regen hat aufgehört, die Sonne scheint durch die Fenster. Das hebt die Laune!

Nach dem Frühstück rüstet Friedmar sofort zum Aufbruch. Ich will noch ein wenig schreiben, für mich sein, die Stille der Unterkunft genießen. Es gehört zu meinem festen Tagesprogramm. Ich brauche jede Gelegenheit zum Schreiben, weil ich mit meinen Aufzeichnungen kaum hinterherkomme. Friedmar wundert sich über meine Schreibaktivitäten jeden Morgen und Abend. „Was kannst du bloß immer schreiben?“, meint er. „Bei mir würde da nur stehen: frühstücken, packen, laufen, schauen, duschen, essen, schlafen. Jeden Tag.“ – „Ofen heizen hast du vergessen“, erinnere ich ihn. „Stimmt“, meint er, „aber mehr nicht.“

Vielleicht hat er recht und ich blase das Ganze auf? Ich schreibe ja schon lange Tagebuch, nicht nur auf diesem Weg, auch im Alltag, allerdings nur sporadisch. Seit ich 13 Jahre alt bin habe ich damit Bücher gefüllt. Es hilft mir zu verstehen, wo ich bin und was ich erlebe. Erlebnisse werden, indem ich sie beschreibe, leichter zu *meinen* Erfahrungen, die ich erinnern und einordnen kann. Es hilft, das Leben zu verdauen.

Manchmal tut es gut, alte Aufzeichnungen zu lesen. Ab und zu staune ich über mich selbst, kann auch über mich lachen. Was hatte ich damals für Sorgen! Ich bin eine Lernende und will mich entwickeln – selbst wenn ich das gestern geleugnet habe, weil es auch anstrengend ist. Wer nicht ständig hinterfragt, lebt leichter. Ich beneide Friedmar, weil er so gelassen unterwegs ist und den Augenblick nimmt, wie er ist. Ohne festzuhalten.

Eine Expertin im Loslassen bin ich nicht. Ich kann nicht anders und muss Erlebtes festhalten. Ich hätte das Gefühl, diesen Weg nur halb zu gehen, wenn ich nichts aufschreiben würde. Ich will verstehen, was passiert – nicht nur außen, vor allem innen. Ich vermute, der Weg hat ein verborgenes Programm. Das Heilsame geschieht, unscheinbar, fast von selbst, aber auch folgerichtig. Dieses geheime Heilungsrezept, diese unsichtbare Textur des Weges, sein Webmuster, aus dem dieser besondere Stoff besteht, will ich erkennen. Daher beschreibe ich ihn.

Keine Ahnung, ob es mir gelingt. Doch das ist auch wieder unwichtig. Zu schreiben tut mir einfach gut. Erleichtert und bereichert zugleich. Ich will *„schreibend über die Dinge kommen"*, wie es Christa Wolf formuliert hat. So ist es bei mir. Eindeutig. Ich weiß, dass ich schreibend besser drüber komme und auch hindurch. Vieles ist eine Frage der Betrachtung. Wenn ich etwas beschreibe, klärt es sich. Entwicklung wird leichter, Ziele werden deutlicher und das, was offen oder diffus ist, wird greifbarer.

„Soll denn das mal jemand lesen?" – will Friedmar wissen. Ich weiß es nicht, hab keine Ahnung, was ich damit mache. Erst mal muss ich festhalten, was passiert – nur für mich. Ob das jemand anders interessiert? Keine Ahnung. „Bestimmt nicht alles", denke ich laut, „aber falls ich mal etwas für andere beschreiben sollte, bekommst du es zuerst zu lesen."

Friedmar lächelt verschmitzt und hält sich an seine Startvorbereitungen.

Dann ist er weg. Für ihn ist jetzt laufen und schauen dran.

Ich schreibe. Nicht lange, da geht die Tür auf. Ingrid kommt herein. Sie fragt, ob alles ok ist. Ich habe nun Gelegenheit, mich aus ehrlichem Herzen zu bedanken: für den Kuchen, das wohlschmeckende Abendessen und die wunderschöne Unterkunft. Wie gut hat das alles an diesem trüben Regentag getan! Ingrid strahlt, scheint aber in Eile: Zwischen Kühen, Milch, Gästen, Stieftochter und Partner rackert sie von morgens bis abends. Sie hat sehr viel Arbeit. Ist ständig auf dem Sprung.

Schnell rafft sie die Wäsche zusammen – das Bett habe ich zum Glück schon abgezogen. Dann ist sie weg. Ich merke, in welch anderem Modus ich inzwischen angekommen bin. GELASSENHEIT ist mein Grundgefühl.

Ausnahmen wie gestern bestätigen die Regel.

Die Hektik, in die ich in meinem Alltag oft verfalle, ist von mir abgefallen. Völlig. Ich nehme sie an Ingrid mit Erstaunen wahr. Mir bleibt nur inneres Kopfschütteln. Ist etwas besser, wenn man so schnell unterwegs ist wie sie? „Schafft" man auf diese Weise mehr?

Mit meiner Ruhe und Sammlung ist es trotzdem vorbei. Ingrids Aktionismus hat mich angesteckt. Mich treibt es auf den Weg und ich packe meine restlichen Sachen. Regenponcho und Gamaschen können im Rucksack verschwinden. Wie gut. So trete ich hinaus in den sonnigen Tag und genieße jeden Schritt. Es ist trocken – dabei frisch. Ein laues Sommerlüftchen weht. Wie gut, einfach so weiterzugehen.

Mir tut am frühen Morgen noch nichts weh. Herrlich! Ich folge dem Olavsweg durch Wald und Wiesen, steige mit meinem Rucksack bergauf und bergab, spüre, wie leicht sich das inzwischen anfühlt. Ich bin fit. Trainiert. Fühle mich körperlich und seelisch gestärkt auf diesem langen Weg – energievoll wie nie, *scher staag!* Unbeschreiblich gut fühlt sich das an. Dabei war ich gestern noch weit unten. Kaum zu glauben.

Auf einer Tischbank mit Aussicht auf den nächsten Ort, er heißt Voll, raste ich kurz und genieße den Augenblick in *vollen* Zügen. Ein Glück, dass meine gestrige Krise hinter mir liegt. (Was war eigentlich so schlimm? Es war nichts passiert, musste scheinbar nur raus.) Jetzt steige ich hinab zur Rennebu-Kirche. Als ich in den Ort komme, läuft mir Friedmar über den Weg. Was ist los? Er hat in der Kirche erfahren, dass Lara und Felix in der vergangenen Nacht hier geschlafen haben, und hat sie spontan in der Herberge besucht. Da waren sie gerade beim Aufbrechen. Die zwei hatten gestern auch genug vom Regen, sind lieber eingekehrt. Von wegen, wir sehen sie nicht wieder! Jetzt sind sie im Einkaufsmarkt. Wenn ich mich beeile, treffe ich sie dort noch mal. Ich beeile mich.

Meine Vorräte können sowieso eine Auffrischung vertragen. Als ich ankomme, sehe ich Felix vor der Tür. Dann kommt Lara heraus. Alle drei freuen wir uns, dass wir uns noch mal begegnen. Sie sind mir ans Herz gewachsen! Zwar sind wir Gefährten auf Zeit, aber jede Begegnung ist ein Geschenk. Nun umarmen wir uns zum wirklich allerletzten Mal – oder?

Laras Frage von gestern hat mich auch in der Nacht bewegt: Was wird aus Felix und ihr nach dem Weg? Diese Begegnung war ja ungeplant und sie leben an unterschiedlichen Orten, hunderte Kilometer voneinander entfernt. Als ich sie zum Abschied umarme, flüstere ich ihr ins Ohr: „Haltet euch fest, ihr tut euch gut." Lara nickt und Fellix grinst. Er ahnt wohl, worum es geht. Dann ziehen sie los, fröhlich winkend. Die Jugend, wie schön. Heute müssen sie wirklich vorankommen, sonst schaffen sie es nicht rechtzeitig nach Trondheim. Aber sie machen das schon.

Ich schaue mir die Kirche – von außen – an. Sie hat einen ungewöhnlichen Y-Grundriss. Ich gehe einmal herum, um diese erstaunliche Kirchenform zu realisieren. Dann laufe auch ich weiter, denn die Etappe heute ist auch für Friedmar und mich nicht die kürzeste. Wir wollen nach Segard Hoel und sind dort angemeldet.

Ein wenig muss ich wieder Straße laufen. Dann führt der Weg erneut in den Wald. Heute verlaufe ich mich nicht und genieße das entspannte Gehen, die Stille, das gute Wetter und den Gesang der Vögel.

Doch bald geht es wieder über Straßen und Schotterpisten. Meine Füße beginnen wie immer, heftig zu schmerzen.

Nach einiger Zeit erreiche ich ein verfallenes Gehöft. Es wirkt verlassen. Ein Bild der Vergänglichkeit. Ein einst belebter Ort, Heimat von Menschen, den sich die Natur zurückholt. Als ich unter der Auffahrt und an den Eingängen der Wohnhäuser vorbeigehe, sehe ich die Kraft, mit der die Natur alles menschliche Wirken schnellstmöglich ungeschehen macht. Aus dem Dach einer Hütte wächst ein Baum und in einigen Jahren wird man hier nicht mehr viel erkennen. Nichts bleibt ewig.

Während ich durch dieses Anwesen laufe und staune, habe ich doch den Weg verloren. Auch die Wegzeichen werden hier wohl schnell überwachsen. Ich suche ein wenig umher. Da entdecke ich auf einem großen Stein das Profil eines großen Wanderstiefels, der in eine bestimmte Richtung weist. Mein mittlerweile geschulter Fährtenblick erkennt darin Friedmars Fußabdruck. Es kann noch nicht lange her sein, dass er hier entlanggekommen ist. Der Abdruck auf dem glatten Stein ist noch nicht getrocknet. Ich folge seiner Richtung und bin bald wieder auf dem richtigen Weg: Ein Olavsweg-Zeichen begrüßt mich in einiger Entfernung.

Willkommen zurück! Wie gut, dass mir jemand vorausläuft.

Lange laufe ich weiter, immer weiter auf Waldpfaden, über Wiesen, dann wieder auf einer langen Schotterstraße. Meine Füße tun höllisch weh, schmerzen bei jedem Schritt. Ein ziehender Schmerz in den Knochen. Alles scheint chronisch entzündet und die nächtliche Regeneration reicht nicht mehr. Je länger der Weg, desto heftiger die Schmerzen. Das gibt sich bis Trondheim nicht mehr. Wie halte ich das nur aus? Ich muss noch 3 km laufen und glaube, ich schaffe keine 3 Schritte mehr.

Der Weg verläuft an einem Flussufer – eigentlich malerisch. Das bewegte Wasser rauscht. Da tauchen vor mir zwei Gestalten auf. Ein älteres Ehepaar, das hier wohl seinen abendlichen Spaziergang macht. Sie laufen langsamer als ich, in Zeitlupe – aber sie laufen. Ich sehe, wie die Frau sich bei jedem Schritt quält und immer wieder stehen bleibt. Ihr Mann stützt sie liebevoll. Er wartet geduldig, bis sie weiter kann. Sie plaudern warmherzig. Als ich an ihnen vorübergehe und wir uns freundlich grüßen, spüre ich die Kraft in meinem Körper. Eben noch war ich am Ende. Alles ist relativ. Wie tapfer sind die zwei, die ich zügig hinter mir lasse!

Ich bin dankbar, dass ich schneller laufen kann, auch wenn die Füße wehtun. Ich empfinde Respekt und Hochachtung für dieses Paar. Sie klagen nicht, sondern laufen weiter trotz ihrer Beschwerden. Sie tun das, was möglich ist. Geben nicht auf. Bleiben in Bewegung. Stützen sich gegenseitig. Er mit körperlicher Stabilität – sie in Mitteilsamkeit und Humor. Toll, wenn man so alt werden kann! Ich nehme es mir vor. Nicht aufhören, vorwärts zu laufen. Am Gehen bleiben. Wenig klagen, sich überwinden, immer wieder und regelmäßig das tun, was geht. Auch das habe ich auf diesem Weg gelernt: *Du hältst viel mehr aus, als du denkst.*

Nach ein paar Kilometern erreiche ich Segard Hoel. Die Tür des großen Gebäudes ist verschlossen. Doch Friedmar müsste hier sein – oder?

Wir haben unser Kommen angekündigt. Warum ist hier niemand?

Als ich links am alten Wohnhaus entlang einem schmalen Weg folge, entdecke ich die Pilgerherberge. Es ist wieder eine kleine historische Holzhütte, die sich hinter dem großen Haupthaus verbirgt. Aus dem Schornstein steigt Rauch. Vor der Tür Friedmars Wanderstiefel und an der Wand ein großes Olavs-Herbergsschild. Ich bin da und es ist offen! Das Bett für die Nacht und ein warmes Plätzchen zum Ausruhen sind gesichert.

Ich bin erleichtert, ziehe meine Wanderschuhe von den schmerzenden Füßen – allabendlich ein Akt der Befreiung – und betrete die Hütte.

Drinnen bullert der Ofen, Friedmar duscht. Ich setze Teewasser auf. Das ist inzwischen vertraut und selbstverständlich. Mein mitgebrachter Biokräutertee, den auch Friedmar gern trinkt, ist inzwischen alle. In Norwegens Supermärkten habe ich bisher nur schwarzen oder parfümierten Tee gefunden. Bio schon gar nicht. Also inspiziere ich die hochgewachsene Blumenwiese vor dem Haus nach Zutaten für einen Abendtee und werde fündig: Schafgarbe, Kamille, Brennnessel, Frauenmantel – dazu ein paar Himbeer- und Birkenblätter – mehr braucht es nicht. Die Natur schenkt alles frisch und im Überfluss. Mehr Bio geht sowieso nicht. Auch eine Avocadocreme bereite ich schon mal vor. Da kommt Friedmar frisch geduscht in die Wohnküche. Wir trinken unseren Tee mit Genuss – Friedmar schmeckt er offenbar – und erzählen von unseren Tageseindrücken.

Friedmar und ich – wir sind inzwischen ein vertrautes Pilgerteam und wissen, dass wir wohl den restlichen Weg nach Trondheim gemeinsam zurücklegen werden. Dabei macht jeder von uns konsequent seins. Wir gehen unseren jeweils *eigenen* Weg in Freiheit und Selbständigkeit und wissen doch, dass wir uns hundertprozentig aufeinander verlassen können. Wir kennen uns mittlerweile gut, gehen rücksichtsvoll und unterstützend miteinander um, versuchen es uns gegenseitig so angenehm wie möglich zu machen – ohne Vereinnahmung. Ich staune, wie gut uns das gelingt. Friedmars Sanftmütigkeit tut mir gut. Er handelt dabei ohne jedes Aufheben – ehe du es richtig mitbekommst, hat er schon für dich gesorgt. Ich fühle mich beinahe verwöhnt und bemühe mich, ihm auch etwas Fürsorge zukommen zu lassen. Beide können wir das hin- und wieder gebrauchen, denn für jeden von uns hat dieser Weg eigene Härten. Einen besseren Pilgergefährten hätte ich nie finden können!

Jetzt gehe ich duschen und er fängt schon mal an, das Abendbrot zu kochen. Beide haben wir heute eingekauft und tragen was zum Essen bei. Es schmeckt hervorragend. Doch alt werden wir heute nicht, sind bald in der jeweils eigenen Kammer verschwunden.

Satt und zufrieden schlafe ich meinen tiefen Pilgerschlaf.

Alles muss sich ändern, damit es bleibt.

TAG 25: Vernünftig unvernünftig sein

Von Segard Hoel über Lokken Verk nach Gumdal (24.6.)

Wer meint, etwas zu sein,
hat aufgehört, etwas zu werden. *Sokrates zugeschrieben*

Vor dieser Etappe habe ich echt Respekt: 28 km. Das ist für meine Verhältnisse sehr lang, wird mich wahrscheinlich wieder an meine Leistungsgrenze bringen. Trotzdem genehmige ich mir eine Stunde Morgenstille in der Hütte – diese Schreibzeit ist kostbar und wichtig.

Doch dann sattle ich zügig und laufe los. Ich schlage ein kräftiges Tempo an, es läuft sich, frisch wie ich bin, richtig gut, zumal es leicht bergab geht. Nach einer Weile muss ich mich wieder zügeln, als ich ein leichtes Ziehen in den Oberschenkeln merke. Überforderung am Anfang bringt nichts und wird mich nicht schneller ans Ziel bringen. „Langsam, aber sicher" ist meine Devise. Daran muss ich mich halten.

Zusätzliche Probleme kann ich nicht brauchen.

Nach 2 Stunden erreiche ich die Kirche von Meldal. Sie ist überraschenderweise offen, sodass ich mir wieder einen kleinen Moment des Verweilens gönne. *Wenn du viel vorhast, geh es umso ruhiger an.*

Das Innere der Kirche wirkt bunt, fast überladen. Ich mag es eher schlicht und brauche Sammlung. So verlege ich meine Pause nach draußen. Auf einer Bank vor der Kirche stärke ich mich mit einem Apfel und Nüssen. Dabei genieße ich den Blick auf den beschaulichen Ort. Ich muss heute Bargeld abheben, denn meine Reserven sind geschmolzen. Hier in Meldal gibt es eine Bank. Ich müsste allerdings einen zusätzlichen Weg ins Stadtzentrum in Kauf nehmen, weil die Kirche etwas außerhalb liegt.

Ich konsultiere mein Wanderbuch. Heute komme ich noch direkt durch Lokkumverk, auch da ist – direkt am Weg – ein Banksymbol.

Kurz überlege ich, habe den inneren Impuls, mich gleich mit dem Notwendigen zu versorgen. Sicher ist es nett in dieser kleinen Stadt, und ich sollte einen Eindruck mitnehmen. Vielleicht gibt es sogar einen Kaffee? Wäre schön! Aber es wäre leichtfertig, mich hier zu vertrödeln. Ich bin streng mit mir: Sei nicht unvernünftig! Ein Zusatzweg ist nicht nötig. Am Ende des Weges wirst du jeden Schritt zu viel merken.

Also lasse ich Meldal ungesehen links liegen und ziehe weiter auf meinem Weg. Eine gute Gelegenheit ist vorüber. Ob ich richtig entschieden habe, weiß ich erst später. Zwei unterschiedliche Optionen schienen auf ihre Weise vernünftig. Zwischen Vernunft und Unvernunft verläuft ein schmaler Grat. Und: Mein Weg führt nur vorwärts – nicht zurück.

Ich laufe weiter und genieße es. Ringsum öffnen sich herrliche Ausblicke ins Tal. Viel Grün umgibt mich, das tut gut. Auch wenn der Tag trüb ist, ist das Wanderwetter bestens. Es ist nicht zu heiß und regnet nicht. Ab und zu Niesel, der nicht stört. So komme ich gut voran.

Während ich laufe, beschleicht mich eine melancholische Stimmung: Dieser Weg wird bald enden. Tatsächlich. Heute ist Sonntag, die letzte Wanderwoche ist angebrochen. Nächsten Sonntag bin ich zu Hause.

Unvorstellbar, bald wieder zurückzukommen ins normale Leben. Im Moment könnte der Weg immer weitergehen. So sehr habe ich mich daran gewöhnt, jeden Tag Stunden zu laufen. Weiter, immer weiter. Ohne mir viele Gedanken und Sorgen zu machen. Mit wenig Belastungen – wenn man vom Gewicht des Rucksacks absieht. Das hier soll nicht aufhören! Dieses Unterwegssein, das mir und meinem Körper so guttut trotz Schmerzen und Erschöpfung, wird mir sehr fehlen!

Aber es wird auch toll sein, am Ziel anzukommen. Das hätte ich anfangs ja kaum für möglich gehalten. Ich scheine es tatsächlich zu schaffen. Ab morgen sind es nur noch 3 Etappen bis Trondheim. Wahnsinn! Und fast schade. Was soll jetzt noch schief gehen? Bis hierher bin ich gekommen. Ich bin in meiner Kraft und werde durchhalten – da bin ich inzwischen sicher. Zwar schmerzen die Füße – aber sonst? Keine ernsthaften Schwierigkeiten. Kein wildes Tier ist mir begegnet, keine Krankheit hat mich erwischt, weder habe ich mir ein Bein gebrochen noch den Kopf aufgeschlagen. Ich fühle mich – von den obligatorischen Schmerzen abgesehen – vollkommen wohl. Fast regt sich vorsichtige Euphorie:

Unglaublich, es ist bald geschafft! Das hätte ich mir kaum zugetraut.

Alle Ängste waren unbegründet. Ich gratuliere meinem Körper und mir, dass wir belastbarer sind, als wir gedacht haben. Geht doch! Und jetzt kommt es darauf an, das hier in vollen Zügen zu genießen.

Jeder Augenblick des Weges ist kostbar. Einfach traumhaft: Das Grün, die Stille, das Wasser. Ich staune und laufe, laufe und staune – bin ganz im Moment. Die Gedanken sind frei. *Ich laufe – also bin ich.*

Mehr braucht es nicht – nicht mehr. Besonders schön heute: Stille Seen, die zum Träumen einladen. Auch hier verweile ich ganze Augenblicke. Ein melancholisches Bild des Friedens, das meine Stimmung trifft.

Ich bin zur Ruhe gekommen, im Einklang mit mir selbst.

Wieder bin ich allein und kann es genießen – nur wenige Tiere begegnen mir: neugierige Kühe und friedliche Schafe, die meine schmalen Pfade kreuzen. Keine Elche, keine Bären. Nach eineinhalb Stunden sehe ich in nicht allzu großer Entfernung Friedmars blauen Rucksack vor mir. Sollte ich ihn heute einholen? Ich beschleunige meinen Schritt – doch nach kurzer Zeit verliere ich ihn aus den Augen. Ich will bei meinem Tempo bleiben. Heute Abend, werde ich ihn ja wieder treffen. Dann können wir einander von den Eindrücken dieses Pilgertages erzählen. Das passt und lässt kein Gefühl von unangenehmer Einsamkeit aufkommen.

Jetzt ist für mich eine Pause dran. Muss sein. Ich erreiche die Pilgerherberge Skogheim und hoffe auf einen Kaffee. Ich habe heute wirklich unglaublichen Kaffeedurst – schon bei Meldal hatte er mich beschlichen. Was ist los mit mir? Auf dem ganzen Weg bisher habe ich den Koffeinentzug gut ausgehalten, denn kaum gab es Gelegenheit für einen Kaffee zwischendurch. Jetzt lechze ich danach. KAFFEE täte gerade wirklich gut und würde meine leicht ermüdeten Lebensgeister wecken! Ich bin ja bereits etliche Stunden unterwegs und habe noch einiges an Wegstrecke vor mir. Außerdem ist es heute kühl und feucht. Ein warmer trockener Raum und was Heißes zu trinken würden Wunder wirken.

Da entdecke ich einen jungen Mann um die 30, der auf dem Gelände unterwegs ist. Ein Geschenk des Himmels, vielleicht hat er den Kaffee schon fertig für müde Pilgerer. Olavsweg, verwöhn mich jetzt etwas!

Der junge Herbergsmitarbeiter kommt heran. Ich frage hoffnungsvoll, ob ich drinnen eine Pause machen kann. Aber er verweist mich kurz angebunden auf eine Bank vor der Tür und schließt vor meiner Nase die Herberge ab. Er wirkt unfreundlich und zurückweisend. Ich will ihn nicht weiter stören, wer weiß, welche Laus ihm über die Leber gelaufen ist. Offenbar will er gerade los. Auch ich will ja weiter. Kein Kaffee heute. Eine Pilgertour ist schließlich keine Kaffeefahrt. Kein Verwöhnprogramm. Ich habe verstanden. Nicht trödeln. Nur kurz rasten. Vernünftig sein. Ich esse nur eine Kleinigkeit, trinke klares Wasser dazu und weiter geht's.

Nun muss ich eine lange Passage – erst auf einem Schotterweg, dann auf asphaltierter Straße – antreten, die mein Wanderführer als „zermürbend" beschreibt. Leider behält er recht: Es ist wirklich kräftezehrend, diese nicht enden wollende Straßenpassage zu laufen. Obwohl ich mich bemühe, auf dem Grünstreifen *neben* der Straße zu gehen, melden sich die Schmerzen in den Füßen postwendend.

Nach einer gefühlten Ewigkeit erreiche ich endlich den Ort: Lokkumverk. Es herrscht reges Sonntagstreiben. Hier ist die älteste Produktionsstätte von Eisenbahnen in Europa. Schon im 19. Jahrhundert hat man hier diese neuartigen Verkehrsmittel produziert. Das Werk ist bis heute erhalten. Es scheint interessant und anziehend zu sein. Ein beliebtes Sonntagsausflugsziel. Viele Familien sind fröhlich unterwegs.

Aber das Museum ist mir wurscht. Kraft und Muße zu einer Besichtigung habe ich sowieso nicht. Ich will nur eins: Kaffee! Hier muss es einen geben. Da ist schon ein Imbiss. Ich gehe hinein in das volle Etablissement, in dem alle Plätze besetzt sind. Doch hier kann man am Tresen sitzen, und ich lasse mich schnell auf einem der großen Barhocker nieder. Wie gut! Dieser Pausenmoment muss sein, denn ich habe – gemeinsam mit meinen schmerzenden Füßen – noch 12 km vor mir. Aber jetzt genieße ich den Moment. Ich sitze im Warmen und schlürfe genüsslich meinen Kaffee. Gönne mir zur Feier des Sonntags einen großen Keks dazu. Das tut gut! Jetzt geht's gestärkt weiter. Erst mal zur Bank, Geld abheben.

Da bin ich schon. Richtig, sie ist geschlossen, denn es ist Sonntag. Das war zu erwarten. Einen Automaten wird es aber geben. Doch: Fehlanzeige. Soviel ich auch suche – ich schreite die ganze Front des Gebäudes ab: nichts! Es gibt auch keinen Vorraum, in dem, wie ich es gewohnt bin, Automaten stehen, an denen man jederzeit abheben kann. Ich stehe vor verschlossener Tür. Hier geht nichts. Aber was hilfts, irgendwie muss es weiter gehen. Für das Quartier heute Abend reicht mein Bargeld noch, morgen sehen wir weiter. Ab jetzt wird alles, was möglich ist, mit Kreditkarte bezahlt – hätte ich das eben schon beim Kaffee gewusst.

Ich laufe raus aus dem Ort, finde auf Anhieb den kniffligen Abzweig des Weges, der sich auf der anderen Seite der Schnellstraße befindet und wieder hoch in den Wald führt. Dieser Weg läuft sich angenehm. Hätte ich doch gleich in Meldal Geld abgehoben! In den kommenden Tagen wird das schwierig, denn die Orte, durch die ich komme, sind klein. In Norwegen ist es nicht so leicht, an Bargeld zu kommen. Auch in Supermärkten kann man nicht abheben.

So ist es mit Gelegenheiten, die du ungenutzt vorübergehen lässt. Ich habe die Chance, die sich mir bot, nicht ergriffen, bin meinem Impuls nicht gefolgt, weil ich zu träge war. Oder zu vernünftig. Manchmal kann es unvernünftig sein, auf zu viel Kräfteeinsatz zu verzichten. Diesmal wäre es richtig gewesen vorzusorgen. Das hätte mir etliche Sorgen erspart, die ich an den nächsten Tagen wohl mit mir herumschleppe.

Ich will mich jetzt nicht ärgern, brauche meine Kraft für den Weg und verdränge diese Sorgen. Ich hatte mir ja vorgenommen, den Weg zu genießen. Der führt abwechslungsreich und malerisch am Hang entlang durch Wald, Wiesen und hohes, nasses Gras. Bei der alten Schmelzhütte von Svorkmo steht wieder ein Meilenstein: Ermutigende 61 km bis Nidaros. Kaum zu glauben: Nur noch 3 übersichtliche Tagesetappen!

Heute steckt mir der Weg in den Knochen. Mein normales Tagespensum ist mit 26 km echt überschritten. Nun erwarten mich noch 2 km auf

Schotter und Asphalt. Wie zur Krönung geht es auch noch bergauf. Aber, es hilft alles nichts. Ich will ja ankommen. Ich denke an das tapfere ältere Paar gestern, dem bestimmt auch jeder Schritt weh tat, und beiße die Zähne zusammen. Brita, du schaffst es!

Das Quartier heute verheißt Angenehmes. Ich arbeite mich Schritt für Schritt nach oben, schleppe mich mit Gedanken an eine entspannende Dusche und ein leckeres Abendessen voran und bin schließlich da. Gumdal Hof. Hinter dem Wohnhaus liegt die Pilgerunterkunft, ein modernes Ferienhaus, das luxuriöser wirkt als das Haus der Hofbesitzer. Aus dem Schornstein steigt Rauch – wie anheimelnd. Friedmar hat angeheizt. Ohne ihn hätte ich in den vergangenen Tagen sicher gefroren, denn wer weiß, ob ich die Öfen täglich in Gang gesetzt hätte.

Ich komme aus der feuchten Abendkühle in eine wohlig geheizte großzügige Wohnküche. Hier hat es sich ein begeisterter Friedmar schon bequem gemacht. Er begrüßt mich mit einem vertrauten: „Na, hast du's auch geschafft?" Ja, ich habe es geschafft. Es war sportlich – aber ich fühle mich nicht so erschöpft wie am Anfang des Weges.

Friedmar ist total von unserem heutigen Nachtquartier angetan. Für Pilgernde Luxus pur. 5 *****. Dieses Quartier wird auch als Ferienhaus vermarktet. Das ist zu spüren. Da können wir uns heute so richtig verwöhnen, zumal uns unsere Quartiergeber auch mit selbsterzeugten Lebensmitteln versorgen. Milch und Eier – auch Brötchen zum Frühstück wird es geben. In den geräumigen Schlafzimmern oben erwarten uns bezogene Betten und frische Handtücher – alles sauber und gepflegt.

Auch wenn ich die urigen historischen Hütten des Weges lieber mag, lasse ich mir dieses Quartier nach dem anstrengenden Wandertag heute gefallen. So genieße ich eine ausgiebige Dusche im blitzsauberen Bad. Wie schön, sich mit frischen Handtüchern abrubbeln zu können. Auch die Waschmaschine kann ich nutzen – das letzte Mal auf diesem Weg.

Dann kochen wir, mittlerweile ein eingespieltes Team. Wir braten uns *viel* Rührei. Dazu gibt es Brot und Gemüse. Zum Nachtisch Joghurt. Ein echtes Pilger-Sonntagsessen. Die Küche bietet alle Schikanen, sodass wir das Kochen genießen. Wir essen und erzählen bis Mitternacht.

Der zurückhaltende Friedmar ist offenbar auch mit der bevorstehenden Rückkehr beschäftigt, vor allem mit der Frage, wie es danach beruflich für ihn weitergeht. Für ihn ist die Familienphase ebenfalls vorüber und er sucht nach beruflicher Veränderung. Am Regentag vorgestern war er nicht nur von der anstrengenden Ost-Route frustriert, sondern zugleich von der Absage für eine neue Stelle, auf die er sich beworben hatte. Er hatte Hoffnung in diese Option gesetzt. Doch einer jüngeren Bewerberin wurde der Vorzug gegeben. Nun fühlt er sich chancenlos. Zum alten Eisen gehörend. Nicht wertgeschätzt mit seinen Erfahrungen und Kompetenzen. Das erzählt er mir erst jetzt.

Er brauchte eine Weile, bis alles gesackt war. Und ich dachte, ich hätte Probleme. Das ist wirklich ungerecht. Ich bin absolut auf Friedmars Seite. Lange diskutieren wir mögliche Perspektiven für ihn. Schade, dass es unsere Arbeitswelt Männern, die sich für Familienengagement und Kinderbetreuung entscheiden, nicht leicht macht. Kaum leichter als Frauen – vielleicht sogar schwerer. Denn jetzt liest es sich nicht gut in seiner Bewerbungsbiografie, dass er lange halbtags gearbeitet hat. Jüngere haben sowieso bessere Chancen. Ich hoffe, dass sich Türen für ihn auftun. Dass es auch Arbeitsgeber gibt, die seine Qualitäten als verlässlicher und fürsorgender Familienvater wertschätzen. Vielleicht wird er sich in einem Ausbildungsbereich und für die Nachwuchsförderung engagieren.

Mit dieser Perspektive beschließen wir den Abend. Nachdem wir uns „Gute Nacht“ gesagt haben, schreibe ich noch etwas. Es ist schon spät.

Mit einem warmen Gefühl im Herzen gehe ich schlafen. Es war ein bewegter, kommunikativer Abend. Und eine anstrengende, aber schöne Wanderung. Ich schlafe bald ein. Schwer wie ein Stein.

TAG 26: Begegnung im Hochmoor

Von Gumdal nach Skaun (25.6. / 20,5 km)

Und doch, wenn du lange gegangen bist, bleibt das Wunder nicht aus.
Hilde Domin

Gestern schien alles ok. Heute bin ich wie gelähmt. Habe schlecht geträumt und alles tut mir weh. Ich fühle mich müde und zerschlagen. Auf der Stelle fällt mir die vielbeschriebene Pilgerkrise ein. Keiner weiß, wann sie kommt. Aber sie kommt bestimmt. Vielleicht waren meine Krisen bisher keine wirklichen Krisen, sondern nur etwas Vorgeplänkel? Steht mir die eigentliche große Krise noch bevor? Bestimmt habe ich mich gestern zu früh gefreut, als ich dachte, ich hätte es schon geschafft. Jetzt fühle ich mich kurz vorm Ziel völlig ausgelaugt.

Ob ich überhaupt weiter kann?

Quatsch! – ermahne ich mich. *Denk nicht so viel. Steh einfach auf, es wird schon gehen!* Ich beschließe, lange warm zu duschen – das tut den Muskeln, Sehnen und Gelenken gut. Danach eiskalt, das erfrischt.

Nun geht es halbwegs. Ich schlüpfe in meine Wanderkluft.

Mühsam wie noch nie schleppe ich mich nach unten. Meine Füße durchflutet bei jedem Schritt auf der Treppe ein heftiger Schmerz. Das kann ja heiter werden. Schon früh am Tag geht es los! Friedmar wünscht mir einen fröhlichen „guten Morgen" und hat das Frühstück schon fertig. Heute lasse ich das schlechte Gewissen beiseite und setze mich einfach an den Tisch. Zu mehr bin ich gerade nicht in der Lage.

Es gibt ein gekochtes Ei und Milch vom Bauern. Das stärkt. Während wir essen, sieht Friedmar mich aufmerksam an. So gut kennt er mich inzwischen: „Was ist mit dir?" Ich sitze wohl da wie ein Schluck Wasser.

„Ich weiß nicht", gebe ich zu, „ich bin völlig kaputt – aber vielleicht geht's gleich besser." Ich will nicht schlapp machen so kurz vorm Ziel und relativiere das Ganze. Die Etappe gestern war wohl doch zu lang, mutmaße ich. Die Nacht dagegen zu kurz. Wir haben ja noch angeregt erzählt, sind spät ins Bett gegangen. Ich ärgere mich, dass es mir heute so schlecht geht. Es gibt gar keinen Grund! 520 km bin ich zu Fuß durch Norwegen gelaufen und dachte, ich wäre gut im Training. Schon etliche kritische Situationen habe ich bewältigt, bin *immer* weitergelaufen.

Heute kann nicht Schluss sein! Diese abgrundtiefe Müdigkeit. Im ganzen Körper. Als wäre dem gerade aufgegangen, dass er schon viel zu weit gelaufen ist. Vielleicht hat er jetzt beschlossen, endgültig zu streiken?

Am liebsten würde ich wieder ins Bett kriechen, so zerschlagen fühle ich mich. Kurz überlege ich, heute den Ruhetag einzulegen, den ich mir für den Notfall aufgehoben habe. Doch dann verwerfe ich diese Idee schnell. Mir würde ein Tag in Trondheim fehlen und ich müsste kurz nach meiner Ankunft in den Flieger steigen. Die Zielankunft mit ein wenig Zeit zu genießen erscheint mir doch verheißungsvoll. Außerdem fühlt es sich trist an, hier allein zurückzubleiben. Ganz allein komme ich vielleicht sowieso nicht ans Ziel. Denn ich will Friedmar nicht am Weitergehen hindern, und andere Pilger gibt es nicht in der Nähe. So beschließe ich, mich wie gewohnt eine Weile auszuruhen und dann weiterzulaufen.

Friedmar kann ruhig aufbrechen und wieder vorausgehen. Als er zögert, ermuntere ich ihn. „Mach dir um mich keine Sorgen. Es wird schon gehen – die Etappe heute ist nicht überlang: nur 20 Kilometer. Ich habe schon oft gedacht, es geht nicht mehr, und es ging doch! Immer. Also bis heute Abend in Skaun: Heiz schon mal den Ofen an!" Friedmar zieht los und ich bin allein. Koche mir noch einen Tee, schreibe etwas, packe und breche auf. Je eher ich loslaufe, umso schneller bin ich am Ziel.

Der Tag ist trüb, ein bisschen windig – immerhin gießt es nicht. Na bitte, sage ich mir, geht doch. Und es geht. Ich versuche einen Laufrhythmus zu finden, der mich trägt und voranbringt. So komme ich einigermaßen voran. Weiter, immer weiter ... Im Gehen frage ich mich, was heute mit mir los ist. Wieder kann ich diese Traurigkeit ausmachen, dass mein Pilgerunternehmen bald zu Ende ist. Es fühlt sich an, als hätte jemand einen Stöpsel aus meinem Körper gezogen. Als wäre alle Energie entwichen. So ist es mit Zielen, die du lange verfolgst, sage ich mir, vor allem mit den Sehnsuchtszielen. Du hast so viel eingesetzt, bist an die Grenzen deiner Kräfte gegangen. Wenn du dein Ziel erreichst, kannst du dich gar nicht freuen. Denn du musst dich ja auch von dem verabschieden, was dich inspiriert hat, dich weitergetragen. Du wirst Ziel-los, das ist kein schöner Zustand! In mir ist eine Leerstelle, Trauer, dass alles endet – auch dieser Weg. Diese Lücke kann ich im Moment nicht füllen, in diesem Augenblick jedenfalls nicht. *Nicht nur das Aufbrechen ist eine Aufgabe, erkenne ich, auch das Ankommen.*

Wie werde ich zurückkehren in meinen Alltag? Ich bin eine andere geworden. Diese Freiheit, dieses tägliche Gehen – es wird mir fehlen!

Nach 2 Stunden erreiche ich – mitten im Wald – einen Pilgerunterstand. Ich beschließe zu rasten und etwas zu essen. Ich brauche heute viel Energie, und kurze Pausen tragen zur Regeneration bei. Hier haben nette Menschen sogar eine Couch hingestellt, in die ich sofort versinke.

Ich esse und schreibe ein paar Nachrichten. Da kriecht sie wieder in mir hoch, die bleierne Müdigkeit. Mit Macht drückt sie mich in die Polster und ist kaum zu überwinden. Hätte ich mich bloß nicht niedergelassen! Unter Aufbietung all meiner Willenskraft stemme ich mich hoch. Ich darf hier nicht versacken. Ich muss weiter!

Mein Ziel lockt mich nicht mehr. Das nagt gewaltig an der Motivation. Ich will nicht ankommen! So blöd das klingt. Jedenfalls jetzt noch nicht. Ich bin nicht bereit. Ich will nicht, dass dieser Weg aufhört!

Nur: Bleiben ist auch keine Option. Deshalb schleppe ich mich weiter, mehr recht als schlecht. Ich versuche wieder, meinen Laufrhythmus zu finden. Automatisiert, fast von allein, laufen meine Füße, denn sie wissen, was sie zu tun haben.

Ich komme langsam voran und erreiche schließlich ein Hochmoor. Überraschenderweise ist es hier wie im Fjell. Es sind Bretter ausgelegt, über die ich mit meinem schweren Rucksack wie auf einem Schwebebalken balanciere. Jetzt nicht daneben treten! Meine Beine fühlen sich wackelig an. Wieder ergreift mich die Erschöpfung. Ich schwanke und der Boden unter mir schwankt auch. Nun enden auch noch die Bretter, und ich muss mich wieder mal durchs Moor bewegen, indem ich von einer Grasinsel zur anderen hüpfe. Dazwischen Wasser. Nicht immer hält eine Insel, was sie verspricht. Meine Wanderstiefel werden quatschnass.

Nicht jammern! Dieses Hochmoor ist doch schön – oder? Das Wollgras ragt in die Höhe. Bewegt sich nicht. Kein Windhauch. Alles ist still, kein Laut zu hören. Nicht mal ein Vogel, der zwitschert, oder eine Fliege, die summt. Eigenartige Stille, als hielte die Natur den Atem an. Selbst die Mücken scheinen heute ein Nachmittagsschläfchen zu halten.

Apropos Schläfchen: Das wäre schön! Ein Königreich für ein Bett. Aber es geht weiter, auf Brettern. Irgendwann erreiche ich einen schmalen Pfad, der in immer dichter bewachsenes Gelände führt. Jetzt ist das Ende da. Ich kann nicht mehr, wirklich! Ich könnte auf der Stelle umfallen. Ich habe das Gefühl, im Gehen einzuschlafen. Ich schwanke mehr, als dass ich laufe. Alle Kraft hat mich verlassen. Ich bin leer. Endgültig.

Krisenbewältigung wäre angesagt – aber Ressourcen fühle ich nicht mehr. Bin absolut kraftlos. „Was macht man da?“, fragt Bentes Stimme von fern. Mich kurz hinlegen und ausruhen? Geht nicht, hier ist es zu morastig. Friedmar anrufen? Mir fällt auf, dass ich nicht mal seine Telefonnummer habe. Die brauchte ich bisher nicht. Hier oben ist sowieso kein Empfang. Auch Singen geht nicht. Mir fällt kein Lied mehr ein. Keine meiner bewährten Strategien hilft in diesem Augenblick. Ich bin alle. Wenn ich einfach umfalle und liegen bleibe? Heute Abend wird Friedmar merken, dass ich nicht komme, und einen Suchtrupp losschicken. Vielleicht bin ich dann schon im Morast versunken ...

Ich fühle mich verloren. Vollkommen am Ende mit meinem Latein.

Hilft tatsächlich nichts mehr? Ich könnte beten. Der Himmel ist über mir, ganz nah. Aber – worum könnte ich bitten? Ich befrage mein Innerstes: Was könnte mir helfen? *Was willst du, dass ich dir tun soll (Lk 18,41)?* Ziemlich bald kommt die Antwort: *Ich brauche einen Menschen!* Einen, mit dem ich reden kann. Das würde mir guttun. Doch woher soll jetzt jemand kommen? Für mich ist klar: Niemand ist hier außer mir unterwegs. Es sind keine Pilger in der Nähe, soviel ich weiß. Friedmar ist weit voraus. Nie habe ich mitten im Wald jemand getroffen – auf den ganzen 520 km nicht. Ich bin vollkommen allein.

Der Weg windet sich in sanften Kurven immer tiefer in den Wald.

In diesem Moment sehe ich SIE: Eine junge, schlanke Frau kommt mir entgegen, ruft mit klarer Stimme schon von Weitem: „Nicht erschrecken!" Auf Deutsch! Ich bin überwältigt. Wie kann das sein?

Schon stehen wir beieinander. Michaela kommt aus Süddeutschland, ist mit kleinem Rucksack unterwegs, weil sie nur an diesem Tag pilgert. Sie macht mit ihrem Freund Urlaub in Norwegen. Der angelt heute. Das ist nicht ihr Ding und so hat sie sich entschieden, eine Etappe des Olavswegs zu gehen, anders herum, damit er sie in Gumdal wieder abholen kann. Sie findet es wunderschön und träumt davon, irgendwann den ganzen Weg zu gehen. Nur im Moment hat sie nicht genug Urlaub.

„Wo kommst du her?", fragt sie mich. „Aus Eidsvoll. Über 500 km bin ich schon unterwegs." – „Wahnsinn! Erzähl: Was hast du erlebt? Wie ist es, den Weg zu gehen?", will Michaela wissen.

Nun sprudelt es aus mir heraus. Was habe ich alles erlebt! Mich durchströmt plötzlich tiefe Dankbarkeit. War das ein toller Weg!

Michaela fragt weiter, will noch mehr wissen, „geht mit", ist begeistert. Alle Quellen in mir, die eben noch versiegt schienen, fließen von Neuem. Wir tauschen Erfahrungen und Eindrücke. Sie hat sich in diesem Urlaub für einen Tag ins Dovrefjell gewagt, fand es großartig. All das habe ich auch erlebt. Der Reichtum des Weges tut sich auf und fließt über.

„Nur heute", sage ich zögernd, „kann ich nicht mehr." So offen und zugewandt Michaela ist, will ich ihr nichts vormachen. So fantastisch dieser Weg ist, so hart ist er. Ich erzähle von meiner Trauer und dem großen Loch, in dem sich meine *Ziel-losigkeit* manifestiert. Sie hört still und aufmerksam zu. Ja, sie versteht. Ankommen ist schwer. Loslassen und sich Verabschieden keine leichte Aufgabe. Auch das gehört zum Weg.

Dann schaut sie mir warm in die Augen und sagt: „Aber was es richtig bewirkt, merkt man erst hinterher." Das ist es! Das ist das Wort, das ich mir nicht selbst sagen konnte.

Der Weg geht weiter. Er endet nicht mit dem Ende. Seine Wirkung entfaltet er später. Allmählich. Nach und nach. Ich werde es merken. Überraschendes wird sich auftun. Das Ende wird ein Anfang sein.

Das ist auch die Erfahrung meines ersten Pilgerns vor 10 Jahren: Der Weg wirkt lange nach. Weit über das eigentliche Gehen hinaus ist er präsent, kräftigt, stärkt. Plötzlich ist mir klar: Da ist kein Loch! Die Lücke ist eine Fiktion. *Der Weg hört nicht auf.* Er geht immer weiter, so wie mein erster Weg bis heute und hierher weiter geht.

Der Weg ist ohne Zeit. Zeitlos. All das, was mich jetzt bewegt, kann ich kaum in Worte fassen. Mich durchströmt warmes Glück. Eine unglaubliche Energie strömt in mich hinein, als hätte jemand eine Schleuse geöffnet.

In mir riesiger Jubel. Ich könnte die ganze Welt umarmen. Zu Michaela sage ich nur „Danke! Es hat so gutgetan, mit dir zu reden."

Wir verabschieden uns, umarmen uns fest und lange, wünschen uns gegenseitig Segen für den Weg. Insgesamt hat unsere Begegnung kaum mehr als eine halbe Stunde gedauert. Michaela schaut mich lächelnd an und sagt: „Vielleicht geht es jetzt ein bisschen besser."

So ist es. Es geht sogar ausgezeichnet. Meine Müdigkeit ist wie weggeblasen. *Du hast mehr Ressourcen, als du denkst. Wenn du am Ende bist, bist du noch lange nicht am Ende.* Eine Grunderkenntnis dieses Weges. Diese Lektion schenkt er mir heute noch mal. Die wichtigsten Dinge kann ich mir nicht selber sagen. Hat da G*tt mit mir gesprochen?

Ich bin aufgewühlt und zutiefst berührt. Habe das untrügliche Gefühl: Jemand sieht mich und lässt mich nicht im Stich. Besonders dann nicht, wenn ich allein nicht mehr weiter kann. Ich soll mich nicht auf meine eigene Kraft verlassen. Alles scheint klar. Wundervoll. Und leicht.

Noch immer frage ich mich staunend: Was war das eben? Eine Erscheinung? Das kann nicht sein! So prompt im richtigen Moment. Gegen alle Wahrscheinlichkeit. Michaela kam, als ich ganz unten war. Am Ende. Kein Fünkchen eigene Energie mehr. Dann ist sie plötzlich da und sagt genau das Richtige. Alle Kraft kehrt in mich zurück. So was Tolles kann man sich nicht ausdenken. Hinabsinken in die Tiefe und wieder auferstehen. Das fühlt sich an wie Weihnachten und Ostern zugleich.

Der Weg geht jetzt sanft nach unten. Hinab in ein malerisches Tal. Um mich herum ist alles verwandelt: hohe Fichten, Weiden, Zäune, Gehöfte und große Holztore. Ich bin zurück in der Zivilisation. Meine Füße laufen von selbst. Das Gewicht des Rucksacks spüre ich nicht mehr.

Ich bin euphorisiert. Michaelas Satz schwingt in mir: *Was es bewirkt, merkst du erst hinterher!* Das klingt wie ein Versprechen. Ich bin sicher, dass der, der es mir eben gegeben hat, Wort halten wird. Ich werde mich überraschen lassen von den Wirkungen des Weges. Die werden sich entfalten, lange danach. Da bin ich sicher. Und gespannt, wie das sein wird. Ich werde es erleben. *Tausend Jahre sind vor dir wie ein Tag (Ps 90,4).*

Es wird großartig. Kein Grund jemals aufzugeben.

Alles geschieht zu seiner Zeit.

Schon bin ich heraus aus dem Wald und erreiche ich mein heutiges Ziel. Vor mir im Abendlicht liegt Skaun. Ich sehe den Kirchturm.

Im Gemeindezentrum gibt es Übernachtungsmöglichkeiten für Pilger. Da werde ich Friedmar treffen. Er empfängt mich mit seinem vertrauten: „Na, hast du's auch geschafft?" – Im Stillen denke ich: Beinah nicht, wenn du wüsstest! Ich bejahe seine tägliche Frage mit bewusster Dankbarkeit: JA. Tatsächlich. Ich hab's *auch* geschafft.

Friedmar ist nicht angetan von unserer heutigen Unterkunft. Kein Ofen zum Heizen und auch sonst ist der Standard kaum vergleichbar mit unserer letzten Unterkunft. Kontrastprogramm. Wir werden auf Liegen im großen Schlafsaal schlafen. Auch ich bin skeptisch – Campingliegen?

Wir richten uns jeder in einer Ecke ein. Ein Probeliegen zeigt: Die Liegen sind akzeptabel. Bequem. Kein Vergleich zur Campingliege von Glomstad. Auch Duschen sind vorhanden. Ich suche sie umgehend auf. Warmes Wasser. Was für eine Wohltat, was für ein Luxus!

Als ich in Feierabendkluft aus dem Sanitärtrakt komme, stehen meine Wanderschuhe im Schuhtrockner. Eine Art Föhn mit vier Schläuchen. Der fürsorgliche Friedmar hat meine durchnässten Schuhe entdeckt und alles in Gang gesetzt. Er ist der beste Pilgergefährte!

Ich will mich revanchieren und uns zur Feier des Tages etwas Ordentliches kochen. Friedmar soll sich auch mal an einen gedeckten Tisch setzen und ich bin wieder bei Kräften. Eine Küche mit allem Notwendigen gibt es auch. Friedmar ist eingeladen. Wir gehen zum Supermarkt.

Ich kaufe frische Zutaten für Abendbrot und Frühstück. Sogar frische Erdbeeren genehmigen wir uns. Ein Festmahl!

Friedmar lässt es sich gefallen und seine Laune hebt sich. Bevor wir essen, besichtigen wir mit der freundlichen Gemeindemitarbeiterin, die das Übernachtungsgeld kassiert und unsere Pilgerstempel in die Pässe drückt, die Kirche. Die ist beeindruckend. Den Maria-Tisch – einer von 30 in Norwegen vorhandenen Altartischen aus der Zeit vor der Reformation, der noch in einer echten Kirche und nicht im Museum steht – bewundern wir ehrfurchtsvoll. Auch Wandmalereien aus vorreformatorischer Zeit sind freigelegt. Alles atmet Geschichte in dieser Kirche. Trondheim sendet Grüße voraus. Man hat herausgefunden, dass hier dieselben Baumeister, die die Kathedrale von Trondheim erbaut haben, tätig waren. Es sind sogenannte Markenringe der Steinmetze gefunden worden.

Nun koche ich und wir essen gemeinsam mit großem Pilgerhunger.

Ich erzähle Friedmar von meinem unglaublichen Erlebnis heute. Soweit das sagbar ist. Auch er hat Michaela getroffen und ein Weilchen mit ihr erzählt. Sie war also keine Erscheinung. Nach dem Essen befällt uns pure Müdigkeit. Wir beschließen: Heute gehen wir früh schlafen. Die Küche des Gemeindezentrums lädt nicht zum Verweilen ein. So kriechen wir schnell in unsere Schlafsäcke und lassen uns auf die bequemen Liegen fallen.

Ich bin tief zufrieden. Angekommen. Die Kraft wird mich auf dem Rest des Weges nicht mehr verlassen. Himmlisch, einfach schlafen zu können.

TAG 27: Hinab zum Meer und über den Fjord

Von Skaun nach Sundet Gard (26.6.)

Nähme ich Flügel der Morgenröte und bliebe am äußersten Meer, auch dort würde deine Hand mich leiten und deine Rechte mich halten. Ps 139,9f.

Ich habe tief und lange geschlafen, ganze 10 Stunden. Ohne zwischendurch aufzuwachen. Um 7:30 Uhr bin ich putzmunter und fühle mich erholt. Gestärkt für den Rest des Weges.

Als ich frisch geduscht in die Küche komme, wartet Friedmar schon am gedeckten Frühstückstisch. Ich entschuldige mich, dass ich heute so spät dran bin, denn er ist ja Frühaufsteher. Aber er fragt nur gelassen: „Hat sich jemand beschwert?“ Nein, es ist wohl für ihn ok. Er ist mittlerweile ebenfalls in einen neuen Modus gekommen und wirkt tiefenentspannt. Das sieht er auch mir an: „Dir geht's wohl besser?“ Stimmt.

Nur eins beschäftigt mich. Das heutige Quartier. Gern würde ich in Sundet Gard übernachten und die Überfahrt über den Fjord erleben. Aber ich werde wohl auf dem Campingplatz Öysand bleiben müssen und am nächsten Tag die Alternativroute über die Brücke Udduvollbrua gehen, was einen zusätzlichen Weg von über 6 km bedeutet. Schaffbar – aber schade. Als ich gestern mit John Wanvik telefonierte, habe ich eine Absage bekommen. Die erste auf diesem Weg. Freundlich aber bestimmt. Er hat den Hof voll mit einer amerikanischen Reisegruppe, da ist für mich kein Platz mehr.

Friedmar hat John schon von Deutschland aus geschrieben und eine Zusage bekommen. Mit einer Standardmail hatte er sämtliche Quartiere auf dem Weg angefragt, auch John Warvik in Sundet Gard. „Weißt was", überlegt er, „ich rufe John einfach an und frage, ob ich jemand mitbringen kann. Ich soll sowieso anrufen wegen der Überfahrt. Ich kann mir nicht vorstellen, dass alles belegt ist. Er muss ja nicht wissen, dass du gestern angerufen hast, und für ihn ist es ein Vorteil. Er rudert zwei Menschen über den Fjord und hat ein zusätzliches Übernachtungsgeld."

Ok. Einen Versuch ist es wert. Der umsichtig-planvolle Friedmar kriegt es hin. Freundlich und fast nebenbei fragt er John, ob er eine Pilgerin mitbringen kann, und der ist einverstanden. Für ihn bedeutet es keinen zusätzlichen Aufwand. Er hat Friedmar sowieso nicht auf dem Hof, sondern in einem Gästehaus einquartiert, in dem es 2 Schlafzimmer und 4 Betten gibt. Wenn es für ihn kein Problem ist, kann er mich gern mitbringen. Wir können uns auf die Zimmer verteilen.

Toll! Ich werde über den Fjord fahren. Gerudert von John. Nur Frühstück wird er uns nicht anbieten wegen der vollen Belegung. Aber das ist für uns kein Problem, Frühstück bringen wir sowieso mit.

Als Friedmar das Gespräch beendet hat, bin ich happy. Wunderbar, heute geht's ans Meer und ich werde Sundet Gard mitsamt Fährmann erleben. Ein zusätzliches Geschenk auf dem Weg, mit dem ich nicht mehr gerechnet hatte. Wie sagte John Warvik in dem Dokumentarfilm? „Manchmal brauchst du jemanden, der dich übersetzt."

Das hat Friedmar grad getan, der beste Pilgergefährte aller Zeiten!

Noch ein zweites „Problem" muss ich ihm anvertrauen. Ich habe kaum noch Bargeld. Seit der letzten Übernachtung ist mein Guthaben auf 200 Kronen geschrumpft, ungefähr 20 Euro. Ob ich in Sundet Gard mit Karte bezahlen kann, ist fraglich. Hier in Skaun gibt es leider keine Möglichkeit zum Geldabheben. Ich werde es in Buvika, einem Badeort, durch den der heutige Weg führt, versuchen – aber sicher ist es nicht, dass ich meine Barreserven auffüllen kann. Friedmar kann mich beruhigen. Er hat genug Bargeld dabei, hat in Meldal – vorausschauend, wie er ist – erfolgreich abgehoben. Wenn alle Stränge reißen, hilft er mir aus.

Ich kann ihm das Geld in Trondheim wiedergeben. Ich sag's ja, Friedmar ist der bester Pilgergefährte ever!

Nun starten wir entspannt in den Tag – jeder wieder im eigenen Tempo. Wir verabreden uns auf dem Campingplatz vor Sundet Gard. Wenn wir uns getroffen haben, werden wir John anrufen, dann kommt er und setzt uns über. So ist es abgesprochen. Sicherheitshalber geben wir uns jetzt unsere Handynummern, damit wir uns erreichen können. Bisher haben wir uns immer so getroffen – aber heute gehen wir auf „Nummer sicher".

Friedmar bricht auf und ich folge ihm. Heute will ich den Abstand nicht zu groß werden lassen. Vor dem Gemeindehaus verheißt ein Olavsweg-Kreuz baldige Ankunft. Noch 38 km bis Nidaros. Der Weg führt zunächst wieder steil bergauf – aber das macht mir heute wenig. Ich fühle mich erholt. Selbst die Schmerzen in den Füßen schweigen. Nach einer Weile erreiche ich die Überreste einer alten Kirche und genieße die Stille des Ortes mit Blick in die Landschaft. An allem nagt der Zahn der Zeit, und doch gibt es etwas, das Bestand hat. Diese Natur, Sonne, Wind, Weite, Vogelgezwitscher, Stille ... All das scheint mir in diesem Moment unzerstörbar. So muss es auch im 11. Jahrhundert zur Gründung des Hofes gewesen sein.

In Skaun ist die Nobelpreisträgerin Sigrid Undset aufgewachsen, die die berühmte Romantrilogie *Kristin Lavranstochter* geschrieben hat. Die Geschichte ist in den Kulissen des Mittelalterzentrums Jorundgard bei Oppdal verfilmt worden, an denen ich auf einer lang zurückliegenden Etappe vorbeigekommen bin. Ich erinnere mich mit Gruseln an die finsteren Gebäude und den Sturm. Die Hofstätte hier soll als Vorbild für den Lebensmittelpunkt der Romanfigur Kristin gedient haben.

Nach dem Anstieg verläuft der Weg wieder durch den Wald. Ich genieße die Wandertour in vollen Zügen. Wie schön ist es, hier zu laufen! Es geht durch Moor und Wiesen, über Flüsse ... Ich atme die würzig-klare Waldluft, freue mich, dass die Sonne scheint und die Landschaft voll strahlender Farben ist. Meist geht es bergauf. Nach einer Stunde erreiche ich eine Bank, auf der ich kurz raste und den Blick auf die zurückliegenden Berge schweifen lasse. Ein Tag wie geschaffen dafür, nach Hunderten Kilometern des Pilgerns zu Fuß das Meer zu erreichen.

Plötzlich ist es da. Ich kann es riechen: das Meer. Ich trete aus dem Wald, den ich eben noch durchquert habe, und atme Meeresluft. Obwohl noch nichts zu sehen ist, höre ich Möwenschreie. Die Luft schmeckt salzig. Ab jetzt geht es nach unten zum Wasser. Ein Moment zum Niederknien!

Nach etwa einer halben Stunde Abstieg öffnet sich der Blick auf den himmelblauen Fjord. Was für ein Anblick! Eine Belohnung für alle Strapazen des Weges. Zum ersten Mal auf diesem langen Weg sehe ich das Meer! Fantastisch: Boote, Häfen, Häuser am Fjord. Leider auch ein Monstrum von Getreidesilo, das die Landschaft verschandelt.

In Bulavik, einem kleinen Urlaubsort, versuche ich vergeblich, an Bargeld zu kommen. Stattdessen kaufe ich im Supermarkt des Ortes ein paar Zutaten für das heutige Abendbrot. Das geht mit Kreditkarte. Schließlich stapfe ich beschwingt weiter. Immer nach rechts, am Fjord entlang.

Ich laufe am Ufer über den Sand und genieße es. Sommer. Sonne. Strand. Das ist so anders als bisher. Unglaublich, fast unwirklich. Gerade ist Ebbe. Ich kann weit aufs Wasser schauen, der Fjord ist begrenzt durch einen dunkelgrünen Höhenzug. Eine sanfte Brise weht, in der Ferne das offene Wasser. Meine Wanderstiefel bewegen sich durch den Sandstrand – das ist einzigartig.

Schon bin ich am Campingplatz, unserm vereinbarten Treffpunkt. Friedmar ist nicht zu entdecken – dafür ein Kiosk an der Rezeption, in dem es Kaffee gibt. Soviel Zeit muss jetzt sein. KAFFEE! Ich genehmige mir einen großen Becher und genieße ihn in der Sonne sitzend mit Blick aufs Wasser. Dann rufe ich Friedmar an. Er sitzt genau wie ich in der Sonne mit Blick auf den Fjord und ein paar Skyter. Auch er genießt die Ruhe, die Sonne und das Meer. Wie gut, dass wir so ähnlich ticken. Sogar im räumlichen Abstand – die reinste Pilgerharmonie!

Friedmar hat sich an der Rückseite einer Strandhütte am Ende des langgezogenen Zeltplatzes niedergelassen. Ob ich ihn da finde? Ich laufe los und tatsächlich, nach einer Weile entdecke ich ihn versteckt an der dem Fjord zugewandten Seite einer rotgestrichenen Hütte, die er mir beschrieben hat. Hier gibt es eine hölzerne Bank in der Nachmittagssonne, auf der er schon eine Weile sitzt. Ich setze meinen Rucksack ab und mich dazu. Wir beschließen, noch eine Weile zu bleiben, bevor wir John anrufen. Wir haben alle Zeit der Welt: *Verweile doch, es ist so schön!*

Großartig, dass wir es aus den hohen Bergen bis hierher geschafft haben! Wir können diesen Umstand nicht genug würdigen und sind stolz auf uns. Ganz anders ist die Begegnung mit dem Meer nach dieser langen Wanderung als bei gewöhnlichen Fahrten ans Wasser, mit Auto,

Bahn oder Rad. Wir haben uns jeden Kilometer erlaufen. Das macht diesen Augenblick herausragend und intensiv.

So sitzen wir schweigend. Schauen und genießen. Genießen und schauen. Beide sind wir glücklich, hier zu sein. Es ist ein traumhafter Anblick: Der von der Ebbe glatt gezogene Sandstrand, in der Ferne das tiefblaue Meer mit weißen Schaumkronen, einige Skyter in der malerisch geschwungenen Bucht, begrenzt durch blauschwarze Höhenzüge, die sich übers Wasser erheben. In der Ferne sind weitere Buchten zu ahnen. Ein paar Möwen kreischen, der würzige Geruch von Seetang steigt uns in die Nase. Das Meer rauscht leise und fern, sonst ist es still. Wir haben keine Eile, halten den Augenblick fest. Friedmar schießt hin und wieder ein Foto. Fast sind wir am Ziel. Es ist zu schön.

Als wir uns satt geschaut haben, ruft Friedmar John an, der prompt ans Telefon geht. Wir sollen schon mal zum Treffpunkt laufen, er macht das Boot startklar. In etwa 20 Minuten werden wir da sein und er auch.

Beschwingt schultern wir unsere Rucksäcke und laufen los in Richtung Anlegestelle. Es läuft sich angenehm, an maritimen Wochenendhäusern vorbei, mit Blick übers Wasser, auf Wiesen und Wald. So erreichen wir den Fähranleger, sehen sofort die gegenüberliegenden Hofgebäude von Sundet Gard – aber keinen John und auch kein Boot. Friedmar ist irritiert.

Wir schauen noch mal, ob wir hier richtig sind Aber das sind wir. 100pro.

Ich schlage vor, dass wir uns auf die Steine setzen und warten, John kommt sicher bald ... Ich lasse mich nieder und esse einen Apfel. Mich wundert, dass es so was überhaupt noch gibt. Einen Fährmann, der uns persönlich übersetzt. Und das, obwohl er einen größeren Betrieb leitet, mit einer Schweinezucht, die 150 Tiere umfasst, mit Ferienwohnungen und Gastwirtschaft. Ungefähr seit dem Jahr 1300 ist das Land von beiden Seiten besiedelt. So lange gibt es hier wohl auch schon einen Fährbetrieb. Per Gesetz sind die Hofbesitzer verpflichtet, alle Pilger, die es begehren, überzusetzen – bis heute. Johns Familie bewohnt den Hof seit 1659, und alle leisten über Generationen Fährdienst. Leider wollen seine Söhne den Hof nicht übernehmen – wird auch der Fährbetrieb eingestellt?

Heute begehren wir die Überfahrt, doch noch kommt John nicht. Die 20 Minuten sind lange um. Nichts regt sich am gegenüberliegenden Ufer. Sind wir zu schnell gelaufen?

Friedmar hält nervös Ausschau. Er ist zu unruhig, um jetzt entspannt zu sitzen. Dennoch bin ich es, die ihn darauf aufmerksam macht, dass am entfernten Ufer eine schlanke Gestalt herabkommt. Sie ist von Weitem gut erkennbar, weil sie ein helles T-Shirt trägt. Sollte das John sein?

Er ist es. Gerade holt er die Ruder unter einem Gebüsch hervor und schiebt das Boot über den Strand. Das ist spannend wie im Film. Jetzt hat er das Boot zu Wasser gebracht, setzt sich hinein und rudert los. Tatsächlich. Er kommt zu uns! Friedmar strahlt wie ein glückliches Kind.

Gerade rudert da ein Mensch extra für uns los, um uns überzusetzen.

Es dauert seine Zeit, bis John näherkommt. Es ist Ebbe, der Fjord hat in der Mitte eine Bank aus Sand und großen Steinen, die er umfahren muss. Aber schließlich kommt das Boot näher und bald darauf legt John an. Eine schlanke Gestalt in hellgrauem T-Shirt mit pinkem Schweineaufdruck, wie es sich für einen Züchter gehört. Dunkle Hose, grüne Gummistiefel, braungebrannt mit weißem Haar und feinen Gesichtszügen.

Er begrüßt uns gelassen freundlich. Als wäre es das Normalste in der Welt, dass er uns mit dem Boot abholt. Falls er Stress hat, ist es ihm nicht anzumerken. Vielleicht ist das Rudern auch eine willkommene Abwechslung, ein tägliches Fitnessprogramm, ein Moment der Stille und Entspannung für ihn? Jetzt geht's los. Zuerst lädt John unsere Rucksäcke ein und stellt sie in die Spitze des Bootes. Dann klettern wir hinein und nehmen auf der breiten Bank hinten Platz. John rudert in der Mitte. So legen wir ab, fahren um die Sandbank herum aufs andere Ufer zu.

Ich genieße die außergewöhnliche Überfahrt. Der Umsicht Johns kann man auf dem breiten Strom vollkommen vertrauen. Wir plaudern über den Weg, den wir bisher gegangen sind. Johns amerikanische Gäste sind keine Pilger, sondern Menschen, die nach Norwegen gekommen sind, um über ihre Ahnen zu forschen. Die ganze weitläufige Familie ist angereist mit Kindern, Eltern und Großeltern. So hat John alle Hände voll zu tun, und sie werden einige Zeit bleiben, weil Forschen eben dauert.

Da sind wir auch schon am anderen Ufer und legen an. Wir steigen trockenen Fußes aus und setzen unsere Rucksäcke auf. John zieht das Boot hinauf und vertäut es, verstaut die Ruder unterm Gebüsch und ergreift einen bereitstehenden Wasserkanister. Hier sitzt jeder Handgriff. Alles perfekt durchdacht. Wir erklimmen auf einem schmalen Pfad eine Böschung und biegen nach rechts in einen Rasenweg ein. Etwas entfernt vom großen Hof liegt das kleine Holzhaus, in dem wir heute wohnen. Ohne fließendes Wasser – deshalb der Kanister. Drinnen empfängt uns ein angenehmer Wohnraum mit Küchenzeile, dazu zwei kleine Schlafzimmer. Alles sauber und gemütlich. Hier haben wir es schön an unserem letzten Abend auf dem Olavsweg. Für Dusche und Toilette gibt es ein Extrahäuschen, das man über eine Holzterrasse erreicht, die einem einen herrlichen Blick über den Fjord schenkt.

John kassiert das Übernachtungsgeld. Obwohl er erwartungsgemäß kein Gerät zur Kartenzahlung dabei hat, nimmt er zusätzlich zu meinen letzten 200 Kronen auch einen 20-€-Schein an. So stimmt es. Vieles ist unproblematischer, als man denkt. Offenbar nimmt er öfter Zahlungen in Euro oder Dollar entgegen. – Bei aller Umsicht, John hat den Pilgerstempel nicht dabei. Auch wenn wir betonen, dass das nicht so wichtig ist, lässt er es sich nicht nehmen, noch mal vorbeizukommen. Ordnung muss sein. Für die Strecke vom Hof bis zum Ferienhaus, schätzungsweise einige Hundert Meter, nimmt John auf dem Weg zu uns zurück den Rasentraktor. So ist der Grasweg nebenbei frisch gemäht. Das nenne ich Effizienz. Der Stempel, den er uns stolz in die Pässe drückt, ist schön, richtig kunstvoll. Er zeigt Boot und Fährmann unter dem Schriftzug von Sundet Gard. Da wäre uns was entgangen. Dieser Stempel ist unverzichtbar für einen eindrucksvollen Pilgerpass. Wir bedanken uns. Er wünscht uns einen angenehmen Abend.

Wir richten uns häuslich ein und beziehen die Zimmer, rollen die Schlafsäcke aus. Während Friedmar duscht, fange ich an, das Abendbrot vorzubereiten. Beide haben wir unsere letzten Reserven hervorgekramt und schmeißen sie für ein Mehrgangmenü zusammen. In Trondheim werden wir uns eine Gaststätte gönnen, und der letzte Proviant soll aus unseren Rucksäcken verschwinden. Zusätzlich kann ich mit ein paar frischen Zutaten aufwarten.

Als auch ich geduscht bin, essen wir und verbringen einen entspannten Abend in der gemütlichen Hütte. Dann schlafen wir in der Stille, bei Meeresluft und Möwengekreisch, erfüllt von den unwiederbringlichen Momenten dieses Tages.

TAG 28: Letzte Anstrengungen und Ankunft

Von Sundet Gard nach Trondheim (27.6. / 21,3 km)

Das Ende der Straße ist unsere wahre Heimat. Lasst uns nicht die Straße mehr lieben als das Land, zu dem sie führt. Columban, 6. Jh.

Nach einem ruhigen Pilgerfrühstück brechen wir wie gewohnt einzeln auf. Erst Friedmar, dann ich. Im Anschluss an mein morgendliches Schreibritual, an dem ich auch am letzten Tag festhalte, mache ich ein paar Abschiedsfotos von der Hütte und gehe noch mal zum Hof Sundet Gard, um den Blick auf den Fjord einzufangen. Ein traumhaftes Anwesen. Wieso will keiner von Johns Söhnen den Hof übernehmen?

Als ich zwischen den Hofgebäuden stehe, kommt John heraus – diesmal ganz Manager und Geschäftsmann in gestärktem Hemd und schicken Jeans. Er fragt, ob alles ok war. Das war und ist es. Ich bedanke mich für das angenehme Nachtquartier.

Weil er schon mal da ist, frage ich ihn nach dem sicheren Einstieg in den Olavsweg, denn den habe ich schon gesucht. Ich soll den Weg zur Straße nehmen, erklärt er mir. Wir verabschieden uns herzlich, und John wünscht mir eine glückliche Ankunft.

Das wünsche ich mir auch – denn selbstverständlich ist nichts auf diesem Weg. Das habe ich inzwischen gelernt: *Wenn du dir sicher bist, kannst du dir noch lange nicht sicher sein.* Wie empfohlen nehme ich den Weg zur Straße und treffe bald auf die erste Wegmarkierung. Nur noch 18,9 km bis nach Nidaros: fast ein Katzensprung.

Aber der Weg schenkt mir nichts. Es ist heute wieder ziemlich warm. Ich muss nach längerer Straßenpassage kräftig bergauf kraxeln. Natürlich auf einer der beliebten Schotterpisten. Prompt melden sich meine Fußschmerzen. Mir würde ja auch was fehlen!

Dann aber geht es auf ebener Strecke weiter durch Wald, Wiesen und Moor. Der Himmel ist blau. Schäfchenwolken ziehen. Mich umgibt sattes Grün. Insekten summen und Vögel zwitschern. Ich genieße diese letzten Kilometer, atme die würzige Luft, spüre den Rhythmus des Laufens. Ich fühle mich wohl in meiner Kraft. Die letzte Wegstrecke fühlt sich an wie ein gemächliches Auslaufen, langsames Abtrainieren. Ich gehe mit Muße, gönne mir Pausen und halte an für Ausblicke.

Schon bald wird der Weg belebter. Merklich nähere ich mich der großen Stadt. Nach dem letzten Meilenstein – noch 14 km bis Nidaros – treffe ich auf eine Schulklasse mit Lehrern, die sich mit einem Geländespiel beschäftigen und an den verschiedenen Stationen knobeln. Ich begegne Spaziergängern mit Hunden und Joggern, die freundlich grüßen. Sieht man mir an, wie weit ich gegangen bin? Fast 600 km! Wie sehe ich überhaupt aus, wenn ich so in die Zivilisation zurückkehre? Lange war ich nicht mehr beim Frisör. Großstadtfein bin ich nicht, fühle mich fremd in dieser gestylten Welt. Aber was macht das schon!

Ein letztes Mal raste ich auf einer Pilegrimsbenken, einer Tischbank, die extra für Pilger in diesem parkartig anmutenden Gelände aufgestellt ist. Mit Andacht verzehre ich meinen letzten Proviant – die Reste will ich weder durch Trondheim noch nach Hause schleppen. In meiner sorgfältig bewahrten Trinkflasche ist genug Wasser.

Ich sitze auf dieser Bank mit einem feierlichen Gefühl. Ich bin dankbar, mich auf diesen Weg gemacht zu haben! Den ganzen Reichtum des Weges, den ich jetzt Revue passieren lasse, kann ich kaum erfassen.

In diesem Augenblick ist mir sonnenklar, dass der Weg seine Schätze tatsächlich erst nach und nach auftun wird – auch hinterher, wenn ich zurück bin in meinem normalen, aber auch erneuerten Alltag. Alle Eindrücke sind in mir gespeichert wie unsichtbarer Proviant, Nahrung für die Seele, von der ich lange zehren werde.

Dieser Weg hat mir alles abverlangt an körperlicher, mentaler und seelischer Kraft – aber er hat mir jede meiner Investitionen reich zurückgezahlt. Mindestens zehnfach. Vermutlich wird er sie noch weiter zahlen, mit Zins und Zinseszins. Ich fühle mich gesund, genesen, mutig, gelassen, erfüllt, sicher, leicht und kraftvoll wie nie. *Scher schdaak!*

Zur Mitte meines Lebens, in der Midlife-Crisis, die auch um mich keinen Bogen gemacht und mich in heftige Verunsicherungen gestürzt hat, bin ich – ohne es recht zu merken – in meiner Mitte angekommen, selbst-bewusst im vollen Sinn des Wortes. Ich bin meinem Selbst begegnet: meinen Grenzen, meinen Möglichkeiten, meinem Vertrauen, meiner Geschichte, meinen Fragen, meinen Quellen ... Ab und zu haben sich Antworten eingestellt, die gleichzeitig zehn weitere Fragezeichen tragen. Alles offen. Das kann ich jetzt gut aushalten. Es ist ok, solange das Wesentliche stimmt. Und das stimmt.

Mein Leben *hat* eine Mitte, da bin ich sicher – wenn sie auch verborgen ist. Ich bin mittendrin im Leben, im lebendigen Kontakt mit Menschen, die mir begegnen und mit mir auf dem Weg sind. Die mir guttun, denen auch ich etwas sein kann. Hier und dort, wo ich gerade bin. Menschen, die mir etwas zu sagen oder zu schenken haben – auch wenn mir das nicht immer angenehm ist und meinen Widerstand hervorruft.

Auch der eigentlichen Mitte habe ich mich genähert, sie fast berührt, diese große Wirklichkeit, die Mittelpunkt meines Lebens ist, mich bejaht, mich meint, mich liebt – meist im Verborgenen. Unmerklich. Die mich berührt, wenn ich es am wenigsten erwarte. Die hält, was sie verspricht, die trägt und mich weiterbringt – auch wenn ich am Ende bin. Verlässlich und stark, das ist so sicher wie das Amen in der Kirche. Es gilt auch für mich.

Nun aber weiter. Auch die letzten Kilometer wollen gegangen sein. Mein nächster Halt wird der *Berg der Freude* sein, der Punkt auf den Anhöhen um Trondheim, an dem die Pilger aller Zeiten zuerst den Dom erblicken. Auf schmalen Wegen geht es wieder hinein in den Wald, vorbei an einem See, über Straßen und an einem ersten Einkaufsmarkt vorbei.

Ich kann bereits auf den Fjord um Trondheim mit der Gefängnisinsel Munkholmen blicken. Schließlich erreiche ich nach einem kurzen Abzweig von 500 m die Spitze des Steinberget, den Aussichtspunkt Gefängnisinsel Munkholmen, den *Berg der Freude*.

Ich stehe und schaue, entdecke im Häusermeer von Trondheim, auf das sich der Blick öffnet, die grüne Turmspitze des Doms. Es ergreift mich plötzlich und schluchzt in mir – aus mir heraus. Eine heftige innere Bewegung, mit der ich nicht gerechnet habe. Ich weine und lache gleichzeitig. An diesem historischen Punkt der Pilgerroute bewegt auch mich eine Mischung aus Ernst, Glück, Feierlichkeit und Dank. Was für ein Moment! Ich sehe den Dom. Ich habe es geschafft. Ich bin angekommen. Unglaublich, aber wahr!

Nun hinab ins Stadtzentrum. Weit kann es nicht mehr sein. Alles scheint schon sehr nah. Doch der Weg dehnt sich endlos, führt durch ein Labyrinth von Straßen und Treppen langsam hinab, in Kurven hin und her. Ein serpentinenartiger Abstieg. Immer belebter wird es. Mir ist es zu hektisch und laut nach vielen Tagen und Wochen in Stille und Natur. Meine Füße schmerzen wieder vom Pflastertreten, der Berg der Freude liegt schon eineinhalb Stunden Fußmarsch zurück und ich bin noch immer nicht da. Auf den letzten Metern ist noch mal Zähigkeit gefragt, dabei kann ich es kaum erwarten, endlich anzukommen.

Schließlich erreiche ich die Olavs-Quelle, die unterhalb des Doms und nah an der Pilgerherberge liegt. Ich stärke mich mit einigen kräftigen Schlucken Wasser, dann bewältige ich die letzten Meter zur Herberge. Es ist später geworden als angenommen, gegen 17:30 Uhr bin ich endlich da. Zum Glück ist das Pilgerbüro noch offen.

Ich werde freundlich willkommen geheißen. Eine herzlich-interessierte Frau im Pilgerbüro fragt mich nach meinen Wegerlebnissen, bietet mir das letzte Stück Pilgerkuchen des Tages an und kredenzt mir sogar eine Tasse heißen Kaffee dazu. Das lasse ich mir gefallen. Nachdem ich – nicht ohne Stolz – meinen Pilgerpass vorgelegt habe, stellt sie mir meinen persönlichen Olavs-Brief aus. Nun ist es offiziell: ich bin Inhaberin eines *Olavsbrevs*. Ich habe den Weg bestanden.

Hier im Pilgerzentrum hängt eine große Karte, die sternförmig Olavswege aus allen Himmelsrichtungen zeigt, die nach Trondheim führen. Ich betrachte sie fasziniert. „Welchen Weg gehst du als nächsten?", werde ich prompt und scherzhaft gefragt. – Wer weiß? Noch lasse ich das offen und bleibe eine Antwort schuldig. Wenn's nach mir geht, bald wieder. Aber jetzt bin ich hier – das reicht fürs Erste.

„Der Weg von Schweden ist besonders schön", empfiehlt mir die engagierte Mitarbeiterin. Ich darf mit einer farbigen Stecknadel auf einer riesigen Europakarte meinen Herkunftsort kennzeichnen und platziere ihn bei Greifswald. Ich bin allein auf weiter Flur. In diesem Jahr sind noch keine Pilger aus Mecklenburg-Vorpommern hier angekommen, 2 Stecknadeln aus Berlin und eine aus Polen sind meiner am nächsten.

Ich bekomme mein Zimmer zugewiesen. Hier werden Männlein und Weiblein zusammen einquartiert, was mich irritiert. Man ordnet nach den Herkunftsländern zu. Ich teile mit 2 Pilgern aus Deutschland das Zimmer. Wer mag das sein? Als ich anklopfe und die Tür öffne, fragt eine vertraute Stimme: „Na, hast du's *auch* geschafft?" Friedmar. Wir freuen uns, am Ziel zu sein. Er ist natürlich schon eine Weile da und hat bereits alles erkundet. Dreimal darf ich raten, wer der andere Pilger aus Deutschland ist. Friedmar hat Felix' Rucksack identifiziert. Er selbst ist wohl in der Stadt. Lara ist gestern nach Deutschland geflogen, sonst wäre unsere Crew komplett.

Ich belege das obere der freien Doppelstockbetten – im anderen schlafen die Männer – und gehe duschen. Die Pilgermesse beginnt um 6. Das schaffen wir heute nicht – aber wir können morgen in aller Ruhe hingehen. So folgen wir der alten Pilgertradition, den Dom am Tag der Ankunft noch nicht zu betreten, sondern ihn zunächst zu umrunden.

Wir schreiben Felix einen Gruß und ziehen los. Zuerst geht es zum Dom, der wenige Meter vom Pilgerzentrum entfernt liegt. Ergriffen stehe ich vor dem riesigen Portal. Der Platz vorm Dom ist um diese Zeit fast menschenleer. Ich schieße das obligatorische Foto vom Null-Meilenstein, ohne meinen Rucksack und ohne Pilgerkluft. Das ist in der Unterkunft geblieben. Die Folklore des Weges ist noch immer nicht entscheidend.

Viel wichtiger ist jetzt unser Hunger. Der ist riesengroß und muss unbedingt gestillt werden. Wir wollen uns ja heute mit einem ordentlichen Essen belohnen. Nach einem kurzen Gang durch die Altstadt finden wir an den Kais preiswerte Gaststätten. Man sitzt auf großen Bänken draußen. Ich bestelle mir eine stattliche Portion scharfes Chili con carne und esse mit unbeschreiblichem Genuss. Heute ist Pilgersonntag. Nach vielen Wochen vegetarischer Ernährung habe ich riesigen Appetit.

Friedmar freut sich, wie es mir schmeckt. Mir ist, als hätte ich ein riesiges Loch im Bauch. Das muss jetzt gefüllt werden, und ich genieße, als der Teller leer ist, das wunderbare Gefühl, vollkommen satt zu sein.

Dann will ich noch ein wenig allein durch die Stadt schlendern – Friedmar geht es ähnlich, wir treffen uns nachher. So laufe ich durch die friedliche Abendstille am Kai und langsam durch die Altstadt zurück. Auf einer Bank telefoniere ich mit zu Hause und schreibe ein paar Nachrichten. Toll, schreiben zu können: *ICH BIN AM ZIEL.* Dann kehre ich ins Pilgerzentrum zurück. An diesem Abend ist mir nach Gemeinschaft.

In der Lobby des Pilgerzentrum sitzt schon eine fröhliche Runde lachend und ins Gespräch vertieft bei Kaffee, Tee und Wein. Felix springt auf und umarmt mich. So sehen wir uns doch noch mal. Friedmar hört einer Pilgerin aus Süddeutschland zu, die den Olavsweg von Schweden aus gelaufen ist. Er scheint Lust zu haben, ihr das bald nachzutun. Die anderen Plätze auf den Sesseln füllt ein Paar aus Holland – beide echte Globetrotter. Sie sehen beeindruckend aus. Urig und lustig.

Die Runde unterbricht jetzt ihre Gespräche und lauscht dem Mann. Das, was er gerade sagt, geht uns alle an. Martin erzählt locker, dass er an einem Punkt seines Lebens klar entschieden habe: LEBEN GEHT VOR, Arbeiten und Geldverdienen ist Nebensache. So reisen die beiden seit Jahren durch die Welt. „Geht das?", erkundigen wir uns interessiert. „Wie lebt ihr, wie finanziert ihr das?" – „Zwischendurch arbeiten wir schon", meint Martin, „auch hart und engagiert – aber es ist Nebensache. Wenn ich meine, dass Reisen jetzt wichtiger ist, fahren wir los." Wir staunen. Das klingt unglaublich. „Wir schränken manches ein", gesteht er, „leben aber trotzdem gut. Es fehlt uns an nichts. Man muss wissen, was einem wichtig ist." Einmal hat er vor einer Reise am Abend vorher seinen Arbeitgeber angerufen: Er käme morgen nicht und wäre für die nächsten 3 Monate unterwegs. Als er zurückgekehrt war, hat ihn derselbe Arbeitsgeber sofort wieder eingestellt. Offenbar ist Martin gut in seinem Job. Der Chef hätte nur vorsichtig gemeint, nächstes Mal, solle er ein wenig früher Bescheid geben. Unser Lachen schallt durch die Herberge und lockt noch mehr Pilger an. Martin und Lori können viel Interessantes erzählen – doch bald müssen sie los. Sie reisen noch heute weiter.

Eine Weile erzählen wir entspannt weiter, dann gehen auch wir schlafen mit dem wunderbar-leichten Gefühl, angekommen zu sein. Endlich da!

TAG 29: Die Kathedrale von Nidaros in Trondheim (28.6.)

Sorge nicht um das, was kommen mag,
weine nicht um das, was vergeht; aber sorge,
dich nicht selbst zu verlieren,
und weine, wenn du dahintreibst im Strome der Zeit,
ohne den Himmel in dir zu tragen. *Friedrich Schleiermacher*

Ich werde den Dom sehen! Gleich. Obwohl Donnerstag ist, habe ich schon beim Aufwachen ein sonntägliches Gefühl. Heute ist Feiertag, *mein* Feiertag! Joker-Tag. Den will ich in vollen Zügen genießen, denn ich habe ihn mir schwer erkämpft. Ich nehme mir vor, einen Sabbat im eigentlichen Sinn zu verbringen: *Nur Dasein, nichts müssen, nichts tun.*

Mit diesen Gedanken springe ich aus dem Bett. Ich fühle mich frisch, vollkommen ausgeschlafen. Mir tut nichts mehr weh. Wie erleichternd.

Auch Friedmar und Felix sind schon wach. Schnell gehen wir nach unten zum Frühstück und genießen es. Wir frühstücken lange und reichlich, gemeinsam mit Pilgern aus Frankreich und Polen. Schon wieder habe ich einen Riesenhunger und tue mich an Frühstückseiern, Käse, Brot, Obst und Kaffee gütlich – bis nichts mehr reinpasst ...

Nun bin ich bereit für den Dom. Friedmar hat herausgefunden, dass es um 10 Uhr eine deutsche Führung gibt. Da wollen wir hin. Vorher verabschieden wir Felix, der an diesem Morgen zum Fährhafen aufbricht und mit dem Schiff nach Deutschland zurückkehrt. Zum wirklich allerletzten Mal umarmen wir uns. Dann ziehen wir los – jeder in seine Richtung.

Friedmar und ich gehen zusammen über den Friedhof die wenigen Schritte zum Dom. Es nieselt. Die Stimmung ist von Abschied geprägt: sanft, traurig, still. Wir schweigen auf dem Weg und betreten die mächtige Kathedrale über die große Pforte am reich verzierten Westportal, das wir schon gestern bewundert haben. Sogar die Statue des Heiligen Olav konnten wir ausmachen. Sie trägt einen Kranz aus Zweigen.

Über dem Grab des 1030 gefallenen Königs, wurde der Dom errichtet, wenn er damals auch noch eine Kirche mit wesentlich geringeren Ausmaßen war als heute. Am Eingang stehen freundliche norwegische Studenten, die Führungen in verschiedenen Sprachen anbieten. Sie nehmen unsere Pilgerausweise in Augenschein und gewähren uns freien Einlass. Die deutsche Führung wird von einer jungen Frau gehalten, die für ein Jahr in der Schweiz gearbeitet hat. So genießen wir eine Führung mit nordisch-schweizerdeutschem Akzent – sehr unterhaltsam.

Dieser Dom ist herrlich. Frühe, klare Gotik, noch etwas gedrungen, in schlichtem hellen Sandstein gehalten. Erhaben, intakt, aus einem Guss. Auch wenn er eine lange Geschichte von Umbauten, Bränden, Wiederaufbauten und Restaurierungen hinter sich hat, wirkt es, als hätte dieser Dom genau so im damaligen Nidaros gestanden. Schlichte, umfassende Präsenz. Die Buntglasfenster zaubern Farbreflexe und geben dem hellen Stein Lebendigkeit. An diesem Morgen wirken sie wegen des bedeckten Himmels eher dezent; im Lauf des Tages werden sie immer heller leuchten, besonders wenn die Sonne durch sie hindurchstrahlt.

Das Auffälligste in der riesigen Kirche ist die beeindruckende Orgel im Westportal. Sie ist in überzeugender Weise in den Raum integriert, wirkt modern. Ästhetisch gelungen und stimmig. 2012-2014 wurde sie restauriert. Die größten Pfeifen ragen vom Gewölbe bis auf Mannshöhe hinunter – ihr Klang wird den Raum der Kathedrale füllen. Sofort wünsche ich mir, die riesige Orgel hören zu können – doch wer sollte sie spielen an diesem gewöhnlichen Donnerstag, an dem Trondheim eher verschlafen wirkt? Im nördlichen Querschiff ist noch eine wunderschöne Barockorgel zu entdecken. Sie ist das historische Gegenstück zu ihrer modernen Schwester, erbaut von Johann Joachim Wagner 1739.

Unsere schweizerdeutsch parlierende norwegische Studentin erzählt gerade, dass die Gebeine des heiligen Olav in ihrem wertvollen Schrein im hohen Chor des Domes aufgebahrt waren. Bei einer Graböffnung nach einiger Zeit, stellte man der Legende nach fest, dass die sterblichen Überreste des Königs nicht verwest waren. Deshalb wurden ihm heilende, gesundmachende Kräfte zugeschrieben. Er hatte, als man ihn nach Jahren ausgrub, angeblich noch volles Haar und eine frische Gesichtsfarbe. Sogar seine Fingernägel sollen gewachsen sein. So pilgerten die Menschen über Jahrhunderte zu Olavs Sarg, weil sie sich Heilung von ihm versprachen, körperliche und seelische Gesundheit, ewiges Leben.

Mit unserer Studentin wandern wir im ungewöhnlich breiten Chorumgang um das imaginäre Grab Olavs. Hier waren die Menschen im Mittelalter dicht an dicht unterwegs. Die steinernen Fensteröffnungen des hohen Chores sind schwarz poliert von den vielen Fingern, die sie berührten, und den Händen, die bittend hindurch gesteckt wurden in die Nähe des Heiligtums.

Heute ist der kostbare Sarkophag nicht mehr da. Zur Zeit der Reformation wurden Olavs Gebeine samt ihrem kostbaren Schrein aus Angst vor Zerstörung auf die Burg Steinvigsholmen gebracht. Allerdings waren sie auch dort nicht sicher. Die Burg wurde eingenommen und der Schrein geplündert. Olavs Gebeine sollen von seinen Getreuen heimlich wieder nach Nidaros getragen und dort erneut beigesetzt worden sein – allerdings versteckt an streng geheimem Ort, um eine erneute Plünderung zu verhindern. Die Gebeine sollten unauffindbar sein. Das ist gründlich gelungen! Bis heute weiß man nicht, wo genau sie sich befinden. Bei jüngsten Bauarbeiten hat man einen Oberschenkelknochen gefunden, der Olav gehört haben könnte – aber niemand weiß es.

Auch einen Olavs-Quell gibt es im Umgang des hohen Chores, eingelassen in eine Mauernische. Hier ist ein tiefer Brunnen sichtbar – der Quell allerdings ist lange versiegt. Das heilende Wasser fließt nicht mehr, und vielleicht ist das gut so, denn hier herrscht weder Gedränge noch Kommerz wie in Lourdes. Ab und zu steht, wenn es stark und lange regnet, Wasser in dem 12 m tiefen Brunnen – aber trinken kann man nur aus der Olavs-Quelle unterhalb des Doms.

Nun ist die Führung zu Ende. Friedmar und ich würden gern den Turm besteigen. Doch leicht ist das nicht. Es werden Tickets vergeben, weil immer nur eine bestimmte Zahl von Menschen hinaufsteigen kann. Viele sind für heute schon gebucht und die nächsten Plätze könnten wir erst um 15 Uhr bekommen. Das passt nicht in unseren Tagesplan. Wir wollen 12:30 Uhr hier ein kostenfreies Orgelkonzert besuchen und dann in die Stadt gehen, um vor 18 Uhr wieder zur Pilgermesse hier zu sein. Kaum haben wir uns umgedreht und sind ein paar Schritte gegangen, kommt einer der Studenten auf uns zu: Es sind gerade zwei Turmbesteigungskarten für 12 Uhr zurückgegeben worden und er schenkt sie uns. Toll! Wir bedanken uns und beschließen, eine kleine Pause einzulegen – es ist kurz vor 11. Friedmar will sich im Büchershop der Domkirche umsehen und ich in Richtung Kunstmuseum laufen, das nur wenige Gehminuten von hier entfernt liegt.

Ich gehe also allein über den weiträumigen Domplatz. Da leuchten mir Fahnen mit einer Schrift in großen pinken Lettern, auch pinke Fahnen mit weißer Schrift entgegen. In mehrfacher Ausführung. Unübersehbar:

LOVE
COMES
FROM
THE MOST
UNEXPECTED
PLACES. *Dora Garcia*

Dieser Satz springt mich an. Das Museum von Trondheim wirbt mit dem Slogan für die aktuelle Ausstellung mit Werken von Dora Garcia. Ich habe das untrügliche Gefühl, diese Botschaft meint mich. Da sagt mir jemand etwas. Ich stehe auf dem Platz vor dem Dom inmitten wuseliger Menschen wie angewurzelt. Bin angesprochen. Staune diesen Satz fast ungläubig an. *Love comes from the most unexpected places.*
Liebe kommt von den überraschendsten Orten.
Was trifft – trifft zu. Und das hier trifft mich, fällt in mich hinein. Ein freundlicher Überfall. Ein Einfall. Mein Satz. Das Thema meines Weges. Liebe begegnet dir, wo du es eigentlich nicht erwartest. Erst jetzt geht mir auf, was ich eigentlich gesucht habe, besonders auf diesem Weg. Antwort auf die Frage nach der Liebe. Diese Sehnsucht hat mich angetrieben. Vor meinem Aufbruch und überhaupt in meinem Leben habe ich immer gezweifelt:

Ist das Liebe, was dir da begegnet?
Werde ich geliebt – und liebe ich?
Was ist das Besondere, das Einzigartige an der Liebe?
Woran kannst du sie erkennen?
Wann ist sie richtig, wann wirklich?
Reicht sie aus?
Kann sie verloren gehen?
Woher kommt sie – und wie ist sie zu finden?
Was unterscheidet sie von der Illusion?

Ich beginne, diesen Satz, der mir gerade hier am Ziel unvermittelt entgegenschlägt, für mich zu übersetzen. Ihn zu umschreiben. Ihn auszumalen, um das, was er mir bedeutet, zu erfassen:

Liebe begegnet dir an gänzlich unscheinbaren Orten.
Sie erreicht dich im Unspektakulären. Unerwartet.
Liebe entzieht sich der Verfügbarkeit.
Sie ist nicht exklusiv – aber immer da.
An Stellen, in einer Art und Weise, die du nicht erahnst.
Im Verborgenen. Unaufdringlich.
Liebe will entdeckt werden, an Plätzen, wo du sie nicht vermutest.
In unscheinbarer Form. Bei Menschen, die dir zunächst nicht auffallen.
Liebe kommt behutsam daher. Unaufgeregt. Eben unerwartet.
Du musst nur Augen und Herz offenhalten. Lass dich überraschen.

Was für ein Erkennen! So ganz kann ich es nicht beschreiben, was mich gerade bewegt. Aber es passt. Es passt in mein Leben, zu meinem Weg, voll und ganz. Das ist die verborgene Wahrheit, nach der ich gesucht habe. Nagle die Liebe nicht fest. Entdecke sie. Lass sie ankommen bei dir aus dem Irgendwo. Sie trifft dich, wenn du es am wenigsten erwartest. Aber sie trifft dich verlässlich. *Love comes.*

So war es auf diesem Weg. In wieviel unerwarteten Formen, auf wie unterschiedliche Weise ist mir Liebe begegnet: in Gegenden, die ich durchwandert habe, bei ganz verschiedenen Menschen, denen ich unterwegs begegnet bin, in der Musik, in einem Blick, einer Geste, einem Wort, einem Ereignis. Großartig! Liebe begegnet auf unerwartete Weise – aber fast überall. Ich habe auf diesem Weg gelernt, mich überraschen zu lassen und das, was im Moment auf mich zukommt, anzunehmen.

Gerade wenn du nichts erwartest, kann dich das Wesentliche erreichen.

Erwartungen sind Verhinderer der Liebe. Sperrwerke im freien Fluss, Balken im eigenen Auge, Baumstämme auf dem Weg. Erwartbarkeit und Liebe schließen einander aus. Wenn ich etwas erwarte, wird es sich nicht einstellen. Und ich selbst bin meist nicht bereit, etwas zu geben, was man unausgesprochen oder gar fordernd von mir erwartet. So ist das nun mal. So sind wir Menschen, würde Bente sagen.

Erst wenn Erwartungen verflüchtigt, aus- und weggeräumt sind, kann Liebe frei fließen.

Ich bin im Museum angekommen, besuche die Gemäldegalerie mit Werken norwegischer Künstler. Historische Gemälde mit Fischern, Booten, Menschen und dem Meer in einer kunterbunten Hängung. Auch die Videoinstallationen von Dora Garcia in der oberen Etage schaue ich mir an – Spanisch mit Untertiteln auf Norwegisch. Nichts spricht mich so sehr an wie eben jener Satz. Im Shop kaufe ich mir eine Postkarte, auf der er in schlichten Lettern prangt, weiß auf pinkem Grund, damit ich ihn nicht vergesse. Ich trinke noch eine Tasse Gratistee und bin im Nu zurück im Dom.

Friedmar wartet schon auf mich und wir besteigen den Turm. Das Hochsteigen ist für uns keine Herausforderung – trainiert von den Bergen des Fjells. Leichtfüßig – ohne das Gewicht unserer Rucksäcke – ersteigen wir die vielen Stufen. Vor- und hinter uns japsen, stöhnen und schwitzen die Leute, bergen sich in Mauernischen, um kurz Luft zu holen und uns vorbeizulassen. Wir schauen uns lächelnd an wie Verbündete. Unterwegs haben wir ganz andere Strapazen erlebt.

Entspannt genießen wir den Blick über Trondheim, auf die grüne und bergige Landschaft, auf die Dächer der Altstadt und auf den Fjord. Leider ist es noch immer etwas bedeckt – aber wunderbar, die Stadt, das Meer und die Gefängnisinsel aus dieser Höhe anzuschauen.

Dann steigen wir wieder hinab und suchen uns Plätze im Querschiff, denn gleich beginnt das Orgelkonzert. Schon strömen Menschen herein – Touristen aber auch Einwohner von Trondheim, die sich diese stille Pause zur Mittagszeit gönnen. Das mittägliche Konzert, das nicht länger als 20 Minuten dauert, wird von Musikstudenten gespielt und ist kostenfrei. Wir sitzen mit Blick auf die kleinere Barockorgel und genießen festliche Klänge. Die scheinen extra für uns zu sein und uns zum Ankommen zu gratulieren. Wir sind tief zufrieden: Ein gutes Gefühl, es bis hierher geschafft zu haben. Die Orgel beglückwünscht uns mit weichen, warmen Tönen. Wie schön und vertraut ist es hier, weit weg vom Alltag!

Dieser Dom ist für mich wie eine Heimat. Er erinnert mich an den Magdeburger Dom, neben dem ich als Kind gewohnt, den ich bis in alle Ecken erkundet und zu den unterschiedlichsten Anlässen besucht habe. Dort habe ich im Domchor gesungen, in Krippenspielen und Konzerten mitgewirkt, Gottesdienste und Konzerte besucht – auch Orgelkonzerte. Zu allen Tages- und Jahreszeiten war ich dort unterwegs, in der Kälte der Advents- und Weihnachtszeit, in der Frühe des Ostermorgens und zu sommernächtlicher Stunde. Auch wenn Stürme an den alten Fenstern rüttelten und der Dom ein trutziger Schutzraum war. Hier begegneten mir immer freundliche, zugewandte Menschen, selbst berührt von der Schönheit und Erhabenheit der großen Kathedrale.

Heute ist es hier wie lange nicht. Ich besichtige diese Domkirche nicht, ich muss hier nicht aktiv werden, besuche keine bestimmte Veranstaltung oder einen Gottesdienst – ich *erlebe* sie zu verschiedenen Zeiten des Tages, bin geborgen in dieser Kathedrale. Ich bin ganz da. Heute Morgen empfing mich der Dom in zurückhaltender Stille und verhaltener Präsenz. Jetzt strahlt die Mittagssonne durch die bunten Fenster und die Orgel jubiliert. Heute Abend werde ich zur Pilgermesse zurückkehren.

Der Dom ist der Anziehungs- und Mittelpunkt dieses Trondheim Tages.

Jetzt verlassen wir ihn erst mal, gehen hinüber in den Dom-Shop, in dem man Pilgerliteratur in allen Sprachen kaufen kann. Nachdem wir uns ausführlich umgeschaut haben, trennen sich unsere Wege.

Friedmar und ich wollen jeweils ganz für uns mit dieser Stadt sein.

Ich stöbere noch etwas durch den Laden, kaufe ein paar Ansichtskarten, die ich nachher schreiben will an Menschen, die meinen Weg begleitet haben und einen direkten Gruß vom Ziel erhalten sollen. Dann schlendere ich durch die Altstadt. Im Baklandet-Viertel, dem Teil der Stadt, der Kultstatus genießt und viele angenehme Restaurants beherbergt, finde ich ein gemütliches Café. Ich esse etwas und trinke viele Tassen Milchkaffe. Welch ungewohnter Luxus! Hier sitze ich lange und schreibe meine Ansichtskarten. Dann laufe ich durch die Stadt, kaufe ein paar Kleinigkeiten für liebe Menschen und statte dem Bahnhof schon mal einen Besuch ab. Ich informiere mich über den Zug, der mich morgen zum Flughafen bringen soll, und kaufe eine Fahrkarte. Das wäre schon mal erledigt.

Nun zieht Abschiedsstimmung ein. Das war's! Viel wird nicht mehr passieren. Nachher die Pilgermesse – Spektakuläres erwarte ich da nicht und kann mir darunter kaum was vorstellen. Was ist eine „Pilgermesse"? Ich erinnere mich an die schlichte Liturgie, die ich in Johannesgarden und auch in Fokstugu kennengelernt habe. So ähnlich wird es wohl werden. Hoffentlich nicht zu trist und verloren, denn Massen von Pilgern gibt es auch hier nicht. Wer sonst sollte an einem gewöhnlichen Arbeitstag abends in den Dom kommen? Vor meinem inneren Auge sehe ich einen Halbkreis aus wenigen Menschen vorm Altar. Donnerstagsgemäß.

Ich bin völlig erwartungsleer. Und gefüllt bis zum Rand. Ich fühle mich durch den langen Weg reich beschenkt – brauche nichts MEHR.

So schlendere ich weiter durchs Baklandetviertel. An diesem Tag herrscht ein lebendiger Wechsel zwischen Licht und Schatten. Immer wieder reißt die Wolkendecke auf – dann verschwindet die Sonne wieder. Der Nieselregen hat aufgehört. Jetzt scheint die Sonne. Sofort ist es richtig warm. Die bunten Häuser am Kai sehen malerisch aus.

Ich versuche, all das noch mal bewusst aufzunehmen und in meiner Erinnerung abzuspeichern. Auch eine Gaststätte für heute Abend gucke ich mir aus. Friedmar und ich haben beschlossen, zum Abschied unserer Pilgerreise noch mal richtig gut miteinander essen zu gehen. Das muss sein – zur Feier des Tages! Schließlich kehre ich in die Pilgerunterkunft zurück, dusche, ziehe frische Sachen an und sortiere mich für die Abreise. Auch Friedmar hat bereits gepackt. Nun ist es schon 20 vor 6 und wir gehen entspannt zur Domkirche. Alles ist gut.

Wir setzen uns ins Hauptschiff, die Stühle stehen quer zum Mittelalter, so hat man sowohl Pfarrer und Sprecher im Kirchenschiff als auch die große Orgel am Hauptportal im Blick. Durch die riesige Buntglas-Rosette inmitten der Orgelpfeifen strahlt sanftes Abendlicht. Sehr gedämpft, denn der Himmel hat sich wieder bezogen. Hier drinnen brennen Kerzen. Immer mehr Menschen strömen herein, Touristen und Einheimische, auch ein paar Pilger – leer ist es also keinesfalls. Dann wird der Dom für den Besucherverkehr geschlossen.

Uns gegenüber, in der Mitte des Hauptschiffs, steht ein Harmonium, eine kleine mobile Orgel, Orgel Nr. 3. Ich entdecke auch eine schöne historische Gambe – an einen Stuhl gelehnt. Was wird das? Jetzt kommen festlich gekleidete junge Musiker, setzen sich an die Instrumente und formieren sich als kleiner Chor, ein Quintett, bestehend aus nur fünf Sängern, jungen Männern und Frauen. Meine Spannung steigt. Das sieht gut aus. Hier wird wohl gleich professionell musiziert.

Es wird still. Die Pilgermesse beginnt. Der Pfarrer begrüßt uns, erst auf Norwegisch, dann auf Englisch, besonders die Pilger, auch die jungen Musiker. Studierende der hiesigen Musikhochschule, ein Ensemble, das sich *Trondheim Barock* nennt.

Dann kommt der Dirigent, gibt den Einsatz, und mit einem Mal erfüllen wundervolle Klänge den Raum: Monteverdi. Ich erkenne es sofort. Es ist, als hätte jemand ein Tuch von einem Kunstwerk gezogen und es feierlich enthüllt. Wunderschön! Reine, klare Stimmen in CD-Qualität und weich klingende Instrumente. Eine Klangwelt breitet sich aus, die ich nicht im Geringsten erwartet habe. Sie fließt durch die riesige Kirche. Ich bin auf einen Schlag total glücklich. Die Musik durchspült meine Seele und meinen Körper wie ein reinigender Wasserstrom. Sie scheint allen Staub, alle Tränen, Schmerzen und Strapazen des Weges abzuwaschen. Sie reinigt mich sanft und wohltuend – ganz von innen.

Das erste Stück ist verklungen und der Pfarrer liest einen Psalm. Wieder Norwegisch und Englisch. In mir klingt die Musik nach. Worte nehme ich nicht auf. Die Sänger erheben sich, beginnen erneut zu singen.

Plötzlich redet die wundervolle alte Musik in deutschen Worten zu mir: *„Zion spricht: Der Herr hat mein vergessen ..."* Meine Muttersprache! Johann Heinrich Schütz. Eine Mottete, die ich selbst in meiner Kindheit und Jugend gesungen habe, die aber verschüttet war.

Das spricht jetzt direkt in mein Innerstes und aus ihm heraus. Scheint mich ganz zu kennen. Wie oft hatte ich das Gefühl, vergessen zu sein. Ohne Bedeutung. Ohne Aufmerksamkeit – einfach übersehen?

„Mag auch eine leibliche Mutter ihres Kindleins vergessen ... so will ich dich doch nicht verlassen."

So singen sie gerade. Wieder meint hier jemand genau mich. Meine Geschichte. Mein Leiden. Meine Hoffnung. Mein Dasein.

Mir laufen die Tränen. Ich empfinde tiefes Glück und Dankbarkeit. Ich erkenne: So ist es. Es ist wahr. Da ist dieser „uralte Turm", den Rilke mit Worten umkreist. Präsent und stark. Sehr stark. Und sehr warm. Er ist auch für mich da, von jeder anderen menschlichen Zuwendung unabhängig. Es sieht mich und spricht zu mir. Immer. *Love comes from the most unexpected places.* Alles klar in diesem Moment. Wirklich!

Ich bin am Ziel. Zutiefst angekommen. Was ich hier erlebe, liegt jenseits aller Erwartung. Der Gesang ist verklungen, wieder ist es still. Der Pfarrer spricht den Segen.

In mir ist Frieden. Wohlige Erschöpfung. Stille. Ich atme tief aus. Und plötzlich: In die Stille erklingt ein mächtiger Akkord. Strahlendes Dur. Die große Orgel. Überwältigt sitzen wir auf unseren Stühlen. Gerade jetzt reißt draußen die Wolkendecke auf und eine kräftige Abendsonne strahlt direkt durch die große Orgel-Rosette. Der Raum wird durchflutet von bunten, warmen Farben. Sie breiten sich auf einen Schlag aus und bescheinen unsere Gesichter, den Fußboden, die Säulen, den Altar mit einer unendlichen Farbsinfonie. Das ist nicht zu toppen. Was für ein Moment! Alles ist Klang. Alles Farbe. Es ist, als würde G*tt mich direkt an sein Herz drücken.

Eine riesige, warme Umarmung: „Gut, dass du gekommen bist! Ich habe dich schon lange erwartet. Es wurde auch Zeit."

Meine Tränen fließen. Ich lasse sie laufen. Alles ist gut! Nichts muss ich verstecken. Auch Friedmar ist berührt. Wir sehen uns kurz an. Nachdem die Orgel verklungen ist, sitzen wir noch eine Weile still.

Dann wird es wieder lebendig. Menschen begrüßen sich und erzählen miteinander. Ich habe nur eine Richtung: zu den jungen Sängern. Ich bedanke mich. Umarme sie. Meine Augen sind noch mit Tränen gefüllt. Sie bemerken es und scheinen gerührt: „Ihr habt mir den schönsten und wichtigsten Moment geschenkt!" Sie freuen sich, wirken erleichtert und gelöst. Scheinbar waren sie aufgeregt – auch für sie ist es nicht selbstverständlich, in der großen Domkirche zu singen. Schließlich werden Fotos gemacht. Auch Friedmar und ich nutzen den Moment und halten den besonderen Augenblick fest.

Dann treten wir hinaus in den Abend. Laufen über die Brücke in die Altstadt, finden in der Gaststätte, die ich heute Nachmittag ausgeguckt habe, freie Plätze. Hier ist es gemütlich und das Essen schmeckt hervorragend. Wir sitzen lange und lassen den Tag sowie das gemeinsame Unterwegssein gebührend ausklingen. Auch ein Glas Wein ist angebracht. Auf unser Wohl! Wir erzählen lebendig und vertraut. Leicht. Schauen zurück und nach vorn. Freuen uns, dass wir uns begegnet sind und gemeinsam diesen Weg bestanden haben – beste Pilgergefährten aller Zeiten!

TAG 30: Am Ende und am Anfang (29.6.)

Jeden Morgen soll die Schale unseres Lebens hingehalten werden, um aufzunehmen, zu tragen und zurückzugeben. *Dag Hammarskjöld*

Heute werde ich nur frühstücken, mich von Friedmar verabschieden, zum Bahnhof aufbrechen und nach Deutschland zurückfliegen.

Gestern Abend, als wir nach der Gaststätte in kleiner Runde zu später Stunde noch bei einem Tee im Foyer des Pilgerzentrums saßen, ist eine Norwegerin angekommen. Schätzungsweise Mitte bis Ende 40. Schlank, sportlich, durchtrainiert. Sie hatte einen langen Wandertag hinter sich, war ihren Pilgerweg schneller gelaufen als geplant. An den Füßen trug sie leichte Turnschuhe. Ihr Rucksack war nicht besonders groß. Friedmar und ich fragten erstaunt, ob sie mit diesen Schuhen auf dem langen Weg durchs Fjell unterwegs war? War sie. Kein Problem. Der Weg war nicht anstrengend. Nicht? Trotzdem wirkte sie ernst, traurig, fast verkrampft.

Was ist mit ihr? Vielleicht ist sie doch erschöpfter als gedacht, denn bald verabschiedet sie sich und geht schlafen.

Heute Morgen, als ich entspannt zum Frühstück gehe, sitzt sie schon da. Wirkt verloren. Ich setze mich mit meinem gefüllten Teller und meiner Kaffeetasse zu ihr. Wir schweigen. Dann frage ich sie auf Englisch, ob sie gut geschlafen hat und sich ausgeruhter fühlt. Völlig unvermittelt sagt sie einen Satz, der wie ein enttäuschtes Resümee ihres Weges klingt. „Ich bin diesen ganzen Weg gelaufen. Ich hatte eine Frage, wollte eine Antwort finden. Nun bin ich da und weiß die Antwort noch immer nicht." – Im ersten Moment denke ich: Vielleicht bist du zu schnell gelaufen. Aber ich schlucke diese ironische Bemerkung hinunter. Sie sieht einfach zu traurig aus. Deshalb frage ich: „Was war das denn für eine Frage?" Jetzt beginnt sie zu erzählen: Ein Mensch, den sie lieb hat, ist schwer erkrankt. Er ist noch jung und sie fragt sich: WARUM? „Ich tue so viel für andere – und hier kann ich nichts machen. Das ist schrecklich! Wo Gott da sein soll, weiß ich nicht ..." Ihre Augen füllen sich mit Tränen, während sie redet und redet. Es sprudelt aus ihr heraus. Ihr Englisch ist perfekt. Sie ist Lehrerin, Englisch und Sport. Dachte ich mir!

Neben ihr bin ich alles andere als eine Leuchte, sowohl sportlich als auch im Englischen. – Und ich denke: Das ist eine ganz andere qualitative Herausforderung: ein Seelsorgegespräch auf Englisch.

Dagegen war das Interview mit dem Journalisten ein Kinderspiel. Ich schlucke, habe inzwischen aber gelernt, anzunehmen, was kommt.

Und es geht. Die Sprache des Mitfühlens und der Emotionalität ist auch international – genau wie die der Musik. Ich lasse sie erzählen, verstehe ihr Englisch ziemlich gut, stelle nur hin und wieder eine Frage oder formuliere einen Gedanken, der sie weitersprechen lässt.

Wir sitzen eine gute Stunde.

Friedmar schaut ab und zu etwas unruhig rüber, denn bald müssen wir aufbrechen. Aber ihr Redetempo hat sich inzwischen verlangsamt. Sie ist ruhiger geworden, und da sind wir angekommen. Eine Antwort hat sich eingestellt. Ganz von selbst. Bei ihr. Sie wirkt erleichtert, klarer, getröstet. Sie weiß jetzt, dass sie lernen will, nichts zu „machen", anzunehmen und die wertvollen gemeinsamen Momente zu leben.

Vertrauen ist die Antwort. Sich etwas schenken lassen.

Ich frage, ob sie möchte, dass ich sie segne. „Ja", sagt sie, „das wäre schön." Wir setzen uns etwas abseits, ich lege ihr die Hände auf und spreche ihr einen Segen zu.

Sie schweigt. Ihre Augen haben sich mit Tränen gefüllt. Dann sagt sie: „Danke. Dieser Moment eben war der wichtigste für mich auf dem ganzen Weg. Nun bin ich doch nicht umsonst gelaufen."

Wir umarmen uns zum Abschied. Ich bin glücklich, dass ich vom Reichtum des Weges, der mir begegnet ist, etwas weitergeben konnte. Prompt und unvorbereitet. Das ist die Überleitung in die neue Etappe. Die liegt jetzt vor mir. Rückkehr. Neue Arbeit.

Ich will dich segnen und du sollst ein Segen sein.
Love comes from the most unexpected places.

Nun muss ich aber los, denn ich will meinen Flieger nicht verpassen. Ich schultere zum letzten Mal meinen Rucksack und verlasse mit Friedmar das Pilgerzentrum. Auch wir umarmen uns zum Abschied. Schweren Herzens. Denn wir sind gute Freunde geworden. Beste Pilgergefährten. Nicht mehr und nicht weniger. Gut, dass wir uns begegnet sind! Besser hätte es nicht stimmen können. Wir wünschen uns gegenseitig alles Glück der Welt für die neuen Herausforderungen, die uns erwarten, und wollen auch nach dem Weg voneinander hören. Unsere Telefonnummern und Mailadressen haben wir ausgetauscht.

Friedmar wird im Familienurlaub bald nach Oslo reisen und will unbedingt zum Anfangspunkt des Weges pilgern. Von dort schickt er mir ein Foto. Versprochen! Verlässlich, wie er ist, wird er es halten.

Jetzt wandere ich zum Bahnhof. Allein. Die Rückreise ist unkompliziert. Ich fühle mich beschenkt und reich, stark und sensibel, vor allem lebendig wie lange nicht. Das, was ich erlebt habe, ist reichhaltige Wegzehrung für alles, was vor mir liegt.

Denn der Weg geht weiter. Ich bin nur auf einer neuen Etappe.

Auch wenn es endet, endet es nicht.